김명시

이춘 지음

김명시

문힐 뻔한

여성 항일독립영웅

산지니

여는 글

'여장군' 호칭을 가진 유일한 독립운동가

이 책은 일제강점기 총을 들고 싸운 김명시에 관한 이야기다.

김명시는 구한말인 1907년 마산에서 태어나 일찍 아버지를 여의고 홀어머니 손에 자라나다가 3.1운동 때 어머니마저 만세시위로 희생되었다. 당시 12살 김명시는 오빠 뒷바라지와 밥 끓여 먹어가며 9살 남동생과 4살배기 여동생을 돌보아야 했다. 여동생을 업고 학교에 다녀야 했으나 차마 교실까지 데리고 들어갈 수 없었다. 동생을 운동장에 내려놓고 교실에 들어가니 선생님 가르치는 소리는 들리지 않고 동생 우는 소리만 귓가에 쟁쟁했다.

노천명이 쓴 김명시 어린 시절이다. 김명시의 삶에는 눈물겨운 식민지 딸과 누이의 애환이 스며 있다. 1945년생 마산 토박이 김영만이 60이 넘어 김명시를 알게 되자마자 그가 동네 누나처럼 느껴진 이유가 바로 여기 있다.

4살배기 동생을 업고 다니던 김명시가 1945년 12월 여성의 몸으로 일본군을 무찌르고 서울로 내려오자 사람들은 열렬히 환영했다. 언론들은 조선의 자랑으로도 부족해 조선의 잔다르크로 칭송했다. '여장군' 호칭을 가진 유일한 여성 독립운동가가 김명시다. 노천명은 김명시의 삶을 소설보다 더 소설과 같은 이야기라 했다. 그러나 죽음은 더 비극적이었다. 해방된 조국으로 돌아온 지 4년도 채 되지 않아 부평경찰서에서 비극적으로 생을 마감했다.

1949년 10월 13일 김효석 내무부장관은 의혹투성이인 김명시 사망을 이렇게 발표했다.

"본적을 경남 마산시 만동 189번지에 두고 현주소 서울시 종로구 유상동 16번지에 사는 무직 김명시(42)라는 여자로, 그는 국가보안법 위반으로 지난 9월 29일 서울시 경찰국에서 부평경찰서에 유치 의뢰한 것으로 지난 10일 오전 5시 40분경 자기의 상의를 찢어서 유치장 내 약 3척 높이 되는 수도관에 목을 매고 죽은 것이다."

세상 인심이 아무리 변한다지만 항일투사 김명시는 온데간데없이 사라졌다. 무직 여성으로 발표했던 김효석은 한국전쟁이 발발하자 이승만 폭정을 방송으로 폭로하고 월북했다. 지금은 평양 신미리애국열사능에 안장되어 있다. 그에 반해 1949년 9월에 체포되어 10월 죽는 날까지 어떤 곤경을 당했는지도 모르는 김명시는 어디 묻혀 있는지조차 알 수 없다.

김명시의 삶과 죽음이 한국 현대사다.

"혁명에 앞장서 싸우는 일이 저렇게 비참하고도 신명 나는 일이라니?"

이것은 『독립신보』 기자가 김명시와 인터뷰를 마치고, 고개를 숙이고 나오며 적은 후기다.

싸우는 것이 비참한 것만은 아니었다는 것이다.

피로 얼룩진 조선의용군의 무장투쟁 역사는 처절하고도 신명 나는 일이었다. 1945년 김사량 작가가 북경에서 조선의용군의 근거지인 연안으로 탈출하는 과정에서 만난 중국 처녀들은 거침없이 우리말로 도라지 타령을 불렀다. 조선 사람이라면 노래와 춤, 연극에 능하다고 중국 사람들은 알고 있었다. 지금도 우리말로 조선의용군가를 부를 수 있는 중국인들을 TV에서 볼 수 있었다. 조선의용선전대의 활동에는 재기가 넘쳐났다. 흥이 없고 신명이 나지 않으면 할 수 없다. K-Pop과 한국의 문화 역량은 그때부터 시작되었는지도 모른다.

김명시의 삶이 신명과 열정으로 가득 차지 않았다면, 빼앗긴 조국을 되찾겠다는 신념과 의지가 없었다면 수심도 알 수 없는 강을 건널 수 없었을 것이다. 옥중에서 고문으로 아이를 잃고 7년의 옥살이를 마치고도 중국으로 탈출하여 총을 잡을 수 있었던 힘이 어디서 나왔겠는가? 역사는 패배했을지라도 한 인간으로서 김명시는 승리했다.

이렇게 김명시의 삶은 영웅서사의 비극을 다 가지고 있다. 그의 삶을 추적하며 나 역시 김명시처럼 혼자 눈물겨운 적이 한두 번이 아니었다. 마산 창동 불종거리에는 형무소 옛터가 있다. 걸으면 김명시 생가까지 300보를 넘지 않았다.

그 앞을 지나노라면 3.1운동 당시 9살 김형윤의 손을 꼭 잡고, 4살 여동생을 업고 울며불며 어머니와 오빠를 찾으러 다녔을 12살 김명시가 아른거린다. 생가터가 있는 오동동 문화광장 무대에 서면 16살 김명시가 보인다. 학적부에 기록된 김명시 신체 사이즈와 비슷한 일본군 '소녀상'이 그것이다. 이 작고 가녀린 몸으로 모스크바로 상해로 만주로 넘나들었구나 싶어 그 소녀상을 어루만지며 눈길을 거둘 수 없었다.

그러나 창동 불종거리는 '항쟁의 거리'다. 3.15의거, 부마민주항쟁, 6월항쟁 시위대열은 어김없이 그 거리를 휩쓸고 다녔다. 김명시 일가와 동지를 학살한 이승만 정권을 붕괴시킨 신호탄은 김명시 집 앞에서 시작되었다. 김명시 집 바로 앞 3.15의거 발원지 기념관이 그 역사를 입증한다. 이승만 동상이 곳곳에 들어서고, 이승만 기념관이 400억을 들여 지어질지라도 3.15의거는 국민이 이승만을 심판했던 역사다.

1923년 5월 1일 최초의 노동절 기념식이 마산 창동에서 열렸다. 기념식을 마치고 마산노농동우회 간부들과 회원들이 창동 거리를 징을 치고 꽹과리를 울리며 행진했다. 나는 그 기록을 보고 '만국의 노동자여 단결하라'라고 쓰인 깃발을 들고 행진했을 16살 김명시를 상상했다. 그 행사에 김명시가 참석했다는 어떤 기록도 없다. 그러나 오빠와 선생님이 준비한 행사에 김명시가 빠졌을 리 없다. 그 정도 활동력이 있어야 모스크바 유학생으로 선발되었을 것이다.

1925년 경성지방 검사부가 작성한 18세 김명시 직업은 직공이었다. 직공, 즉 노동자 출신이 혁명운동가가 되었다. 김명시는 1932년 국내로 잠입해 인천 성냥공장의 파업을 지도하다 구속되었다. 1946년 5월 1일 해방 후 첫 노동절 기념식이 열린 동대문운동장에는 20만 노동자들이 운집한 가운데 39살 김명시가 부녀총동맹 대표로 초청되어 연설했다. 골수에 밴 김명시의 소원은 농민 근로대중의 심고를 덜어 남들처럼 보람있게 사는 것이라고 했다. 김명시의 피 맺힌 절규가 생생하게 들리는 듯했다.

이 책에서는 일찍이 소련과 중국을 넘나든 국제주의자이자 항일무장투쟁전사였으며 노동자 출신의 노동운동가, 80만 맹원을 자랑했던 부녀총동맹 간부로서 맹활약한 여성 운동가 김명시를 만날 수 있을 것이다. 여성 독립운동가는 물론 독립운동가를 통틀어 이렇게 다채로운 이력을 가진 것은 김명시가 독보적이다. 조직, 선전, 선동에도 탁월했던 그의 면모도 볼 수 있다.

이 책에서 나는 무명의 헌신을 기록하려 했다. 누구는 못 배운 사람들은 자유를 모른다지만 100년 전, 자유와 평등을 실천했던 김명시의 형제와 동지들이 있었다. 독립공훈 기록을 샅샅이 뒤져 가능한 한 모두 기록하려고 애썼다. 이 책 주석을 꼼꼼하게 보기를 권유한다.

〈열린사회희망연대〉라는 시민 단체가 고향에서조차 잊힌 항일독립운동가 김명시를 알리기 위해 노력한 과정도 기록했다. 조국의 독립과 민족해방에 헌신했음에도 멸문지화의 화를 당한 직계가족과 연좌제의 두려움에 시달린 친족들의 애끓는 사연도 있다. 아직도 김원봉 장군을 비롯해 사회주의 계열의 독립운동가라는 이유로 독립공훈을 인정받지 못한 항일투사들이 많다. 역사를 잊은 민족에게는 미래가 없다고 했다. 역사를 잊지 않기 위한 노력은 역사가의 몫만은 아니라는 것을 보여주고 싶었다.

김명시 장군의 서훈을 이끈 1945년생 김영만 고문이 겪은 한국 현대사를 썼다. 그가 친일 청산에 앞장서고, 김명시를 역사에서 소환해낸 이유가 그의 삶 속에 있다고 생각했다.

〈열린사회희망연대〉는 김명시 장군의 건국훈장 애국장 서훈이 끝이 아님을 절감했다. 그리고 김명시 장군의 삶과 투쟁을 기록하기로 했다. 역사가도 아니고 문필가도 아니며 역사를 전공조차 하지 않은 나는 희망연대 3년 차 회원으로 이 글을 시작했다.

이 글을 통해 항일의 역사가 미래를 비추는 거울이 되기를 간절히 소망한다. 역사의 구경꾼이 아니라 역사를 만들어가는 평범한 시민의 위대함을 부족한 글로나마 보여주고 싶다. 무엇보다 김명시가 비극적으로 생을 마감하는 날, 오지 않았던 백마를 태워주고 싶다.

2023년 10월 이춘

차례

3장 김명시 장군의 항일무장투쟁

1939년 팔로군 합류 ~ 1945년 해방

4장 해방 후 김명시 장군의 행적

1945년 해방 ~ 1947년 해방 2주기 기념일

5장 김명시가 잠적한 2년 3개월

지하 잠적 ~ 사망

6장 김명시 장군, 고향의 품으로 돌아오다

서장

김명시를 찾아서

명시 누나!

김영만은 〈열린사회희망연대〉[1](약칭 희망연대) 상임고문이다. 그는 해방되던 해에 태어났다. 과거를 돌아보면 산전수전 다 겪은 그도 이제 팔순을 바라본다. 시력이나 체력이 모두 예전 같지 않지만 꼭 하나 하고 싶은 일이 있었다.

"명시 누나! 누나의 명예를 꼭 회복시켜 드릴게요."

그가 〈희망연대〉 사무실에 걸린 사진을 보며 아침마다 했던 약속이다. 그 빛바랜 사진의 주인공은 김명시 장군이다. 그이는 역사에서 지워져 사람들이 잘 알지 못하는 마산 출신 항일투사였다.

마산은 1907년생 항일독립운동가 김명시와 1945년생 김영만이 태어나

1 〈희망연대〉는 1999년 7월 '원칙과 상식이 통하는 열린 사회, 사람이 사람답게 사는 참세상을 희망하는 사람들의 연대 활동'을 목적으로 창립되어, 역사바로세우기, 평화운동, 통일운동을 주요 사업으로 한다.

고 살아온 고장이다. 예나 지금이나 바다에서 나는 것들이 오고 가는 항구와 어시장의 도시다. 바닷바람에 실린 비릿한 내음과 일렁이는 파도에 흔들리는 고깃배들, 그리고 시장에서 들려오는 시끌벅적한 소음이 너무나 익숙한 일상의 풍경을 담고 있다. 바다와 함께 살아온 마산 사람들의 삶 속에 김명시가 있었고, 김영만도 있었다.

가난한 생선 장수 어머니의 딸로 태어나, 항일독립운동의 험한 길을 떠났던 김명시, 그를 알게 된 김영만이 '동네 누나'를 만난 듯 친근하고도 애달픈 마음이 들었던 이유가 거기 있었다.

김명시 생가터가 있는 오동동 골목은 예전에는 좁고 구불구불한 흙길에 초가집이 다닥다닥 붙어 있었다. 어느 날은 하루에도 몇 번씩 지나다녔기에 눈 감고도 환하게 그려지는 곳이다. 마산 명물인 매콤한 아구찜 맛을 찾아 외지인들도 한 번쯤 들르는, 오동동 아구찜 거리 길목에 있다. 김영만을 포함한 많은 사람이 무심히 지나쳤던 흔한 골목이다.

그 골목길 한편에 김명시 가족이 살았다. 시장에서 생선 팔다 3.1운동에 참가해서 희생당했다는 어머니가 살았고, 일가족이 통틀어 20년 넘게 감옥살이한 혁명가 3남매가 나고 자랐다. 지금은 문화광장에 편입되어 그들이 살았던 생가가 흔적 없이 사라졌다. 그들의 이야기도 오랫동안 사람들의 기억에서 감쪽같이 지워져 있었다.

김영만은 처음 김명시에 대해 들었을 때 도무지 이해할 수 없었다. 마산은 좁은 동네였다. 김명시 생가가 있던 마산 구도심에만 인구가 밀집되어 어느 집에 숟가락이 몇 개인지 알 정도로 서로들 집안 내력을 꿰고 있었다. 독립운동을 했던 집안은 많이 알려졌다. 어릴 적에는 해방 직후라 모두 일본을 미워했고, 조상 중에 독립운동가가 있다는 것이 큰 자랑거리라 어떤 경로로든 새어 나오기 마련이었다.

그런데 어떻게 '조선의 잔다르크'로 칭송받고 '백마 탄 여장군'의 전설을 남긴 김명시 정도의 인물이 고향에서조차 감쪽같이 지워져, 머리가 희끗희끗하게 되어서야 처음 듣게 되었는지, 세상 인심이 참으로 야속했다.

골로 가고 싶나? 물 알로 보내삘까?

김영만이 마산성호초등학교에 입학한 것은 1951년이다. 입학하자마자 전쟁이 일어나 어수선한 시기였지만, 어릴 때라 실감하지는 못했다. 눈 떠보니 분단과 전쟁이 닥쳤다. 일제강점기 김명시 3남매가 다녔던 '마산공립보통학교'가 성호초등학교로 이름이 바뀌었다. 어린 김영만이 알 리는 없었지만, 김명시는 김영만의 초등학교 선배가 되는 셈이다.

철없던 시절, 동무들과 어울려 놀다가 별것 아닌 일로 종종 다투기도 했다. 그때마다 너 나 할 것 없이 "야! 니 골로 가고 싶나?"라고 시비를 걸었다. 상대는 "어라! 물 알('아래'의 사투리)로 보내삘까?"라고 대꾸했다. 뜻도 모르고 주고받는 아이들의 말싸움은 어른들 언행을 그대로 보고 배운 것이었다. 어렴풋이 그 말이 죽음을 뜻하는 줄은 짐작했으나 차마 "골이 어디 있어요?"라고 묻지 못했다. 철이 들고서야 군인과 경찰이 민간인들을 '골짜기'로 끌고 가 대량으

로 학살할 때 나온 말이었음을 알았다.[2]

어른들에게 많이 듣던 이야기도 '보도연맹'이었다. 아버지 직장 동료가, 어머니 여학교 동창이, 진동에 사는 친척 아주머니 남편이, 북면의 큰 아재 아들이 보도연맹에 연루되어 '골'로 끌려가 죽었다고 했다. 한결같이 착하고 똑똑한 사람들이 그렇게 되었다고 슬퍼하고 한탄하였다. '괭이 바다' 이야기도 그때 들었다.

어머니의 여고 동창생은 괭이 바다인지 어디인지로 끌려가는 트럭에서 아들 이름을 부르며 울부짖었다고 했다. 금방이라도 울음이 터질 것 같았던 어른들의 모습이 지금도 생생하다. 어른들은 옆에서 숨죽여 대화를 듣던 김영만에게 항상 주의를 당부했다. "밖에 나가 이런 이야기 함부로 하지 말그래이." 보도연맹이 어디 있는지 몰라도 경찰서나 헌병대보다 무서운 곳이구나 싶었다. 그 근처에는 절대 가지 않아야겠다고 속으로 생각했다.

구산면 원전마을 앞바다는 물살이 세서 그 파도 소리가 고양이 울음처럼 들린다고 괭이 바다라고 부른다. 2009년 〈진실 · 화해를 위한 과거사정리위원회〉는 한국전쟁이 발발한 6월 말부터 8월 사이 창원과 마산에서 보도연맹원 등 민간인 1,681명이 경찰과 헌병에 의해 연행된 뒤, 재판 등 적법한 절차 없이 불법으로 살해되었다고 발표했다. 희생자들 가운데 717명이 한밤중에 선박에 실려 괭이 바다에 수장되었다.

어쩌면 김명시를 기억하는 고향 사람들은 모두 '골'이나 괭이 바다의 '물 알'로 갔을지도 모를 일이다. 살아남은 자들조차 너무도

---

2 국민보도연맹 민간인학살을 다룬 다큐멘터리 영화 〈레드 툼〉(2015년 개봉) 제작자인 구자환 감독이 이 말의 의미를 소개하면서 사회 전반에 알려졌다.

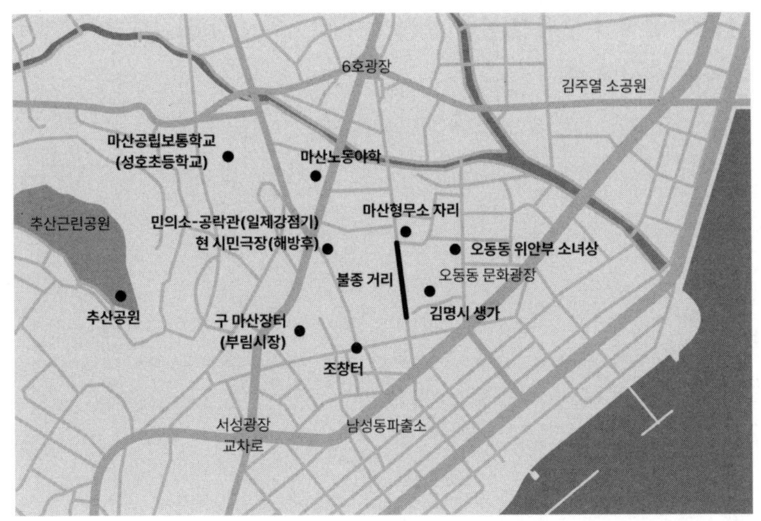

김명시 생가터 주변 마산 지역 지도

큰 슬픔과 두려움으로 그들의 기억을 강제로 지워버렸다. 그렇지 않고서야 사람들의 뇌리에서 이토록 온전히 사라질 수는 없을 것이다.

해방을 맞은 지 수십 년이 흘렀다. 그동안 우리 사회는 독재와 싸워 민주화를 이루고, 불의한 권력을 촛불혁명으로 갈아 치웠다. 그럼에도 슬프고 외로운 영웅들의 역사는 아직도 망각의 무덤 아래 있었다. 이렇게 가슴속에 눌러놓고 있을 수는 없었다. 김명시에 대한 기억은 태항산 기슭에서 전사한 조선의용군 무명용사들과 함께 흙이 되고, 그들이 모스크바와 만주벌판에 남긴 바람처럼 흩어졌다. 그들의 주검은 어느 이름 없는 골짜기에 묻혀 훗날 누군가 찾아오기를 애타게 기다리고 있을 것이다.

일제강점기와 해방정국의 빛바랜 신문을 더듬어 그나마 기록을 남겼던 김명시 주변 인물을 조각조각 맞추어보기 시작했다. 그렇게 시작된 일이었다.

1장

마산의 딸, 조선의 잔다르크 김명시

1907년 마산 출생 ~ 1925년 모스크바 유학

八路軍에 從軍햇던

金命時女將軍의 半生記

어릴때

김명시의 가계

김명시는 1907년 구한말 마산부에서 태어났다. 마산의 구도심인 지금의 오동동 문화광장 무대 뒤편이 김명시 생가터다. 원래 있던 집터는 일부가 무대 공간에 편입되고, 일부는 화단과 이면도로가 되어 김명시 생가는 흔적 없이 사라졌다.

'마산부 만정 189'(현 창원시 마산합포구 동성동 189번지)

이 주소는 일제강점기 김명시, 그의 오빠 김형선, 남동생 김형윤의 공소장이나 판결문에 자주 등장한다. 이곳이 민족의식 투철한 어머니와 항일독립운동가 3남매의 고단한 삶이 이어지던 장소였다.

김명시(金命時)는 김녕 김씨이며 충의공파 25세손이다. 아버지 김성범(金聖範: 호적상의 이름, 金鳳權: 집안에서의 이름)과 어머니 김인석(金仁石)의 2남 3녀 중 셋째이다. 위로 언니 김선이(1901~1950)와 오빠 김형선(金炯善, 1904~1950)이 있고, 아래로는 남동생 김형윤(金炯潤, 1910~?)과 여동생 김복수(1915~?)가 있었다. 해방 후 인터뷰에서 김명시는 아버지에 대해 "글 읽는 선비였으나 병으로 일찍 돌아가셨다"고 기억했다.

할아버지 김군준(金君俊, 1849~1893)은 김우범(金禹範, 용권龍權, 1879~1947)과 김성범(金聖範, 봉권鳳權, 생몰 미상)의 두 아들을 두었다. 김명시 5남매의 아버지는 그중 차남이다. 할아버지 김군준은 객주 출신으로 부를 축적했다. 친족들의 증언에 의하면 창동과 동성동 일대에 할아버지 땅이 많았다고 한다. 식사 때면 일하는 사람이 50명이나 되었다고 하니 제법 큰 규모의 객주였다.

그럼에도 김명시 가족은 가난했다. 그 시절의 관습인 장자상속으로 장남인 김우범에게 재산 대부분이 상속되었거나, 우리가 알지 못하는 다른 이유가 있었을지 모른다. 김명시의 생가조차 큰집 장손인 김형린[1] 소유였다. 2019년 〈희망연대〉가 친족 찾기 운동을 통해 만나게 된 친가 쪽 친척들은 어머니 김인석이 생선 행상을 하고, 김명시 형제가 학교도 제대로 못 다닐 정도로 가난했다는 이야기에 상당히 당혹스러워했다. 친가 쪽 사람들은 할아버지가 이룬 재산으로 별 어려움 없이 성장했다고 한다. 그러나 이런 상황을 설명해줄 높은 연배의 친척은 아무도 남아 있지 않았다. 어쨌거나 가난은 일제강점기 3남매가 일제에 신음하는 동포를 살펴보고 혁명가로 성장하는 하나의 배경이 되었다.

어머니 김인석(생몰 미상)의 본관은 김해 김씨고 삼현파다. 김명시의 외증조할아버지 김병의(金秉義, 1826~?)는 정3품 통정대부를 지냈다고 한다. 외할아버지 김봉욱(1858~1943)은 함안군 칠원읍에서 1908년 마산으로 솔가(率家)해 나와 지금의 마산 양덕동 일대에서 중농 규모의 농사를 지었다고 한다. 자녀로는 김인석(김명시의 모)과 김성숙(김명시의 외삼촌, 1889~1965) 남매를 두었다.

1 김형린은 김명시의 큰아버지 김우범의 장자, 즉 사촌 오빠이다.

3.1만세운동 어머니, 김인석

훗날 김명시가 신의주에서 체포되었을 때 일본 검사가 작성한 예심결정문에 따르면 "김명시는 민족적 사상이 격렬한 어머니로부터 이를 주입받았으며 3.1만세운동을 직접 보고 크게 자극받았다."[2]고 쓰여 있다. 일본 검사가 어머니의 민족의식을 거론한 것으로 보아, 어머니 김인석의 3.1만세운동 참여 정도가 일제 경찰이나 관헌 기록에 남아 있을 정도로 적극적이었음을 알 수 있다.

김명시에 이어 김형선마저 체포되었을 때, 한 신문에 '親弟(친제)도 철창에'라는 제목의 기사가 실렸다.

> "그 집안 형제가 모두 ○○(독립)[3]운동에 선봉으로 그의 친동생 김형윤은 부산지방법원에서 마산 적색교원동맹사건과 볼세비키 사건으로 1932년 8월에 3년의 징역을 받고 부산형무소에 복역 중인데 그의 가족으로는 노모가 마산서 구차한 살림살이를 하고 있다 한다." (다음의 『동아일보』 기사 사진 참조)

기사에 의하면 어머니 김인석이 1933년에 생존해 있다는 것이다. 그러나 김명시도 당시(1932년 5월 체포) 신의주형무소에 구속되어 있었지만 언급하지 않았고, 어머니 근황도 직접 취재한 것은 아니어서 기사 내용을 다 믿을 수는 없다.

다음은 해방 후 노천명 시인이 잡지 『신천지』에 발표한 '김명시의

---

2 「단일공(산)당재건사건 예심결정서 전문」(『동아일보』, 1933년 6월 4일) 참조.

3 신문 기사는 일제의 검열로 '○○' 처리되어 있으나 문맥상 독립운동으로 추정된다.

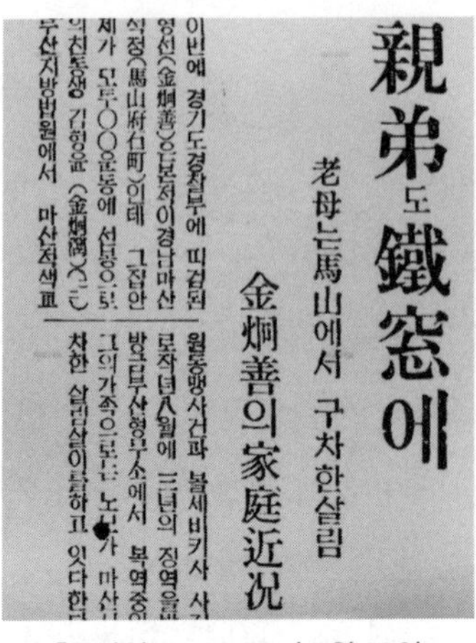

親弟도鐵窓에

老母는馬山에서 구차한살림

金炯善의家庭近況

이번에 경기도경찰부에 피검된
형선(金炯善)은본적이경남마산
석정(馬山府石町)이며 그집안
제가 모두○○운동에 선봉이되
의친동생 김형윤(金炯潤)(二
부산지방법원에서 마산적색교
원동맹사건과 볼세비키사 사
로작년八월에 三년의 징역을
받고부산형무소에서 복역중이
그의가족으로는 노모가 마산
차한 살림살이를하고 있다한다

『동아일보』, 1933년 7월 18일

어린 시절' 일부이다.

"어릴 때 고향인 마산에서 일찍 아버지를 여의고 홀어머니 손에 자라나다가 3.1운동 때 어머니가 이 운동에 희생이 되었다. 당시 열세 살인 소녀는 위로 열여섯 된 오라버니와 열 살 동생에 네 살짜리 여동생을 데리고 운명의 모진 바람을 안게 되었다. 오래비 뒷바라지와 밥을 끓여 먹어가며 네 살짜리 여동생을 업고 학교에 다녔다."

김명시 어머니가 3.1운동에 희생되었다고 했다. 희생은 죽음을 의미한다. 3.1만세운동 현장에서 얻은 부상이나 고문 끝에 얻은 병으로 고초를 겪다가, 후에 돌아가신 것일 수도 있다. 그러나 한국전쟁 때 칠원면사무소(김인석 친정)가 불타 어머니의 생몰 년도를 확인할 수 없고, 그 정황을 설명해줄 사람도 없다.

어린 자녀를 둔 홀어머니가 어떻게 3.1운동에 참가하게 되었을까? 친척들 기억에 따르면 어머니가 자기 남동생(김명시 외삼촌)과 여섯 살 정도 차이가 났다고 한다. 남동생 김성숙이 1889년생이니 어머니는 1883년생인 셈이다. 친가인 함안 칠원에서 구한말의 망국적 상황을 보고 들으며 성장했다. 객주 집 둘째 아들과 결혼해 시가인 마산으로 왔고, 1901년 첫째 딸 김선이가 태어났다. 막내 김복수는

『신천지』 1946년 3월호
독립동맹 특집편

八路軍에 從軍햇던
金命時女將軍의 半生記
노 천 명

노천명의 김명시 인터뷰 기사
시작 부분

1915년생이다.[4] 그리고는 남편 김성범이 일찍 세상을 떠났다. 어머니 김인석은 30대에 홀몸이 되어 어린 5남매를 데리고 살아야 했다.

김명시의 생가는 마산포 바로 앞 비탈진 길, 정기적으로 장이 서는 샛강 일대였다. 어시장 생선 행상은 그때나 지금이나 고달픈 생업이었다. 그래도 여자가 할 수 있는 일이었고, 5남매를 홀로 키우는 어머니가 생계를 꾸리기 위해 했던 일이다. 하루하루의 삶이 버거웠던 김명시 어머니가 어떻게 3.1운동에 참가했고 투철한 민족의식을 갖게 되었는지 전해지는 말이나 기록은 없다. 그러나 기존에 밝혀진 다른 자료로 짐작해볼 수 있다.

---

4 김복수의 양아들이 사는 영주에서 그녀의 제적등본을 뗐다. 김복수는 1942년 혼인신고를 하고, 아들 하나를 낳았으나 사망했고, 호적에 기록된 호주는 당시에 감옥에 있던 큰오빠 김형선이었다. 김복수의 호적에 어머니는 나와 있지 않았고 김복수의 사망신고도 기록은 없었다.

마산포 개항

어머니 김인석은 개항 무렵의 마산포 객주 집으로 시집왔다. 당시 마산 객주들은 반외세 운동의 한 축이었다. 김명시 친가가 지역 활동을 했다는 기록이나 증언은 없다. 그러나 김인석은 객주 집안의 둘째 며느리로서 다른 아녀자들보다 세상 물정과 풍문에 밝았을 것이다. 당시 마산포는 원마산(구마산)에만 사람들이 모여 살았을 뿐, 신마산이나 북쪽 방면인 양덕동은 민가가 드문 경작지였다. 그러니 개항 후 마산포의 역사와 주요 사건은 모두 김명시 동네에서 일어난 일이었다.

18세기 후반 조창[5]이 들어서면서 작은 포구이던 마산포가 활기를 띠기 시작했다. 경남의 곡물과 남해안 수산물이 모여들며 일찍부터 상업이 발전했다. 자연스럽게 조창(지금의 창동) 주변에 민가가 들어서 여러 개의 마을이 생겨났다. 새롭게 생긴 지역을 샛강(오동동 해안 일대), 원래의 마산포를 구강[6](현 산호동)이라 했다. 배가 들고 머물기에 좋은 마산항 선창은 어선과 상인들로 붐벼 '일창원 이강경'[7]이라고 할 정도로 유명했다.

1899년 5월 1일, 마산포가 전라도 군산, 함경도 성진과 함께 개항되었다. 군사 · 경제적 요충지였기 때문에 곧바로 러시아, 일본 등

---

5 조창은 조세로 납부한 미곡을 집결하여 서울로 운반하기 위해 해안이나 하천 포구 요지에 설치한 국영 창고를 말한다.

6 용마산(산호동) 아래부터 현재의 팔룡산 앞쪽까지의 바다를 구강, 여기 서는 장을 구강장이라 했다. 구강장은 열흘마다 장이 열렸다.

7 '동해 원산, 서해 강경, 남해 마산'이라고 하여 전국 3대 수산물 집산지를 말한다.

제국주의 열강의 각축장이 되었다. 그 틈바구니에서 마산 사람들은 자신의 의사와 상관없이 경작지와 산야를 조계지, 군사시설, 철도로 빼앗겼다. 힘없는 나라의 비애와 수모 속에서, 생존권을 지키려는 조선인의 저항은 완강했다.[8]

원래 구마산 어시장은 상인들의 공유재산으로, 마산부 조선인 절반은 그 시장 덕에 생계를 꾸려나갈 수 있었다. 그런데 영사관의 위세를 앞세운 일본 상인들이 어시장 상권을 빼앗아 자신들의 거주 지역인 신마산 쪽으로 옮기려 했다. 창원 감리를 협박해서 구강장 이전 승낙을 받아내고, 본동(현 월남동 4거리)에 초시를 열었다. 생활 터전을 빼앗긴 마산포 주민들은 창원 감리서로 몰려가 항의하고, 주민대표를 중앙에 보내 진정하는 등 적극적으로 장시 환원을 요구했다. 상인들이 똘똘 뭉쳐 투쟁한 결과 4개월 만에 기어이 구강장을 되찾아왔다.[9]

어시장 상권을 지킬 수 있었던 것은 조선 시대부터 있어온 객주제도 덕분이었다. 객주들은 계 조직을 통해 영세어민들에게 조업자금을 빌려주고, 일을 하면서 갚도록 배려해서 지역 주민들 간 유대를 다져왔다. 목발 김형윤[10]은 『마산야화』에서 마산 상인들의 강한

8 외국인에 대한 토지불매동맹 결성(1899), 마산사립일어학교 폐쇄(1899), 일본인 광산 이권 침탈에 항거(1901), 조선인 학대에 집단적 봉기와 대일인 투쟁(1902), 신상회사(紳商會社: 상인에 대한 중간착취) 폐쇄를 위한 구마산 상인의 투쟁(1904) 등이 일어났다.

9 3.15의거기념사업회 엮음, '제2장 조선후기 반제 · 반봉건운동', 『3.15의거사』, 3.15의거기념사업회, 2004, 96~97쪽.

10 김형윤(金亨潤, 1903~1973): 일제강점기부터 활동한 마산 출신 언론인이다. 1930~40년대 무정부주의에 심취했으며, 『조선일보』, 『남선신문』, 『동아일보』 등에서 기자생활을 했다. 일본 헌병이 민족적 모욕을 주는 것을 참지 못하고, 그의 한쪽

단결력을 언급하며 '제2의 개성상인'이라고 자랑하기도 했다.

해안권 매축운동[11]

구마산 부두(「허정도와 함께하는 도시이야기」 블로그)

상권 탈취에 실패한 일본은 구마산에 해안을 낀 서성, 중성, 동성, 오산리의 매축권에 열을 올렸다. 개항 당시만 해도 마산포 선창은 모두 자연 지리를 이용해 만들었다. 그래서 화물을 내리거나 선적하기에는 터가 협소했고 수심도 얕아서 불편한 상태였다.

이때 동성리에 살던 김경덕이 해안매축을 청원하고 1899년 10월 매립허가를 받았다. 하지만 그가 갑자기 사망하면서 매축사업이 중단되고 말았다. 자금을 빌려준 일본 상인은 차용증서를 빌미로 매축권을 넘겨달라고 요구했다. 주변 토지는 이미 철도와 군용지로 일제에 의해 강제 수용당한 상태여서, 매축 대상인 선창 일대에서 장사하던 조선인들은 갈 곳이 없게 되었다.

생존이 걸린 지역 상권을 놓고 일본인들과 팽팽하게 맞서던 지역

눈을 뽑아버렸다고 해서 '목발(目拔)'이라 불렸고, 마산의 역사와 문화를 정리하고 알리는 데에 많은 공헌을 했다.

11 홍중조, 「왜 마산이었는가?」, 『3.15의거 학술논문총서』, 3.15의거기념사업회, 2010.

민들은 중단된 구마산 매축사업에 직접 나섰다. 자금을 출자해 정부에 청원서를 제출하고, 7년에 걸쳐 4만 원이라는 거액을 모금했다. 이때 축적된 자본을 가진 객주들이 앞장서고, 주민들도 적극 동참했다. 하지만 1905년 을사늑약으로 조선을 보호국으로 만든 일본은 조선인의 매축운동을 받아주지 않았다. 매축권은 결국 일본인의 손에 넘어갔다.

매축운동이 실패하면서 마산포 주민들은 울분을 터뜨렸고 일본의 탐욕과 만행에 치를 떨었다. 아녀자라고 예외가 아니었을 것이다. 김명시 어머니의 민족의식은 당시 마산 사람들의 거센 반일, 항일의식을 투영하고 있었다.

형제와 자매가 독립운동에 헌신한 사례는 있어도 어머니까지 독립운동한 집안은 드물다. 김인석은 대부분의 여성 운동가들처럼 명문가 출신도 아니고, 공부를 많이 한 것도 아니었다. 그러나 부유한 객주집 시댁에 의탁하지 않고, 시장바닥에서 생선 행상을 하며 어린 5남매를 혼자 키운 독립적이고 강인한 여성이었다.

마산 민의소

1907년 어느 날 마산 모처에 자리한 식당에 유지들이 모였다. 그중 한 사람이 먼저 말을 꺼냈다.

"왜놈들의 횡포가 갈수록 가관이오. 왜놈 이사관이 우리 부윤을 마음대로 가지고 놀려고 하질 않나. 왜놈 장사꾼이 우리 바다를 메우고 항민을 쫓아내려고 하질 않나. 우리도 뭔가 대책을 세워야 겠소."

"옳은 말씀이오. 왜놈들은 자기네들끼리 거류민회란 걸 만들어 회원이 2,000명이 넘는다는데 우리도 수수방관만 하고 있을 순 없소. 우리도 왜놈들의 거류민회에 대적할 만한 부민 자치조직을 만들어야 하오."

"이름은 조선민중의 의지를 모으는 곳이라는 뜻으로 민의소(民議所)가 좋겠소. 우리가 사재를 조금씩 털어 당장 회관부터 지읍시다."[12]

1908년 마산 민의소 설립은 이렇게 시작됐다. 지금의 시민극장[13] 자리(창동 64번지)에 설립된 마산 민의소는 당시 일본의 횡포에 맞서는 민간단체로 "서울 기독교청년회관(YMCA)에 버금가는 마산부민[14]의 자치기관이자 대의기관"[15]으로 자리매김했다.

단층 기와집인 민의소 건물은 150명을 수용할 수 있는 공의실과 사무실, 숙직실을 갖추었으며, 300여 명이 서 있을 수 있는 마당이 있었다.[16] 지역 유지인 손 감찰관[17]의 2층집과 마산공립보통학교를

12 김주완, 「근대 시민운동의 산실 마산 민의소」, 『토호세력의 뿌리』, 불휘, 2005.

13 1908년 마산에는 일본 거류민단이 만든 치외법권 자치기구인 〈민역소〉가 있었고, 〈민의소〉는 조선인들이 여기 대항해 만든 시민자치단체다. 원래 마산시민의 공유재산이었으나 1935년 일본인에게 빼앗겨 그해 10월 〈공락관〉이라는 일본식 극장으로 다시 지었다. 이것이 해방 후 〈시민극장〉으로 바뀐 것이다.

14 당시 행정체계가 마산부이므로 그 구성원은 마산부민(시민)이 된다.

15 김형윤, 『마산야화』, 경남, 1996.

16 김주완, 『토호세력의 뿌리』, 불휘, 2005.

17 손 감찰관은 민의소 대표인 손덕우(?~?)를 말한다. 1911년 마산의 조선인 200여

지은 일본인 목수가 지었다. 당시 마산 최고의 목수가 지은 셈이다. 이 건물은 마산 초기 민족운동의 모태가 되기도 했다.

일제는 1910년 강제 합병과 함께 마산 민의소에 해산명령을 내렸고, 건물은 1914년 문을 닫았다. 하지만 마산 항민의 공유재산으로 남은 민의소 건물은 이후에 각종 집회와 교육 장소로 활용되었다. 주로 사회문제, 주민의 이익 관계, 민족문제 등이 논의되었으며, 청년들의 토론과 외래 인사의 강연회도 열렸다.

1907년 국내 최초로 옥기환,[18] 구성전[19]과 같은 지역유지들이 설립한 노동야학도 한때 민의소에 있었다. 바람 앞의 등불처럼 위태로운 조국의 현실을 우려하는 청년 야학교사들이(명도석, 김명규, 나인한, 팽삼진 등) 이곳으로 모여들었다. 그들은 어물상의 피고용인, 노동자, 농민, 빈민의 자제들을 무보수로 가르쳤고, 마산 3.1만세운동에 누구보다 앞장섰다.

명은 일본 국왕의 '송덕표'에 연서하고, 국치일(8월 29일)에는 민의소에서 '병합기념축연'을 열고, 민의장 손덕우는 "천황폐하 만세"를 삼창했다. 명치신궁 봉찬회에 헌금을 내기도 하고, 초대총독 데라우치가 퇴임할 때는 기념품 증정에 나서기도 했다. 그러나 교육계를 비롯한 다방면의 활동을 했고, 친일행적이 뚜렷하나 조선인 사회에서 명망을 잃지는 않았다.

18 옥기환(1875~1953): 구한말과 일제강점기 마산의 경제와 교육에 많은 발자취를 남겼다. 1907년 국내 최초의 노동야학인 마산노동야학교를 설립했고, 현 마산고, 마산용마고(마산상고), 성호초교의 설립에 관여했다. 1919년 마산 최초 조선인 주식회사 원동무역을 설립했다. 그러나 지역 부호로 일제가 일왕을 숭배하고자 메이지신궁을 짓던 봉찬회에 이름을 올리고 성금을 냈다. 해방 후에는 5개월여간 미군정기 초대 마산부윤(마산시장)을 역임했다.(이성윤, 「일제강점기 藍田 玉麒煥(1875~1953)의 사회운동」(경남대학교 석사학위논문, 2023) 참조)

19 구성전(?~?): 마산노동야학 교장, 근검저축조합 설립자, 마산창고 중역, 마산원동무역 대주주, 구마산어시장 상민조합장을 지냈고, 일제 명치신궁 봉찬회에 헌금을 하기도 했다.(1911년 8월 30일자 『매일신보』)

김구 선생은 '백족지충 지사불강(百足之蟲 至死不僵)'이라는 사자성어를 자주 인용했다. 다리가 100개 달린 벌레는 죽어도 쓰러지지 않는다는 의미다. 상권 수호를 위해 몇 달씩 장사를 포기했던 어시장 행상과 좌상들이 바로 '백족지충'이었다. 그들은 밟혀도 쓰러지지 않았다. 이런 구한말 마산의 반일풍토는 격렬했던 마산 창원 3.1만세운동의 역사적 배경이 되었다.

어린 김명시가 본 3.1만세운동

1919년 3.1운동 당시 김명시는 12살이었다. 어머니와 오빠가 일을 나가면 동생을 돌보아야 했다. 하지만 마산에서 3.1독립선언서가 배포되던 추산공원과 마산 창동 민의소, 구마산 장터, 마산 형무소는 김명시 집에서 걸어도 10여 분밖에 안 걸리는 거리였다. 동네가 바로 역사의 현장이었던 것이다.

3.1독립만세의 함성은 전국을 뒤흔들었다. 3월 3일 시작된 마산의 만세운동은 3, 4월 마산 · 창원 전 지역에서 모두 15회의 시위가 일어날 정도로 뜨거웠다.[20] 1907년 국내 최초로 설립된 노동야학과 마산 시민의 자치기구인 민의소, 창신학교와 의신여학교 등 선각자들이 세운 기관과 학교가 마산 3.1만세운동의 조직적 토대가 되었다.

3월 3일은 두척산(무학산)에서 고종황제의 망곡제를 올리는 날이

20 3.15의거기념사업회 엮음, '제3장 일제 식민지 시대와 항일 독립투쟁', 『3.15의거사』, 3.15의거기념사업회, 2004.

었다. 야학교사인 김용환[21]이 망곡제에 모인 사람들에게 조선독립의 당위성과 항일궐기를 고취하는 연설을 하고 독립선언서를 배포했다. 학생과 시민들은 마산 민의소가 있던 창동으로 내려와 독립만세를 외쳤다. 오후 4시경 일본 헌병·경찰들과 맞부딪혀 50여 명이 체포되었다. 하지만 주동자 김용환은 피신해 다음 시위를 준비했다.

시위에는 야학교사들이 앞장섰다. 이형재와 김용환은 추산동 활터에서 만세 시위를 다시 열기로 하고, 3월 10일 김용환이 약속대로 나타나 연설하고 독립선언서를 배포했다. 이들은 출동한 헌병에게 모두 체포되었다. 김용환 혼자 시위를 책임지기로 해서 다른 사람들은 풀려났다. 그러나 시위는 여기서 그치지 않았다.[22]

3월 21일은 구마산 장날이었다. 경남 일대에서 가장 큰 구마산 장터(지금의 부림시장)가 사람들로 북적였다. 지금의 부림시장 앞 도로는 마산 시내를 관통하는 철도 길이 있었다. 이날 정오, 삼랑진행 열차의 기적소리를 신호로 마산 전역은 "대한독립 만세" 함성과 태극기 물결로 뒤덮였다. 시위 군중은 점점 불어나 3천 명에 육박했다. 당시 마산 인구 1만 5천여 명(그중 일본인이 4,500명) 중 (조선인만 보자면) 마산 인구 1/3이 참여한 것이다. 남녀노소를 가리지 않고 독립 만세를 절규했던 시위대열에 김명시의 어머니와 오빠도 있었다.

---

21 김용환(1884~1933): 독립 서훈 대통령 표창(1977), 건국훈장 애국장 추서(1991). 1919년 3월 2일 조선국권회복단 김관제로부터 독립선언서 30매를 받고 3월 3일 무학산에서 독립선언서와 독립신문 배포 등 시위를 주도했고, 그 혐의로 징역 1년을 살았다.

22 3.15의거기념사업회 엮음, '제3장 일제 식민지 시대와 항일 독립투쟁', 『3.15의거사』, 3.15의거기념사업회, 2004. 다른 자료에서는 확인되지 않고 있다(지역역사가 박영주).

시위 군중의 규모에 놀란 일제 경찰과 헌병은 신마산에 주둔한 중포 대대의 병력까지 동원해 평화적으로 시위하는 군중을 총검과 무차별 구타로 해산시켰다. 체포된 50여 명의 주모자는 혹독한 고문을 당했다. 마산형무소에서의 매질 소리와 비명은 나지막한 초가를 넘어 입소문을 타고 번졌다.

다음 장날인 26일에도 봉기가 일어났다. 시위대열은 애국지사가 투옥된 마산형무소로 향했다. 독립 만세와 애국지사 석방을 목이 터지도록 외쳤다. 감옥 안에서도 호응해 독립 만세를 부르짖었다. 당황한 일제 헌병과 중포 대대 군인들은 시위 군중을 매질하고 주모자 20여 명을 체포, 구금했다. 시위대열의 기세에 놀란 일제는 진해 군항으로부터 군함을 출동하기까지 했다.

3월의 마지막 장날인 31일에도 시위가 이어졌다. 군중은 마산 감옥을 에워싸고 애국지사의 석방을 강력히 요구했다. 갑자기 놀라운 일이 벌어졌다. 간수로 있던 박광연이 간수복을 훌훌 벗어던지고 시위대열에 합류한 것이다. 목구멍이 포도청이라 '일본 놈의 하수인'으로 감옥 지키는 신세였어도 그 역시 조선 사람이었다. 그도 만세를 외쳤다. 박광연은 체포되어 자신이 근무했던 바로 그 감옥에 수감되었다.[23]

4월에도 항쟁의 기세는 꺾이지 않았다. 4월 3일 일어난 삼진의거(진전, 진동, 진북 일대의 연합 대의거)는 만세운동의 정점이었다. 헌병들은 시위 군중에게 무차별적으로 총을 난사했고 칼을 휘둘렀다.

시위 현장에서 8명이 잔혹하게 목숨을 잃었다. 알려진 부상자만

---

23 3.15의거기념사업회 엮음, '제3장 일제 식민지 시대와 항일 독립투쟁', 『3.15의거사』, 3.15의거기념사업회, 2004.

22명, 당시 마산 삼성병원 의사 김형철은 비용을 받지 않고 이들을 치료했다. 그 삼성병원이 김명시 집 바로 길 건너편에 있었다. 4월 22일, 23일, 24일 사흘에 걸쳐 마산공립보통학교에서도 대규모 시위가 감행되었다.

3.1만세운동은 김명시에게 학교였다. 야수처럼 어머니와 동포에게 총칼을 휘두르는 일본 경찰과 군대를 보았다. 나라 빼앗긴 민중의 피맺힌 한과 눈물을 보았다. 가난하고 배운 것 없다고 멸시당하고 천대받던 그 이웃들이 성난 파도가 되어 독립 만세를 외치고 있었다.

유관순 열사와 김명시 장군

유관순 열사는 일제강점기 대표적인 여성 독립운동가다. 김명시가 1907년, 유관순은 1902년생이니까 거의 동시대를 살았다. 그런데 유관순은 알려지고 김명시는 잊혔다. 그러나 일제강점기와 해방 직후까지 사정은 달랐다. 유관순은 신문에 한 번도 보도된 적이 없을 정도로 무명전사였다. 김명시는 18살부터 일본 검사국에서 주목하고, 해방 후 조선의 잔다르크로 열광적인 환영을 받았다.

왜라고 묻지 않을 수 없다. 유관순을 폄훼하고자 하는 의도가 아니기에 유관순이 겪은 3.1만세운동을 먼저 상기해볼 필요가 있다.

천안에서 태어난 유관순은 미국 선교사의 추천을 받아 교비 장학생으로 1915년 이화학당에 입학했다. 1919년 3월 1일 만세운동이 일어나자 유관순은 학당의 담을 뛰어넘어 탑골공원과 남대문역 등

이화학당 시절의 유관순

유관순의 수형기록표

에서 만세운동에 참여했다. 3월 10일 총독부에서 강제 휴교령이 내려지자 고향으로 내려가서는, 집안 어른과 마을 유지에게 독립선언문을 보여주고 오빠, 사촌 언니와 함께 만세운동을 준비했다.

음력 3월 1일이었던 4월 1일, 아우내 장터에는 약 3,000여 명의 사람이 모였다. 유관순은 '대한독립'이라고 쓴 큰 깃발에 태극기를 달고 앞장섰다. 군중은 목이 터져라 "대한독립 만세"를 외치며 일본 헌병이 있는 주재소로 향했다. 급히 출동한 헌병과 수비대는 총을 쏘고 총검으로 찌르며 시위 군중을 진압했다. 그 자리에서 유관순의 어머니와 아버지를 포함한 19명이 순국했고, 50여 명이 부상당했다. 흩어진 군중은 면사무소와 우편소를 습격하고 전화선을 절단하는 등 폭력적인 저항을 하기도 했다.

유관순은 오빠와 함께 시위주동자로 체포되어 재판받았다. 일본인 재판관은 "독립운동을 하지 않고 대일본제국 신민으로" 살기를 맹세하겠냐고 물었다. 유관순은 "나는 왜놈 따위에게 재판받지 않겠다!", "네놈들은 천벌을 받고 반드시 망하게 되리라!"고 재판장에게 의자를 던지며 격렬히 저항했다. 다음 해 삼일절에는 감옥에서 옥중 만세시위를 주동했다. 감옥에서 찍힌 유관순 사진은 꽃다운 나이 고운 얼굴이 고문과 구타로 퉁퉁 부어 있는 모습이다. 1920년 9월 28일, 18세의 유관순은 서대문형무소에서 순국한다.

박은식의 『한국독립운동지혈사』는 3.1운동 당시, 대략 7,500여 명이 목숨을 잃었다고 기록한다.[24] 유관순은 1920년 이후 순국해 그 7,500명 희생자에도 속할 수 없었다. 묘지를 아무도 챙기지 못해, 이태원에 있던 그의 묘지조차 유실될 정도였다. 해방 후 이화학당 출신 독립운동가를 발굴하는 과정에서 그의 항일운동 행적이 알려지고, 이제는 대표적인 여성 독립운동가로 추앙받게 되었다.

그러나 무명전사를 대표하는 유관순을 발굴한 이화학교 교사 박인덕과 전기를 쓴 전영택은 친일인명사전에도 기재될 정도로 대표적인 친일인사였다. 그들은 유관순을 내세움으로써 친일이력을 세탁하고 애국자로 둔갑하였다는 비난을 면할 수 없다. 무엇보다 해방 후 쟁쟁한 투쟁 이력을 가진 사회주의 계열의 여성 독립운동가들에 대항해 유관순을 띄웠다는 의혹을 지울 수 없다.

12살 김명시가 겪은 3.1만세운동도 17살 유관순이 주도한 아우내 장터 만세운동 못지않았다. 마산의 만세운동은 더 먼저, 더 나중까지 장기간에 걸쳐 치열하게 펼쳐졌다. 아우내 장터로, 구마산 장터로 향했던 만세운동의 함성에 기층 민중이 응답했다. 그들 속에서 탄생한 수많은 유관순 가운데 한 명이 김명시다. 김명시는 일본 검사에게 "3.1운동으로 자극받았다"고 진술했다.

3.1운동으로 탄생한 임시정부는 "우리 국민은 일본의 노예가 아

---

24 일본 측의 기록만 보아도 불과 3개월 만에 죽은 사람이 7,509명, 부상당한 사람은 15,961명에 이르렀으며, 46,948명이 체포 · 투옥되었다.

니요, 또한 부패한 전제 정부의 노예도 아니요, 독립한 민주국의 자유인"이라고 선언했다. 3.1운동은 우리나라 민족해방운동의 출발점이고, 근대 민주국가 건설의 실천적 토대를 제공한 혁명적 사건이었다. 일본의 노예도 아니고 전제정부의 노예도 아닌 자유인으로서의 선언이 가장 절실한 이는 가장 핍박받았던 김명시와 같은 기층 민중의 딸이었다.

야학으로 공부한 김명시

노천명에 의하면 12살 김명시는 4살짜리 여동생 복수를 업고 학교에 다녔다고 한다. 차마 교실까지 동생을 업고 들어갈 수는 없었다. 그래서 학교 운동장에 동생을 내려놓고 안에 들어갔는데, 선생님 글 가르치는 소리는 들리지 않고 동생 우는 소리만이 귓가에 쟁쟁했다고 한다. 김명시의 어린 시절, 가장 아프게 사무쳤던 기억일 것이다.

마산공립보통학교 학적부에는 김명시가 1923년 16세의 늦은 나이에 5학년 2학기 방청생으로 수강하다가 수학능력을 인정받아 6학년에 편입한 것으로 되어 있다. 이 기록은 노천명이 쓴 김명시의 어린 시절과 상충된다. 1923년이면 여동생 복수가 8살이라 업혀 다닐 나이도 아니었다. 그렇다면 12살 김명시가 4살짜리 복수를 업고 다녔다는 학교는 어디일까?

남동생 김형윤은 제 나이인 1919년 마산공립보통학교에 입학했다. 당시는 누이가 남동생에게 학업 기회를 양보하는 일이 흔했다.

가난한 집안에서 비싼 월사금을 내며 여자아이까지 교육시킬 수 없었기 때문이다. 정식 학교에 갈 수 없던 김명시는 야학에 다녔을 것이다. 당시 마산은 야학운동이 활발했다. 야학에서는 김명시처럼 배우고 싶어도 배울 수 없는 아이들에게 우리글과 산수를 가르치고 민족의식도 일깨웠다. 마침 그의 집 가까이 민의소 건물에서는 마산청년구락부가 운영하는 야학이 열리고 있었다.

1921년 노동야학이 중성동에 새로 마련한 교사로 옮겨가자,[25] 원래의 민의소 건물에서 '여자야학'이 문을 열었다. 그해 6월 30일에는 같은 장소에서 '마산여자청년회'가 창립되었다.[26] 김명시가 여기서 공부했다는 기록은 없다. 그러나 당시 일본 검사의 예심결정문에는 김명시가 마산청년회 회원이었으며, 여자야학 교사였던 김명규로부터 사상적 지도를 받았다고 나와 있다. 김명시는 야학에서 한글과 기초학습을 수행하고, 수학능력을 인정받아 마산공립보통학교 5학년 말에 편입했을 것이다. 교실에 들어가기 위해 여동생 복수를 내려놓은 운동장도 학교가 아니라 널찍한 민의소 마당이었을 가능성이 크다.

김명시의 보통학교 학적부에는 감찰이 필요하다는 기록이 있다(학적부 사각 박스 안쪽). 1년 동안 학생을 관찰한 담임교사가 김명시를 '요시찰'로 불온하게 판단한 이유는 어머니의 독립운동 경력이나 야학에서 익힌 남다른 언행 때문일지 모른다.

25 마산노동야학은 일제가 '노동'이 들어갔다고 사상적인 트집을 잡아서 나중에 마산중앙야학교로 이름을 바꿨다. 그리고 1931년에는 지역 유지들이 힘을 모아 6천원의 거금으로 인근 대지 천여 평을 사들여 번듯한 새 교사를 신축하였다.

26 3.15의거기념사업회 엮음, 『3.15의거사』, 3.15의거기념사업회, 2004, 133쪽.

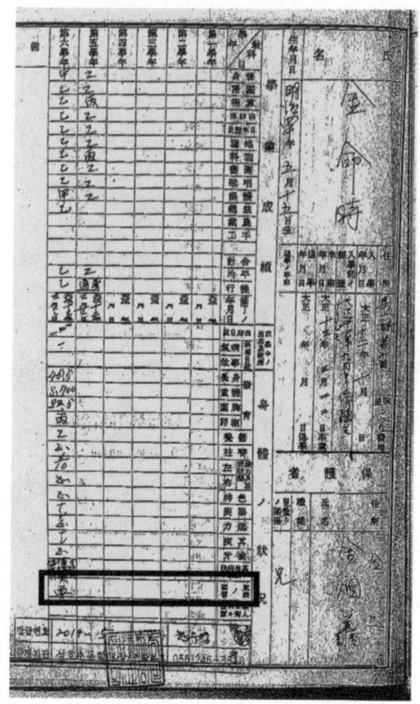

김명시 마산보통공립학교 학적부

학적부에는 신체검사 기록도 있다. 일본식 척관법 기록을 미터법으로 환산하면 키 139cm, 몸무게 32.6kg, 가슴둘레 68.2cm였다. 질병으로는 만성화농성 중이염이 있었다. 열여섯 살 나이치고 크지 않은 몸이다. 가난해서 제대로 먹지 못하고 성장한 식민지 딸들의 평범한 모습이었다.

생가터가 있는 오동동 문화광장에는 16세 김명시 신체 크기의 소녀상이 보인다. 3.15 의거 발원지 기념관 앞에 세워진 일본군 '위안부' 인권 · 자주 · 평화 다짐비다. 소녀상이 일제강점기 소녀들의 평균 신체 크기에 맞춰 제작되었다. 김명시는 그 가녀린 체격으로 조국의 자주독립과 평화로운 세상을 꿈꾸며 모스크바로, 상해로, 만주로, 고난의 길을 묵묵히 걸어갔다.

1924년 보통학교를 졸업한 김명시는 오빠 김형선의 도움으로 서울 배화고녀(현 배화여고)에 입학했다. 그러나 이 학교를 얼마 다니지 못하고 마산으로 돌아와야 했다. 미곡창고 서기로 근무하던 오빠 김형선이 갑자기 해고당했기 때문이다. 하지만 김명시는 학업을 포기하지 않고 와세다 고등여학교 강의록으로 독학을 했다.

소년 가장 김형선

김형선

김명시의 오빠 김형선은 1904년 태어나 김명시와는 3살밖에 차이 나지 않았다. 그러나 김명시의 학적부에는 19살 오빠가 16살 김명시의 보호자였다. 아버지를 일찍 잃은 김명시의 가족에겐 실질적인 가장이었다. 천성이 선량한 김형선을 친구들은 소처럼 우직하고 성실하다는 의미로 '소'라고 불렀다.

김형선은 1917년 마산공립보통학교를 우등으로 졸업했다. 그러나 학비가 없어 구마산의 상가 건물 2층에 있던 2년제 간이농업학교에 들어갔다. 그러나 그에게는 어린 동생들이 줄줄이 있었고, 어머니 혼자에게만 생계를 맡길 수가 없었다. 학교를 중퇴한 그는 어머니를 따라서 부두 노동자로 허드렛일을 했다. 그 시기에 만세운동이 일어났고, 그도 친구와 이웃과 함께 여기에 참여했다.

마산창고회사가 설립되자 그는 사무원(서기)으로 5년간 근무했다. 직장이 안정되자 동생 김명시를 학교에 보냈고 서울 배화고녀로 유학시켰다. 그 학교는 미국인 여자 선교사들이 세운 기독교 학교였는데, 다른 여학교와 달리 기숙사가 있었다. 허헌 변호사의 딸 허정숙도 배화여고 출신(1918년 졸업)인데, 이처럼 부유한 집안 딸들이 많이 다녔던 곳이다. 직장이 안정되었다고 누이를 서울 유학 보낼 정도로 풍요로워졌을 리는 없다. 당시 남성 중심의 사회 분위기와 가난한 집안 형편으로 볼 때, 김형선이 어떤 마음으로 여동생을 서울까지 보냈을까?

1923년은 김형선이 사회운동과 노동운동을 왕성하게 할 때였다. 일제로부터 조선이 독립하고, 노동자와 농민도 인간답게 살아야 하듯이 여자도 배워야 하고 남자와 똑같은 권리를 누려야 한다고 생각했기에 여동생을 정규학교에 보냈다. 김형선은 여동생에게 '봉건시대 여자의 삶'이 아니라 혁명가의 삶을 안내했다. 그래서 오누이는 평등한 사회를 꿈꾸고 실천했다.

3.1만세운동은 김형선이 사회주의자가 되는 데 결정적인 영향을 끼쳤다. 김형선만이 아니었다. 식민지 조선의 사회주의는 민족주의에서 출발했다. 일제에 저항하기 위해 사상과 이념이 필요했던 당시 젊은이들은 러시아 혁명에 공감했다. 러시아 혁명은 일본을 타도해야 한다는 민족적 각성만이 아니라, 민중이 자유롭고 평등하게 사는 '좋은' 세상을 꿈꾸게 했다.

한편 조선의 식민지 지배가 무단통치만으로 불가능하다고 판단한 일본은, 기만적이나마 문화통치를 시행했다. 이러한 상황에 힘입어 1920년대 각계각층의 대중운동은 폭발적으로 성장했고, 마산에서도 많은 사회 · 노동단체들이 생겨났다. 김형선은 일찍부터 마산청년회와 해륙운수조합 등에서 집행위원으로 활동하다가 사회주의 사상을 받아들였다.

김명시 남동생 김형윤

1926년 1월 5일 동아일보에 다음 기사가 실렸다.

> "마산 소년계에서는 김형윤 군 외 몇 소년의 발의로 마산 소년독서회를 조직해 매주 화요일 밤마다 모여서 일주일 동안 독서한 것을 서로 토론하기로 하였답니다."

그때 김형윤의 나이 16살이었다. 당시 마산은 유난히 소년운동이 활발했다. 씩씩소년회, 무산소년단, 불교소년단 등 10개의 소년단체가 활동하고 있었다. 마산청년연합회는 이들 소년단체를 지도하며 소년단체연맹을 조직하도록 유도했다. 김형윤도 마산소년독서회를 조직해 소년운동을 이끌었다. 3.1운동에 참여했다가 희생당한 어머

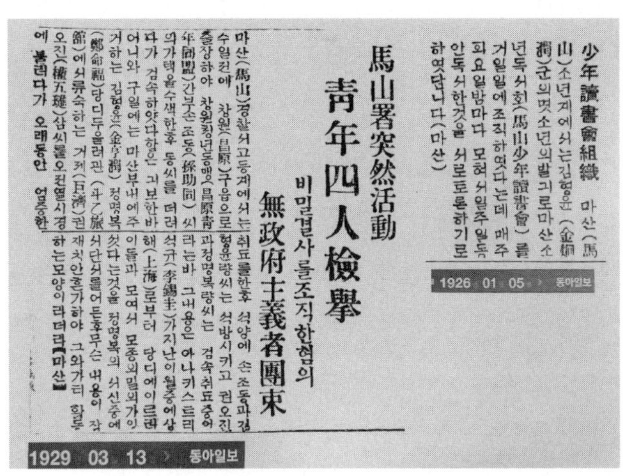
少年讀書會組織 마산(馬山)소년계에서는김형윤(金炯潤)군의몃소년의발긔로마산소년독서회(馬山少年讀書會)를거일일에조직하엿다는데 매주회요일밤마다 모혀서일주일동안독서한것을 서로토론하기로하엿답니다(마산)

1926 01 05 동아일보

馬山署突然活動
青年四人檢擧
비밀결사를조직한혐의
無政府主義者團束

마산(馬山)경찰서고등계에서는수일전에 창원(昌原)구읍으로출장하야 창원청년동맹(昌原靑年同盟)간부손조동(孫助同)씨의가택을수색한후 동씨를 데려다가 검속하얏다함은 긔보한바어니와 구일에는 마산부내에주거하는 김형윤(金亨潤)정명복(鄭命福)당디두올려관(斗乙旅館)에서류숙하는 거제(巨濟)권오진(權五璡)삼씨를오전열시경에 불러다가 오래동안 엄중한취됴를한후 석양에 손조동과김형윤량씨는 석방시키고 권오진과정명복량씨는 검속취됴중이라는바 그내용은 아나키스트리석규(李錫圭)가지난이월중에상해(上海)로부터 당디에이르러 이동과 모여서 모종의밀의가잇섯다는것을 정명복의 서신중에서단서를어든후무슨 내용이 잇재치안흔가하야 그와가티 활동하는모양이라더라【마산】

1929 03 13 동아일보

『동아일보』, 1926년 1월 5일, 김형윤 소년독서회 관련 기사

니, 모스크바로 유학 간 누나, 중국으로 망명한 형님으로 김형윤은 어린 나이부터 일제의 감시 대상이었다. 그러나 김형윤은 고향을 떠나지 않고 1930년대 진해, 마산 적색 노조운동의 지도자가 되었다.

1932년 1월 마산 운수노동조합 노동쟁의를 주도하고, 마산청년동맹에도 적극 참여했다. 그러던 중 '마산적색교원회' 활동으로 검거되어 징역 3년을 선고받았다. 석방 후에도 1936년 김태영이 주도한 조선공산당재건 경남준비그룹 관계자로 다시 검거되었으나 무혐의로 풀려났다. 일제가 남긴 수사 기록이나 신문 기록만 봐도 김형윤이 고향 마산에 있으면서 끊임없이 활동하며 감옥을 들락거렸음을 알 수 있다.

김형윤과 같이 활동했던 김우문[27]과 이종태는 독립운동 공훈을 인정받아 건국포장이 추서되었다.[28] 김우문의 공훈 기록에 의하면 본인은 1932년 2월 23일 마산경찰서 고등계 형사들에게 체포되어 치안유지법 위반으로 징역 1년 6개월을 선고받았고, 주모자인 김형윤은 1932년 5월 일본 경찰에 검거되어 징역 3년 형을 받았다.

치안유지법은 1925년 천황제나 사유재산제를 부정하는 운동을 단속하는 것을 목적으로 제정된 일본 법률이다. 조선공산당 사건에 처음 이 법이 적용되었고, 그 후 일제 식민 통치 기간 내내 독립운동을 처벌하는 가장 강력한 무기로 사용되었다.

김형선, 형윤 형제와 함께 초창기 마산의 지역운동, 노동운동을 이끌었던 활동가들 다수가 독립유공자로 인정받았다. 그러나 여

---

27 김우문(1910~1963): 2008년 건국포장을 받았다. 김형윤과 함께 창원군 산호리 야학교에서 적색교원회를 결성했다. 김또문이라고도 불렸다.

28 "창원시 애국지사 열전 6편", 〈창원시 공식 블로그〉.

1932년 6월 2일 김형윤 수감 사진

러 사건의 주모자로 오랜 수형생활을 한 김형윤은 아직 독립유공자 서훈을 받지 못하고 있다. 그의 형 김형선도 마찬가지다. 두 형제 누구도 북한 정권 수립에 기여하거나 참여한 기록이 없다. 이들의 노고에 대한 정당한 평가와 명예 회복을 할 때가 되었다.

김명시 선생님 김명규

김명시의 조선공산당재건 사건 예심결정문에는 "이웃집 아저씨인 김명규로부터 사회주의 이론을 지도받고 문헌을 탐독하던 중 조선을 일본의 기반에서 이탈케 하는 독립을 교망함에 이르게 되었다"는 구절이 있다.

김명규(1892~?)[29]는 원래 구한말 보통문관 시험에 합격하여 군속으로 재직한 양반 출신 대한제국 관리이다. 그는 3.1만세운동 직후 군속을 그만두고 마산 청년구락부 부원이 되어 민의소에서 활동한다. 민의소에는 마산 3.1운동을 이끌었던 김용환, 이형재, 명도석[30] 등 나라를 걱정하는 청년들이 모였다. 그들은 모두 구락부 회원이었다.

마산청년구락부는 1920년 6월 창립되어 마산지역 문화운동의 구심으로 자리 잡았다. 민의소 건물을 회관으로 사용하고, 원래 민의소 대표였던 손덕우가 초대 회장을 맡았다. 1910년 일제가 강제 해산시킨 마산 민의소가 사실상 부활한 것이었다.[31] 구락부가 노동야학과 여자야학 운영을 맡게 되면서 야학운동은 더욱 활기를 띠게 되었다.

마산노동야학은 당시 신문에 자주 보도될 정도로 사회적 이슈였다. 『동아일보』가 1921년에만 17회 보도할 정도였다. 1921년 9월 마산노동야학에서 교사와 학생 5명으로 노동야학 선전대를 조직했다는 기사도 있다. 선전대는 마산 인근의 중리, 석전, 진동, 창원, 의령 등지를 순회하면서 "노동과 지식", "농촌의 개선책"이란 연제로

29 강만길 · 성대경 엮음, 『한국사회주의운동 인명사전』, 창작과비평사, 1996.

30 명도석(1885~1954): 호가 식민지 조국이 빈집과 같다는 의미로 허당(虛堂)이다. 1990년 건국훈장 애국장에 추서되었다. 1907년에 옥기환, 구성전, 팽삼진 등과 마산노동야학을 설립하고 교사로 참여했다. 3.1운동을 지도한 혐의로 1920년 체포되어 6개월간 구금되었고, 이후 지역사회에서 구마산어시장상인조합 총무, 민립대학 발기인, 마산신간회 지회장으로 활발히 활동했다. 해방 직후 건국준비위원회 마산시위원회 위원장으로 선출되기도 했다.

31 3.15의거기념사업회 엮음, 『3.15의거사』, 3.15의거기념사업회, 2004, 148쪽.

선전과 계몽운동을 전개하기도 했다.

김명시와의 인연은 민의소에서 시작되었을 것이다. 김명규는 여자야학의 교사였다. 1921년부터 사회주의 사상을 연구하면서, 마산여성청년회를 창립했다. 봉건사상을 가졌던 그가 여성들의 사회운동 활로를 열어준 셈이다. 김명시는 이 마산여자야학이 공들여 배출한 대표적인 독립운동가이다.

김명규는 1922년 11월 동경 유학생들이 주축인 마산 초기 사회주의 사상단체인 '신인회'에 가입했다. 신인회는 매달 월례회에서 사회주의 사상을 연구했고, 마산노농동우회[32]를 창립시켜 마산 사회주의와 노동운동 발전의 디딤돌이 되었다.

노농동우회 간부였던 김명규와 김형선은 1923년 8월에 '혜성사'라는 사상단체를 새로 조직한다. 이 단체는 느슨한 사회주의 단체인 신인회와 달리 사회주의 사상을 구체적이고 체계적으로 연구하기 위한 단체였다. 혜성사 회원들은 매주 한 차례 모여서 사회주의 사상을 연구하고 주변에 전파했다.

김명규는 1926년 7월경 집에서 6.10만세운동 유인물이 발견되면서 조선공산당 사건으로 2년간 투옥된다. 1929년 4월 만기 출소한 그는 신간회 마산지회 간사로서 민족주의자인 명도석, 김용환 등과 제휴하여 항일운동을 전개했다. 일제의 탄압으로 신간회가 해체된 후에는 1930년 3월 부산 양화직공 동맹파업을 지원한 혐의로 일본 경찰에 체포되고, 1933년 3월 '마산적색문예회 사건'으로 검거되었으나 예심에서 석방되었다. 10월경 격문 사건으로 다시 검거되

32 마산노농동우회는 1923년 3월 14일 마산의 부두자유노동자를 주대상으로 한층 목적의식적인 성향을 띤 노동운동단체로 창립되었다.

어 징역 2년을 선고받았다. 1936년 10월경 부산지역 비밀결사 사건에 관계한 혐의로 검거되었다. 수차례 검거되고 투옥되면서도 김명규는 마산을 떠나지 않았고 항일운동도 멈추지 않았다.

1945년 8월 15일, 마산 오동동에 있는 김명시의 남동생 김형윤의 집에는 김명규, 김용찬, 김종열, 김종신, 박삼조 등 마산 사회주의 계열의 독립운동가들이 모였다. 해방 이후 시민자치기구를 만들기 위해서였다. 여기서 결성된 마산건국준비위원회에는 독립운동을 지속해온 민족주의자, 사회주의자, 무정부주의자는 물론 일제에 부역했던 마산의 유지들까지 참여했다.

김명규는 1945년 8월 17일 시민자치기구로서 〈조선건국준비위원회 마산부위원회〉 결성대회에 참가했고, 그해 10월 건준이 해체되고 인민위원회로 개편될 때는 인민위원장이 되었다. 당시 〈인민위원회〉 부위원장은 이정찬이었다.[33] 이처럼 김명시의 야학교사였던 김명규와 이정찬[34] 등은 해방 후 자주적 민족국가 건설에도 발 벗고 나섰던 것이다.

그들은 삶의 전부를 마산 민족해방운동에 바쳤다. 하지만 그들의 흔적은 『3.15의거사』와 『한국사회주의운동 인명사전』의 짧은 기록으로만 남아 있을 뿐이다.

사제지간인 김명규와 김명시는 일제하에서는 물론 해방 이후에도 국내와 해외에서 고난과 역경을 마다하지 않고 싸웠다. 밀양 출

---

33 김주완, 『토호세력의 뿌리』, 불휘, 2005, 18쪽.

34 이정찬(1892~1960): 건국훈장 애족장이 추서되었다. 3.1운동으로 1년간 옥고를 치렀고, 마산구락부원, 혜성사원으로 활동했다. 3.1운동으로 투옥된 청년들을 모아 의성계를 조직했으며 승무단장, 노농동우회 간부, 무산소년단 고문을 지내기도 했다.

신의 의열단 황상규와 윤세주, 김원봉도 동지이자 스승과 제자 사이였다. 스승인 황상규는 당시 20세였던 제자 김원봉을 의열단 단장으로 받아들였다. 마산 항일독립운동사에도 동지로 함께 투쟁했던 스승과 제자가 있었지만, 그들의 아름다운 이야기는 한국 현대사의 비극 속에 오랫동안 잊혔다.

마산에서 열린 최초의 메이데이 행사

1923년 5월 1일, 37회 메이데이를 맞아 서울을 비롯한 전국에서 최초로 노동절 기념행사가 열렸다. 〈조선노동총연맹〉 주최로 서울에서 2,000여 명의 노동자가 모였다. 이들은 '노동시간 단축과 임금 인상, 실업방지'를 주장하며 노동절 행사를 진행했다.

이날 마산에서도 〈마산노농동우회〉 주최로 노동절 기념행사가 열렸는데, 여기는 노농동우회 관계자뿐 아니라 초기 사회주의자였던 이정찬, 김기호,[35] 손문기[36] 등도 참여했다. 참가자들은 붉은 깃발

---

35 김기호(1895~1964): 다른 이름 김점수(金點守). 2008년 건국포장을 받았다. 마산 예수교 면려청년회 사교부장, 마산무산소년단 간사, 마산노농동우회 조사부 위원으로 활동했다. 자신이 경영하는 이발소에 마산노농동우회 문고를 비치해 손님이 열람하도록 했고, 독서회를 조직해 청소년들에게 지식을 전파했다. 1924년 8월 마산공산당에 참여하여 조선공산당 사건으로 징역 1년을 선고받았다. 1926년 마산노농동우회의 오랜 현안이었던 벽신문 『첫소리』의 문예부를 담당했다. 마산청년회의 집행위원으로 선출되었고, 1926년 1월 조선공산당에 가입, 혁명자후원회(morp)를 조직해 사회운동에 종사하다 투옥된 동지들과 가족을 돌봤다. 1926년 8월 일제경찰에 체포되어 1928년 2월 치안유지법 위반으로 징역 1년을 선고받아 서대문형무소에서 복역했다.

36 손문기: 초기 사회주의자들이 조직한 신인동맹회 간부로 활동했다. 해방 후에는 우

을 앞세워 "8시간 노동 쟁취"와 "노동자의 단결"을 외치며 가두행진에 들어갔다.

같은 날 마산 추산공원에서는 마산 인근 유생들의 백일장이 열리고 있었다. 모임을 주최한 이는 악질적인 친일파로 지탄받아 오던 『매일신보』 마산지국장이었다. 소식을 들은 노동절 기념식 참가자들은 백일장 현장을 습격해 쑥대밭으로 만들었다. 유생들과 지국장은 혼비백산해 도망쳤고, 이를 본 마산 사람들은 열렬한 박수를 보냈다고 한다. 마산 사람들은 일본만큼이나 일본에 부역했던 조선 사람들도 미워했다.[37]

김명시의 오빠와 선생님은 노동동우회의 간부이자 조선노농총연맹을 결성한 주역이었다. 김명시가 최초로 열린 노동절 기념식에 참석했는지 여부는 기록에 남아 있지 않다. 하지만 2년 후 모스크바 유학생으로 선발된 것을 볼 때 참여했을 가능성이 높다. 시위대는 창동골목길을 따라 구마산 장터로 들어서야만 추산공원으로 향할 수 있었다. 현재 마산 창동사거리, 6월항쟁 30주년 기념 동판이 바닥에 설치되어 있는 지점이다. 노동절 시위대가 밟고 지나간 그곳을 수십 년이 지난 후에 3.15의거, 부마항쟁, 6월항쟁 시위대도 휩쓸고 지나갔다.

익단체인 대한독립촉성회의 위원장, 자유당 간부를 지내며 굴곡된 삶을 살았다.

37 3.15의거기념사업회 엮음, 『3.15의거사』, 3.15의거기념사업회, 2004, 141쪽.

마산노동동우회

1925년 경성지방법원 검사부 사상국에서 작성한 「秘 조선공산당 사건자료」에 의하면 김명시의 직업은 직공이었다.

격동하는 마산의 분위기는 10대 후반이던 김명시의 의식 성장에 큰 영향을 주었을 것이다. 오빠와 선생님의 개인적인 영향만 받은 게 아니라, 다양한 조직의 태동과 성장을 직접 보면서 참가하였다. 고향 동포이자 이웃, 친구들인 기층 민중에 대한 소속감과 연대감도 자연스레 자리 잡았을 것이다. 이 점이 대부분의 여성 독립운동가와 다른 김명시의 성장 배경이기도 하다.

마산노동동우회는 마산 부두 자유노동자를 주축으로 1923년 3월 14일 창립된 지역합동노조였다. 회원 수는 260명 안팎이었는데, 거기에 부두노동자, 구 마산역 운수노동자를 비롯하여 마산조면공장 직공, 인쇄공, 양화공 등이 두루 가입해 있었다. 집행위원장으로 선출된 여해(여병섭)[38] 등 간부들은 대부분 항일투쟁 경력을 갖고 있었다. 김명규와 여해가 논설부를 맡고, 김형선과 김종신[39]이 통신부

---

38 여병섭(1890~1934): 1995년 건국훈장 애족장이 추서되었다. 경남 고성 출신으로, 1917년 평양에서 조직된 조선국민회에 참가해 경상도 구역장으로 활동했다. 국민회의 투쟁전략은 국내 국외 독립운동세력을 연결해 결정적 시기에 독립전쟁을 통하여 독립을 쟁취하는 것이었다. 1918년 조선국민회 조직이 발각되고 보안법 위반으로 징역 8월 옥고를 치렀다. 3.1운동 후 교사로 근무하며 상해임시정부를 지원하는 혈성단을 조직, 군자금을 모으다 다시 구속되었다. 마산 통영 등 경남지역의 청년·노동운동에 참여하며 1925년 조선노농총동맹 중앙위원, 1930년 신간회 마산지회 서기장 겸 서무부장 일을 맡아 마산지회의 실질적 책임자로 활동했다.

39 김종신(1904~1977): 사회주의운동에 투신하기도 했으나, 일제 말기 친일파로 변신하고, 해방 후 우익운동에 앞장서 경남신문 사장, 마산시장, 자유당 국회의원을 지냈다.

를 담당했다.

노농동우회의 활동은 주로 계급연대의식을 높이고, 파업투쟁과 직업별 노조 조직을 지원하는 것이었다. 노동자 계급의식과 사회주의 사상 전파는 주로 강연회, 연설회를 통해 이루어졌다. 주 1회 '자유강단(토요강단)'과 주 2회 '노농강좌'를 열었다.

민의소 공회당에서는 사상단체나 사회주의 청년단체의 순회강연을 초빙하거나, 유명한 사회주의자의 초청 강연회를 열기도 했다. 1923년 11월에는 후세 다쓰지[40]의 초청 강연이 있었다. 그가 조선총독부 폭파미수 사건을 일으킨 김시현 사건(1923)을 변론하기 위해 조선을 방문했을 때 김해에 들렀다 초청된 것이다.

일본인 경찰서장과 조선인 형사주임이 몇 번씩 강연을 제지할 정도로 청중의 열기는 뜨거웠다. 또한, 사회주의 관련 도서로 '노농문고'를 만들어 사회주의 사상을 전파했다. 책은 김형두[41]를 비롯한 간부들의 개인 장서를 기증받기도 하고, 노농동우회 기금으로 일본에서 사들이기도 했다.

마산노농동우회가 창립된 이후, 마산에서도 노동자들의 파업투쟁이 본격화되었다. 이들은 임금인상과 더불어 해고수당 지급, 해

---

40 후세 다쓰지(1880~1953): 일본인 최초로 건국훈장 애국장을 받은 변호사이자 사회운동가이다. 조선 항일독립운동가들의 변호를 도맡아, 한국에서 불리던 별명이 '우리 변호사'였다. 1923년 9월 1일 관동대지진 때 일본 정부를 대신해 조선인 대학살에 대해 '사죄'한 유일한 일본인이다. 2.8 독립선언 조선유학생 변호, 1923년 조선총독부 폭발 미수범 의열단원 김시현 변호, 박열 재판 변호, 일왕을 폭살하려던 의열단원 김지섭 변호 등 평생을 한국의 독립운동에 힘써 노력해온 인물이다.

41 김형두(생몰년 미상): 마산 초기 사회주의자. 일본 메이지대학을 졸업하고 변호사가 되었다. 마산노농동우회의 집행위원으로 마산무산소년단 고문이 되기도 하였다. 사상단체 혜성사 결성에 참가했다. 조선 혁명자구원회(모플)의 책임자였고, 1928년 2월 일본경찰의 검거를 피해 국외로 피신했다.

고자 복직, 작업환경 개선 등 당시로서는 질서정연하고 수준 높은 요구조건을 내걸었다. 1923년 마산 조면공장 노동자들이 세 차례의 파업투쟁을 벌인 끝에 요구조건을 받아냈다. 파업 승리는 노농동우회의 조직적 지도가 큰 힘이 되었다.

이러한 투쟁 성과는 고스란히 조직화로 이어졌다. 마산인쇄공조합, 마산해륙운수노동조합, 마산목공조합, 마산자유노동조합 등 노동자 대중의 자주적 조합이 속속 결성되었다. 이들 단체의 창립총회에는 노농동우회 간부가 축사를 하거나, 고문으로 참여하기도 하고, 창동 노농동우회의 사무실을 이들 단체의 임시사무소로 내놓기도 했다.

마산노농동우회는 지역적, 전국적 연대활동에도 힘을 쏟았다. 경성여자고무직공파업(1923), 암태도소작쟁의(1923~24), 평양인쇄직공파업 등의 투쟁에 동정 연설회를 개최하고, 동정금 모금 운동을 벌이면서 계급적 연대 의지를 나타냈다. 특히 경성고무공장 여직공들이 "임금인하 반대", "감독 파면" 요구로 아사동맹[42]을 조직하고 동맹파업을 일으켰을 때, 마산노농동우회는 "경성고무공장 여직공은 계급 전선에 선 조선 초유의 여군", "사활의 분기점에 선 경성고무공장의 여직공의 운명" 등의 연설로 청중을 감동시켰다. 그리고 여기서 모인 많은 동정금으로 파업노동자를 지원했다.

마산노농동우회는 환난 구제사업에도 적극 참여했다. 마산 시내의 삼성병원 등 5개 병원에 협조를 요청하여 회원증을 가진 노동자들에게 약값을 반액으로 하고 무료진찰을 실시했다. 이 결과 지역운동의 주도 단체가 마산구락부에서 마산노농동우회(마산노동회)로

42 모두가 굶어 죽을 때까지 단식투쟁하는 것을 말한다.

바뀌었다.

100년 전 마산은 작았지만 역사의 변방이 아니었다. 조선인만 보면 전체가 만여 명밖에 안 되는 작은 항구 도시였다. 하지만 마산은 변혁의 열기로 가득 차 있었다. 김명시는 해방 후 조선부녀총동맹 결성식에서 "뼈에 사무친 소원은 어떻게 하면 조국의 농민과 근로대중의 심고를 덜고 그들도 남과 같이 보람 있게 살게 할 것인가?"라고 절규했다. 김명시의 절실한 다짐은 어린 시절 마산에서 시작된 것이었다.

마산노동회와 벽신문 『첫소리』

〈조선노농총동맹〉에 속해 있던 노동과 농민을 각각의 조직으로 나누자는 방침을 세우자, 〈마산노농동우회〉도 이를 받아들여 1926년 정기총회에서 분리하기로 결의한다. 단체명도 〈마산노동회〉로 바꾸었다. 마산노동회의 주요 사업은 노동야학 경영, 단기 강습회, 노동문고의 설치, 벽신문 발간, 노동단체 연맹적 조직 추진 등이었다.

노동자 벽신문 『첫소리』는 순간신문(旬刊新聞, 10일마다 내는 신문)으로 노농동우회 사무소 북쪽 벽면에 부착되었다. 한글로 쉽게 써서 노동자들이 잘 이해할 수 있도록 배려했다. 호를 거듭할수록 독자가 늘어났다. 특히 밤에는 귀가하는 노동자와 노동야학교, 여자야학교 학생들로 북새통을 이루었다. 벽신문을 낭독하여 문맹자나 통행인에게 알기 쉽게 설명해주고, 그 자리에서 질의응답 시간도

가졌다.[43]

그러나 벽신문 『첫소리』는 7호로 폐간되었다. 창간 후 얼마 되지 않아 김명규, 김기호, 팽삼진[44] 등이 신의주 사건으로 체포되고, 김형선도 중국으로 망명했기 때문이다. 이에 따라 마산노동회 사무실도 폐쇄되었다.

마산노농동우회의 본부는 지금의 창동 시민극장인 민의소 맞은편에 있었다고 한다. 당시에는 창동사거리가 없었다. 사람들은 주로 지금의 창동골목길로 다녔다. 그 골목길 어딘가에 벽신문이 붙어 있었고 그 벽신문을 통해 노동자들은 일반 신문에서 볼 수 없는 '우리' 이야기를 듣고, 모두가 주인 되는 새로운 세상을 꿈꾸었다. 그 골목길에는 지금도 김명시와 그의 형제, 동지들의 피와 땀이 오롯이 서려 있다.

조선공산당의 강력한 지방 조직, 마산 공산당

초대 조선공산당 책임비서를 지낸 김재봉[45]은 1922년 1월 모스크

43 김형윤, 『마산야화』, 경남, 1996.

44 팽삼진(1902~1944): 1990년 건국훈장 애족장이 추서되었다. 3.1만세운동 당시 마산장터에서 시위를 주도하여, 8개월간 복역했다. 마산노농동우회, 삼산노농연합회, 마산독서회 등을 조직하며 활동하다 조선공산당 사건으로 검거되었다. 이때는 무죄로 석방되었으나 1935년 예비검속으로 장기간 옥고를 치르고, 1937년 요시찰 인물로 검거되었다.

45 김재봉(1890~1944): 일제강점기 활약했던 사회주의 계열 독립운동가이다. 초대 조선공산당 책임비서를 지냈다. 일제 경찰에 의해 가혹한 고문을 받은 끝에 그 후유증으로 해방 직전인 1944년에 사망했다.

바에서 열린 '극동피압박민족대회'[46]에 참가했다. 한국, 중국, 일본, 몽고, 인도네시아 등 9개국이 참가하고, 참가자는 144명이었다. 한국대표단은 52명으로 대표자 전체 숫자의 1/3이 넘었다. 의장단에 김규식과 여운형이 선출되었고, 주요 참가자는 홍범도, 이동휘, 박진순, 장건상, 박헌영, 임원근, 김단야, 나용균, 김시현 등 쟁쟁한 인물들이었다.

한국 독립운동가들은 제1차 세계대전 후 파리강화회의와 워싱턴회의에서 보인 서구열강의 일본 식민통치 묵인과 한국 독립에 대한 무관심한 태도에 실망했다. 그래서 이념을 떠나 조선의 독립을 지지하는 이 대회에 참가한 것이다. 여기서는 "약소민족은 단결하라"는 표어가 걸렸고, 소련과 코민테른이 식민지민족해방운동에 대해 적극적 지원을 표명했다.

김재봉은 1922년 1월 극동피압박민족대회 신청서에 "조선의 독립을 목적하고 공산주의를 희망한다"라고 써서 코민테른에 제출했다. 이처럼 조선의 초기 사회주의자들은 식민지 해방이라는 민족주의에서 출발했다. 1923년 5월 국내에 당과 공산청년회를 조직하라는 코르뷰로(고려국)[47]의 지시를 받고 김재봉이 경성으로 돌아왔다. 그가 국내 당조직에 관한 고려국의 전권을 위임받은 것이었으나 서

---

46 코민테른 집행위원회는 1922년 1월 21일부터 2월 2일까지 동아시아 각국 공산당 및 민족혁명 단체 대표자들을 모스크바로 불러 연석회의를 개최하였다. 다수의 한국 독립운동가들이 공산주의에 동의하지 않음에도 불구하고 이념을 떠나 코민테른의 지원을 받기 위해 이 회의에 참여하였다.

47 1923년 코민테른 집행위원회 원동부(遠東部) 산하에 설치된 한국 공산주의운동 전담 조직이다.

울파[48]의 반대로 각 계파를 초월한 통일된 당 조직을 결성하기가 쉽지 않았다.

김재봉은 지방으로 눈을 돌렸다. 1923년 7월 신사상연구회를 조직하여, 9월부터 각 지방을 돌면서 강연하며 지역의 기존 단체들과 연결고리를 확보하기 위해 노력했다. 그 결실이 1924년 4월 '조선노농총동맹'의 결성이었다.

지방 조직인 진주노동공제회의 강달영과 풍산소작쟁의를 이끈 안동 권오설, 그리고 마산노농동우회의 역할이 컸다. 지방 조직들은 "공동의 적은 일제"라며 분열된 중앙조직에 통일되고 목적의식적인 노동조직을 만들라고 압력을 가했다. 진주, 풍산, 마산과 같은 지방 조직들은 바닥에서 투쟁을 통해 조직을 구축했다. 이들 지방 조직은 튼튼한 대중적 기반을 통해 중앙으로 진출했다는 공통점이 있었다.

마산의 노농동우회는 마산, 창원, 함안 세 부군의 노동, 농민단체를 묶어 '삼산노농연합회'를 조직했고, 경남노농운동자 신년간친회 발기, 남선노농동맹 창립 등의 활동으로 화요파가 주도하는 조선노농총동맹 창립을 추동했다.

고려국 국내부의 김단야, 신철, 신철수, 권오설 등은 자주 마산에 내려와 당 창건 준비 작업을 진행했다. 이들은 오동동 해안가 언덕에 있는 김형선의 집에서 수시로 회합을 가졌다.[49] 어린 동생들만 있

---

48 1921년 김사국의 주도로 결성된 서울청년회 그룹. 일제와 협력한 '김윤식 사회장 반대 투쟁'을 이끌었고, 상해파가 코민테른의 자금을 유용한 것을 이유로 사기공산당이라 규탄했다. 1920년대 초 주도적인 사회주의세력이었던 상해파와 같은 해외파를 배격하고, 독자적인 국내 사회주의세력의 규합을 모색했다.

49 「김명시 예심결정문」.

는 그의 집이 일제의 감시와 세간의 관심을 피하기 좋았을 것이다. 김단야는 그때 마산을 드나들면서 알게 된 김명시의 공산당 입당을 보증하고 모스크바 유학을 적극 추천하였다.

1924년 7월 신철의 지도로 김상주, 김형선, 김직성,[50] 황수룡[51]이 마산공산청년회(책임자 황수룡)를 조직했다. 회원이 늘어나자 제1그룹과 제2그룹으로 나누었다. 그해 8월 17일에는 김명규, 김형선, 김상주, 김직성, 김기호, 황수룡이 모여 신철의 입회 아래 마산공산당(책임자 김명규)을 조직했다.

김명시와 김형선은 1925년 4월 17일 창당된 조선공산당에 나란히 당원이 되었다. 18세 김명시는 어린 조선공산당원이었다. 마산의 참여는 영남권과 남부지역 전체가 움직인다는 것을 의미했다. 또 하나의 경남 거점인 진주와 호남 조직들도 속속 참가를 선언했다. 마산은 1925년 조선공산당 창당에 결정적으로 기여했다.[52]

---

50 김직성(1902~?): 경남 사천 출신으로 1923년 8월 마산공산청년회 결성에 참여했다. 1928년 2월 조선공산당 사건으로 징역 1년 6월을 선고받은 후에 다시 1929년 마산노동연맹, 마산자유노동조합 등에서 활동하다, 1935년 3월 마산적색문예회 사건으로 검거되었다.

51 황수룡(1907~1954): 마산노동야학교를 졸업하고 금융조합 서기로 근무하며, 마산노동회, 마산청년회, 마산 수양청년회 등에서 활동했다. 1924년 김명규, 김형선 등과 함께 마산공산청년회를 조직했다. 마산노농동우회 위원이었으며 1928년 2월 조선공산당 사건으로 징역 1년 6월 선고받았다. 1929년 2월 마산청년동맹 집행위원으로 선임되었다. 1931년 4월 마산자유조합 검사위원으로 활동하였다. 2005년 건국포장이 추서되었다.

52 최백순, 『조선공산당 평전』, 서해문집, 2017.

조선공산당과 마산 야체이카[53]

1925년 4월 '전조선민중운동자대회'에 참가하기 위해 425개의 노동, 형평, 청년 사상단체들이 서울에 모였다. 지방 대표들도 이 대회에 참가하기 위해 상경했다. 4월 17일은 '전조선기자대회'가 열릴 예정이었다. 일본 경찰의 관심은 온통 여기에 쏠렸다.

그러나 같은 날 오후 2시 '아서원'이란 중국음식점에서 '조선공산당' 결성식이 극비리에 거행되었다. 아서원은 지금 을지로 롯데백화점 자리에 있던 식당인데, 전위정당인 조선공산당 창립대회를 대낮, 그것도 경성 시내 한복판에서 불시에 치른 것은 대담한 기획이었다. 고난도 위장 전술로 창당식을 은폐한 것이다.

마산 출신 김상주[54]는 아서원 회합에 참여한 20인 중 한 명이었다.[55] 그는 어려서 서당에서 한문 교육을 받았고 10대 중반부터 마산의 원동상회, 원동물산 무역 회사를 10년 이상 다녔으나 조선을 일본의 통치에서 벗어나게 하는 목적으로 조선공산당 결성에 참여하였다.

---

53 조직의 기본단위, 흔히 세포로 번역되기도 한다.

54 김상주(1902~?): 2020년 건국훈장 애국장이 추서되었다. 1924년 마산노농동우회 교무부 위원이 되고, 그해에 비밀단체 사각동맹(四角同盟) 결성에 참여했다. 마산공산청년회와 마산공산당 결성에 참여하고, 『조선일보』 마산지국을 경영했다. 조선공산당과 고려공산청년회 결성대회에 참석했으며, '적기(赤旗)시위 사건'으로 종로경찰서에 검거되어 징역 6월, 집행유예 3년을 선고받았다. 1925년 12월 조선공산당 사건으로 검거되어 징역 4년을 선고받고 1931년 출옥한 후 다시 마산에서 기관지 『볼셰비키』 발행을 담당했다가, 1932년 5월경 일본경찰에 검거되어 징역 3년을 선고받았다.

55 최백순, 「조선공산당의 탄생」, 앞의 책, 250쪽.

지방 대표로 참가한 김상주는 현지 정세보고에서, "사회주의 사상이 점차 광범위하게 보급되고 있어 장래가 유망하다"고 보고했다. 독립을 열망하는 조선 젊은이들 사이에서 사회주의가 어떻게 받아들여지고 있었는지 짐작되는 내용이다. 다음 날 경성부 훈정동 4번지 박헌영의 집에서 김단야, 조봉암 등 17명이 모여 '고려공산청년회'를 결성했고 김상주도 여기 참여하였다. 그러나 예기치 않은 사건으로 김상주가 검거되고 말았다.

일제 당국은 4월 20일 열릴 예정이던 '전조선민중운동자대회'를 돌연 금지시켰다. 이에 대해 김상주는 분노한 200여 명의 민중 운동자를 지휘하여 항의시위를 벌였다. 이때 들고 나온 붉은 깃발에는 "전조선민중운동자대회 만세", "무산자 만세", "무리한 경찰의 압박에 반항하자" 등이 적혀 있어 '적기 사건'으로 알려졌다. 적기 사건의 주모자로 김상주를 포함한 8명이 구속되었다. 김상주는 징역 6월에 집행유예 3년을 선고받고 6월에 풀려났다. 그가 풀려나자 7월과 8월 사이에 마산공산당은 조선공산당 마산 야체이카로, 마산공청은 고려공청 마산 제1야체이카(책임자 황수룡), 제2야체이카(책임자 김형선)로 개편되었다. 그리고 제1, 제2야체이카의 최고책임자인 김상주가 고려공청 중앙과의 연락을 맡았다.

1925년 7월 고려공산청년회는 국제공산청년회 중앙위원회에서 지부로 승인받은 후 21명의 유학생을 모스크바에 파견하기로 했다. 4월에 조선공산당이 창당되고, 적기 사건, 김상주 검거 등 우여곡절이 있었지만, 몇 달 안 되는 짧은 기간에 고려공청을 조직하고, 코민테른의 예산을 받아, 유학생 선발부터 파견까지 할 정도로 당시 활동가들의 역량이 유능하고 기민했다.

그해 10월 마산에서는 김상주와 김명시가 유학생으로 선발되었다. 그러나 김상주는 신의주에서 일경에 발각되어 다시 돌아왔고, 김명시 혼자 모스크바로 떠나게 되었다.

고려공산청년회[56]와 동방노력자공산대학 파견

1925년 겨울, 유학생들은 박헌영에게 소개장과 여비를 받은 다음 모스크바로 출발했다. 두셋씩 짝지어 국경을 넘은 뒤 블라디보스토크에 모여 시베리아 횡단 열차를 탔다. 그러나 18세의 김명시는 혼자 마산에서 부산으로 가 나가사키를 경유해서 상해를 거쳐 블라디보스토크에 나타났다.[57]

김명시는 상해에 도착하자 여운형을 찾아갔다. 이르쿠츠크파 고려공산당 출신 여운형은 계파를 막론하고 자신을 필요로 하면 누구나 도와주었다. 특히 박헌영과 주세죽의 결혼 주례를 해준 각별한 인연이 있었다. 박헌영의 협조 요청을 받은 여운형은 유학생들을 소련영사관으로 데려가 여권 발급을 도와주었다.

학생들은 연락자인 정병욱의 안내를 받아 1925년 12월 말, 모스크바 동방노력자공산대학에 당도했다. 21명 중 여학생은 3명이었

56 고려공산청년회의 주요 임무는 조선의 완전독립을 기본 축으로 민족운동을 지원하고, 중앙집권적인 민족혁명 청년조직을 결성해 근로 대중을 민족혁명운동에 끌어들이는 것이었다. 입회할 때 노동자와 농민의 경우 회원 1인, 기본책임자 1인, 지방집행위원 1인의 보증서가 요구되었던 비밀결사단체였다. 자질 있는 청년을 사상적·조직적으로 훈련된 직업혁명가로 육성하려던 예비학교의 성격을 가졌다.

57 조선희, 『세 여자 1』, 한겨레출판, 2017, 247쪽.

다. 조봉암의 아내였던 진해 출신의 김조이(1904~1950?)와 김단야의 애인이던 고명자(1904~1950년 체포)가 동행했다. 남학생은 물론 여학생 중에서도 김명시가 제일 어렸다.

유관순은 해방 직전까지 어떤 신문에서도 발견할 수 없었는데, 김명시 이름 석 자는 일제강점기 신문에서 자주 발견할 수 있다. 김명시가 국내 신문에 처음 등장한 것은 1927년 4월 4일 『동아일보』 기사이다. "공판을 앞에 두고 공산당 사건 後聞(후문) 種種(종종)에" 란 제목의 기사에는 김명시와 김형선이 언급되어 있다. 관계자 대부분이 망명 중이고 거의 해외에 있다고 한다. 다만 김명시를 29세, 오빠 김형선을 24세로 나이를 잘못 기재했다. 검거된 적이 없는 독립운동가들 정보를 정확히 알지 못했던 것으로 보인다.

이보다 앞서 1925년 '조선공산당사건 경성지방법원 검사부 사상국'에서 작성한 비밀 자료를 보면 일본 검사들은 이미 김명시와 오빠 김형선을 정확하게 파악하고 있음을 알 수 있다.

> "김명시는 19세 직공, 김형선의 누이동생 마산공립보통학교 졸업, 마산청년회에 활동했다. 김형선은 23세, 조선 지국 기자, 마산공립보통학교 졸업, 마산 공립간이농업학교에 입학했으나 학자금이 없어 중퇴하고 상점 점원, 부두노동자, 마산창고주식회사 사무원 등을 전전했다. 마산노동회, 마산청년회, 마산청년연합회에 활동했다."[58]

---

58 3.15의거기념사업회 엮음, 「야학운동」, 『3.15의거사』, 3.15의거기념사업회, 2004, 133쪽. "1921년 6월 30일 마산여자야학에서 '마산여자청년회'가 창립되어 여성들에 의한 사회운동이 전개될 수 있었다." 김명시가 이때부터 마산청년회에서 활동한 것을 확인할 수 없으나 마산여자야학 교사였던 김명규와의 관계로 미루어 보아 마

1925년 12월 신의주 사건으로 일제의 조선공산당에 대한 대대적인 검거 선풍이 불어 105명이 구속되었다. 그러나 구속을 피해 남은 지도부들은 재빨리 진주 노동공제회 출신의 강달영을 책임비서로 제2차 공산당을 재정비했다. 아쉽게도 재조직된 제2차 공산당 역시 1926년 6.10만세운동을 주도하다 대거 검거되어 조직이 치명적인 타격을 입었다(제2차 조선공산당 사건).

1926년 순종의 국장을 맞이해 일어난 6.10만세운동은 3.1운동을 잇는 전국적 · 전민중적인 항일운동이었다. 사전에 치밀하게 10만 장에 달하는 격문을 준비했는데, 그 내용은 '일본 제국주의 타도', '토지는 농민에게', '8시간 노동제 채택', '우리의 교육은 우리들 손에' 등이었다. 그러나 이 격문이 사전에 발각되었다.

일제는 3.1운동의 전철을 밟지 않기 위하여 철저한 경계 태세를 갖추었고, 경성부에는 7,000여 명의 육 · 해군을 집결시켰다. 6월 10일 순종의 인산에 참가한 학생은 2만 4,000여 명이었고 군중의 호응으로 시위가 확대되었다. 그러나 사회주의 계열의 지도자들이 일본 경찰에 사전 체포되어 활동 저지당하면서 투쟁을 확산시키는 데는 실패하고 말았다.

해방 후 일본인 관리들은 경남지역 주둔 미 사령관인 해리스 준장에게 관내 사정을 설명하며 "경상도 사람들은 믿을 수 없고 반항적이다. 공산주의 사상이 깊이 뿌리박혀 있다"고 경고했다. 그만큼 일제를 위협한 항일운동이 마산에서 격렬했다는 의미다. 마산은 일본에게 가장 골치 아픈 지역이었다. 일제의 탄압에 완강하게 저항

산여자야학에서 창립한 마산여자청년회의 주요 성원이었음은 틀림없다.

했다. 3.1운동 이후 항일운동을 이끌어간 것은 김명시와 오빠, 선생님, 남동생을 포함한 사회주의 계열 독립운동가들이었다.

1925년 경성지방법원 검사부 사상국에서 작성한 「秘 조선공산당 사건자료」의 일부이다. 이 조직도에서 김형선은 제 2 그룹의 책임자이며, 김명시도 그 아래 조직원으로 명시되어 있다. 1926년 당시 공개된 이들의 나이와 직업, 학력 등을 보면 다음과 같다.

姜宗錄(강종록): 23세, 이발소 직공

金琪鎬(김기호): 32세, 이발업(구름이발관)

金明奎(김명규): 37세, 마산야학교사, 시대 지국 기자

金命時(김명시): 19세, 직공, 김형선의 누이동생, 마산공립보통학교 졸업(당시 모스크바 동방노력자대학에서 수학 중)

金尙珠(김상주): 25세, 조선일보 마산지국장, 한문서당에서 5년간 수학하고 운송점 · 원동상회 · 원동무역주식회사 등에서 10년가량 근무

金容粲(김용찬): 21세, 이발업(동창이발관)

金洧善(김유선): 17세, 마산고등여학교 학생

金宗信(김종신): 23세, 노동야학교, 마산학원, 배달학원 교사, 조선 지국 기자, 반도상회 점원으로 일하다가 상회주인 이현각 등의 도움으로 東京유학(1921)

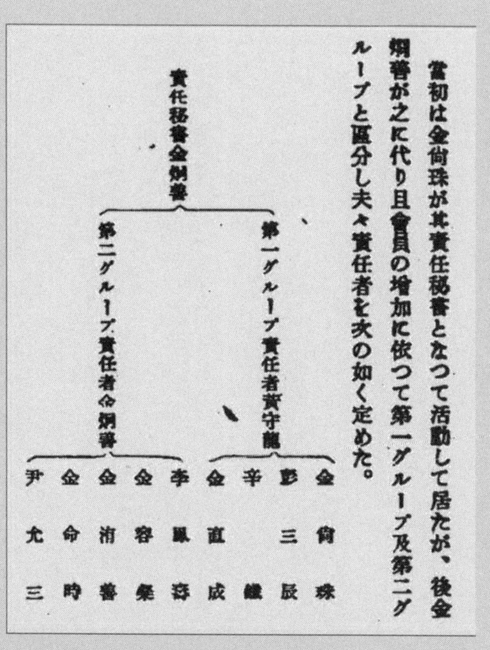

當初は金尙珠が其責任秘書となつて活動して居たが、後金炯善が之に代り且會員の增加に依つて第一グループ及第二グループと區分し夫々責任者を次の如く定めた。

責任秘書金炯善

第一グループ責任者黃守龍

金尙珠 彭三辰 辛鐵 金直成

第二グループ責任者金炯善

李鳳壽 金容桀 金淯善 金命時 尹允三

金直成(김직성): 25세, 조선 지국 기자, 마산노동야학교 졸업

金炯善(김형선): 23세, 조선 지국 기자, 마산공립보통학교를 졸업하고 마산공립간이농업학교에 입학했으나 학자금이 없어 중퇴하고 상점 점원, 부두노동자, 마산창고주식회사 사무원 등을 전전

尹允三(윤윤삼): 22세, 일명 尹烈, 곡물상

李鳳壽(이봉수): 21세, 구마산어시장 점원, 마산노동야학교 졸업

彭三辰(팽삼진): 25세, 骨接業, 시대 지국 기자

黃守龍(황수룡): 20세, 금융조합 서기, 마산노동야학교 졸업

2장

비거비래飛去飛來 홍일점 투사 김명시

1925년 모스크바 대학생활, 사회주의운동, 구속 ~ 1939년 석방

모스크바 동방노력자공산대학

"제국주의는 종속과 고통을 부르고 전쟁을 불러온다."

"사회주의는 평화와 복지, 모든 이들의 행복을 불러온다."[1]

김명시가 고생 끝에 도착한 동방노력자공산대학의 기숙사 식당에는 이런 표어가 붙어 있었다. 김명시는 이 표어를 보며 조선의 미래에 대한 희망을 품었을 것이다. 거기서 김명시는 '스베티로바'라는 러시아식 이름을 썼다. 학비와 숙식은 무료였다. 월 6원부터 15원까지 개인용품을 살 돈이 지급되었고,[2] 옷과 식사도 현물로 제공되었다. 1921년 코민테른이 설립한 이 학교는 식민지 피지배국 운동가들을 체계적으로 교육하기 위한 기관으로, 공산당 중급간부를 양성하는 정치학교이기도 했다. 1926년에 설립된 국제레닌학교도 비슷한 기능을 수행했으나, 여기에는 유럽과 아메리카 대륙 출신 학생들이 많았다. 박헌영과 김단야, 그리고 베트남의 지도자 호치민은 아시아인임에도 불구하고 국제레닌학교를 다녔다.

수학과 자연과학, 지리 등 기초적 지식 외에 여기서 배우는 학과

---

1 안재성, 「16. 백마 탄 여장군 - 김명시」, 『잃어버린 한국 현대사』, 인문서원, 2015.

2 1920년대 1원은 현재 3~5만 원 정도이므로 무료 숙식과 더불어 약간의 용돈이 지급된 셈이다.

모스크바 동방노력자공산대학(1920~30년대)

목은 모두 혁명에 관한 것이었다. 세계혁명사, 레닌주의, 유물론과 변증법, 사적유물론, 러시아 공산당사, 프롤레타리아 독재, 민족문제, 제국주의 이론이었다. 나중에는 4년제로 바뀌었으나 김명시가 들어갔을 때는 3년제였다. 학생 대다수는 러시아의 노동자, 농민들이었으나 외국인도 200명 정도 있었다. 절반은 중국인, 나머지는 식민지 약소국에서 온 혁명가였다.[3]

조봉암, 주세죽, 허정숙, 한빈, 오성륜, 방호산 등 한국의 많은 공산주의 운동가들이 여기서 수업을 들었다. 유학생들이 공통으로 겪는 문제가 언어였다. 입학 초기는 통역으로 수업하다가 1년쯤 지나면 통역 없이 러시아어로만 진행했다. 학교 분위기는 비교적 자유로워서 기숙사에 거주하거나 밖에서도 지낼 수 있었다. 교내에는 강당, 도서관, 사무실, 병원, 단체방 등이 갖춰져 있었다.

3 안재성, 앞의 책, 319쪽.

모스크바에서는 새로운 세계와 질서가 움트고 있었다. 독립을 외치다 잡혀가고 도망가고 고문당해 죽고, 어렵게 창당한 조선공산당 사업마저 쑥대밭이 된 일제하의 조선과는 너무나 달랐다. 그래서 동방노력자공산대학 유학생들의 열망은 더욱 간절하고 깊었을 것이다.

동방노력자공산대학의 세 여성 독립운동가

혁명의 심장부인 모스크바에서 보낸 시간은 김명시의 고달픈 생애에서 짧은 황금기였다. 함께 유학한 여학생 김조이와 고명자는 둘 다 1904년생으로 김명시보다 세 살 많은 선배 언니였다. 김명시가 김형선의 여동생 특권으로 여기 왔다고 말할 수 없듯이, 조봉암 아내 김조이, 김단야 애인 고명자로만 이들의 선발 이유를 설명하는 것은 좁은 판단이다.

김조이와 고명자는 맹렬여성들이었다. 두 사람은 경성여자청년동맹과 조선여성동우회 간부 출신이었다.

고명자

김조이

김명시

진해 출신 김조이는 김명시와 같은 고향 출신이었으니 각별히 더 가까운 정을 나누었을 것이다. 마산과 진해는 1910년 한일병합 이전부터 일제의 침탈과 만행이 혹심했던 곳이다.

진해의 지명은 원래 웅천이었다. 일본의 해군기지와 군항도시가 되면서 바다를 제압할 것이라는 진해(鎭海)로 바뀌었을 뿐 아니라 일제의 경제적 침탈 등으로 많은 이권을 빼앗겼던 곳이다. 1907년 일본인을 위한 신도시 건설로 11개 마을이 철거되고, 정든 고향을 떠나야 했던 사람이 2,000여 명이 되어 전통적으로 항일 저항의식이 강했다.

김조이는 김명시와는 달리 유복한 집안 출신이었다. 옛 창원군 웅천면 성내리 189번지에서 300석 지기의 큰딸로 태어났다. 외가가 있던 두동 계광학교(웅동중학교 전신)를 다녔다. 그러나 둘 다 3.1만세운동으로 민족의식을 키웠다. 3.1만세운동이 일어나자 웅천지역은 김조이의 조부, 김재형 집(웅천 북부동 560번지)에서 비밀리에 거사 계획을 세웠다. 웅천교회에서도 주기선, 김조이, 주녕옥 등이 모여 거사 준비에 나섰다. 웅동지역에서 200여 명으로 시작된 시위는 웅천에 도달했을 무렵 2,000~3,000여 명으로 불어났으나 일본 헌병 주재소의 헌병과 일본 거류민들이 총검으로 무자비하게 시위대를 진압하면서 해산할 수밖에 없었다.

김조이는 1922년 졸업 이후 계속 공부하기를 원했으나 집안 반대가 심해 넉넉한 집안 살림에도 경성에서 고학해야 했다. 직접 돈을 벌어 학교를 다니느라 4년 과정 동덕여학교를 7년 만에 마쳤다. 김조이가 참여한 경성여자고학생상조회는 회원 30여 명이 가내수공업으로 여아용 모자, 운동복, 천막 등을 만들어 팔면서 학비를 마련했다. 조봉암이 속한 신흥청년동맹과 여자고학생상조회가 전국 순회 강연회를 하면서 두 사람은 가까워졌다. 『조봉암평전』(이원규, 2013)에서는 김조이에 관해 "키는 163cm로 조금 큰 편이고, 몸이 가늘고 얼굴이 갸름했다. 그러나 속이 꽉 차 보여 연약한 느낌은 들지 않았다"라고 묘사했다. 1924년 6월 김조이 고향집에서 둘은 결혼식을 올린다. 조봉암이 유명인사여서 그들의 결혼 소식은 신문 단신으로도 실렸다.

1925년 1월 허정숙(1902~1991), 주세죽(1901~1953) 등과 함께 사회주의 여성단체인 '경성여자청년동맹'을 창립하고, 집행위원으로 활동했다. 여성해방서적 연구 · 토론, 여성노동자 위안 음악회, 무산아동학원 설립, 여성문고 설치 등을 추진한 사회주의 청년단체다. 같은 해 조선공산당 창당과정에서 〈전조선민중운동자대회〉가 열리기로 했으나 경찰이 탄압했다. 이때 김조이는 이 대회의 준비위원이었다. 대회 개최 보장을 요구하며 단성사와 우미관 앞 두 곳에서 시위를 펼쳤다. "무리한 경관 압박에 반항하자", "전조선민중운동자대회 만세", "무산자 만세" 등이 적힌 붉은 깃발 아래 수천 명이 모였던 적기시위 사건이다. 이 자리에서 김조이는 마산 김상주와 함께 일경에 검거되기도 했다. 그해 11월 고려공산청년회 추천으로 김조이는 모스크바 동방노력자공산대학 유학생활을 시작한다.

동방노력자공산대학을 졸업하고 국내로 잠입해 조선공산당 재건을 위해 애썼으나 다시 쫓기는 신세가 되었다. 1930년 '조선공산당재건준비위원회 사건'에 소재 불명으로 기소 중지되었기 때문이다. 다시 1931년 8월 코민테른 지시로 김복만 등과 함께 귀국했다. 함흥을 중심으로 '조선노동좌익재결성'을 주도했다. 『동아일보』가

1932년 2월 3일 '모종 사명 띠고 김조이 잠입'이라는 기사를 보도했다. 시골 부인으로 변장해 다닌다는 점을 알릴 정도로 당시 경찰은 김조이를 크게 견제했다.

김명시가 체포된 후 김조이 역시 '함남공청 사건'으로 불린 '제2태평양 노사사건' 주동자로 지목돼 붙잡혔다. 2년 정도 구금됐다가 기소되어 1934년 12월 함흥지방법원에서 치안유지법 위반으로 징역 3년을 선고받고 1937년 9월 출소했다. 조봉암이 7년 형기를 마치고 1939년 신의주형무소에서 출소하자 부부는 함께 살 수 있었다. 차디찬 옥살이 후유증 탓인지 자녀는 없었다. 고문 후유증으로 오한과 같은 증상에 시름시름 앓아 한약을 달여 먹는 경우가 많았다고 한다. 해방 후에도 1945년 11월 전국인민위원회 대표자대회에 인천 대표로 참석했고, 조선부녀총동맹 대의원으로 참석해 중앙위원으로 선출되었다. 안타깝게도 한국전쟁이 발발하고 7월 중순경 납북된 후에는 그 생사를 알 수 없다.

고명자는 충청도 강경평야의 넓은 들이 모두 고씨 문중 것이라 할 만큼 유복한 집안의 고명딸로 태어났다. 부친 고의환이 1917년 판사직을 사임한 후 대구와 충남 강경에서 변호사로 활동했다. 이런 연고로 고명자는 대구 신명여고를 졸업하고, 여학교 교사로 근무하다 대구여자청년회(대구여청)에서 간부로 활동했다. 대구여청은 3.1만세운동에 참가한 기생 출신 정칠성 등이 조직한 계몽운동단체였다. 고명자는 정칠성, 이춘수 등 다른 간부들과 함께 1924년 경성으로 올라왔다.

조선청년총동맹, 조선노농총동맹 같은 대중조직이 전국화될 무렵이었다. 여성운동의 전국화에 발맞추어 대구 여성 활동가들이 집단적으로 경성에 진출했다고 볼 수 있다. 고명자는 여성동우회에서 적극적으로 사회주의를 수용하며 동지이자 연인이 될 김단야를 만났다. 1925년 4월 18일 고려공산청년회가 결성되고 고명자도 여기 참여한다. 그리고 유학생으로 선발되어 모스크바로 떠났다. 당시 여성 운동가들의 평가에 따르면 그는 "장래 여성운동의 맹장"이며 "의지가 강철같이 굳은 여성, 인내력과 활동성은 그 누구에 부럽지 않게 민활하고 예민하다"라는 찬사를 한 몸에 받았다.

1929년 7월, 모스크바 동방노력자대학을 졸업하고 김단야와 함께 당 재건 임무를 띠고 국내에 잠입했다. 당시 고명자는 고려공산청년동맹 재건의 전권위원으로 선발되어, '고사찰'이라는 이름으로 활동했다.[4] 김단야와 고명자는 마포구 도화동에 아지트를 마련하고 짧고 위험한 동거생활을 보낸다. 그러나 1급 수배자였던 김단야의 보안을 염려하는 조직 결정에 따라 김단야는 그해 12월 혼자 출국한다. 이게 두 연인의 마지막이었다.

1930년 3.1기념 격문 배포로 일경에 단서가 잡혀 고명자도 3월 중순에 체포되었다. 그리고 그해 10월 경성지방법원에서 징역 2년 집행유예 4년을 선고받았다. 당시 당 재건 사건으로 집행유예를 받은 것은 고명자가 유일했다. 아버지가 변호사이던 고명자 집안이 물심양면으로 고명딸을 빼준 것이다. 그러나 바로 다음 해에 고려공청이 제작한 메이데이 격문을 김명시와 함께 배포하다가 다시 체포되었다. 상해에서 박헌영이 체포될 당시 김단야가 고명자에게 보내는 통신문을 소지한 것으로 볼 때 고명자는 최소한 1933년까지

4 "고명자-고려공산청년동맹 재건의 전권위원", 〈사회변혁노동자당 109호〉, 2020년 7월 1일.

조직 활동을 멈추지 않았다.

두 번이나 옥고를 치르자 고명자는 부모의 손에 끌려 낙향했다가, 여운형이 운영하던 『조선중앙일보』에서 기자로 활동했다. 『조선중앙일보』는 1936년 베를린올림픽에서 금메달 딴 손기정 선수 가슴에 달린 일장기를 말소한 사건으로 폐간되었다. 그 후 일제 말에 친일잡지 『동양지광』과 총독부 기관지 『매일신보』에 친일 논조의 글을 발표하면서 친일부역의 오점을 남겼지만, 해방 후에는 건국준비위원회를 시작으로 부녀총동맹의 대중조직 활동에 다시 열성적으로 참여했다.

정치적으로는 여운형의 노선과 함께했다. 1947년 7월 여운형의 죽음 이후에도 근로인민당에 남았고, 당의 대표로 1948년 4월 평양에서 개최된 〈전조선정당사회단체연석회의〉에 참석했다. 하지만 고명자는 북에 남지 않고 남으로 내려왔다. 결국 1950년 1월 '남한의 중간정당에 침투한 남조선노동당 특수부 사건'에 연루되어 서울시경 사찰과에 체포된 후 행적은 물론 생사도 확인되지 않았다.

김조이나 고명자는 조선 사대부 여인네처럼 수나 놓으면서 꽃처럼 살 수도 있었고 부유한 집안 배경으로 공부를 더 할 수도 있었다. 그러나 그들은 불꽃 같은 삶을 택했다. 그들은 일신의 영달을 위해서가 아니라 조국과 동포를 위해 싸웠고 고난을 마다하지 않았다.

한편 그들에 비한다면 김명시는 야생화였다. 밟아도 밟아도 다시 피어나는 들꽃이었다. 김명시의 모스크바 시절, 오빠마저 중국에 쫓겨나온 상태에서 고향에 남은 어린 동생 김복수는 친척 집을 전전하고 다녔다. 김명시는 〈압록강 행진곡〉 가사처럼 "등잔 밑에 우는 형제가 있다. 어서 가자 조국에, 고향에"를 이역만리에서 밤마다 불렀을 것이다.

김명시는 김조이나 고명자보다 일찍 학교를 떠났고 혁명사업에 뛰어들었다. 모스크바 대학에서 공부한 지 1년 6개월 만에 김명시는 코민테른 동양부에 호출되어 중국 상해로 가라는 명령을 받았다. 코민테른의 필요에 따라 재학생의 현장파견은 종종 있는 일이었다. 일정한 기간이 지나면 학업 이수로 인정되어 정식 졸업생 자격이 주어지기도 했다. 하지만 학생들 사이에서도 비밀이 엄수되어 공개적으로는 신변상의 이유로 휴학한다고 말했다. 상해에 긴급하게 파견된 이유는 상해 공산당 재건이라는 위험천만하고 과중한 임무였다. 김명시의 나이 겨우 20세였다.

1927년 상해 파견

김명시가 상해에 도착한 것은 1927년 6월이다. 해방 후 『독립신보』 기자와 인터뷰하며 김명시는 그때 상황을 이렇게 말했다.

"1927년도에 파견되어 상해로 와보니 장개석(蔣介石) 씨의 쿠데타가 벌어져서 거리마다 공산주의자의 시체가 누었더군요. 거기서 대만, 중국, 일본, 비율빈(필리핀), 몽고, 안남(베트남), 인도 등 각국 사람들이 모여서 〈동방피압박민족반제자동맹〉을 조직하고 또 그 이면에서는 중공 한인 특별지부 일도 보게 되었습니다."[5]

---

5 연재물 '여류혁명가를 찾아서'의 「김명시 여사편」(『독립신보』, 1946년 11월 21일)

김명시가 상해로 떠나기 몇 달 전인 1927년 4월 12일, 상해에서는 장개석이 쿠데타를 일으켰다.[6] 장개석은 국민당 내부에서 공산당세력을 색출하라고 지시하는 한편, 공산주의자들과 노동조합을 대대적으로 탄압했다. 이로써 건국의 아버지 손문이 세운 국공합작이 붕괴되기 시작했다.

손문(1866~1925)은 1911년 신해혁명으로 진시황 이래 2천 년간 이어져온 천자제도를 전복시키고 중화민국을 건국했다. 청나라를 무너뜨리긴 했으나 두 번이나 군벌에 의해 쫓겨 도망 다녀야 했다. 그 과정에서 군사력 없는 혁명의 한계를 뼈저리게 느꼈다. 어린 시절 미국과 영국에서 교육받아 서구문물에 익숙했으나, 미국과 영국으로부터 중국 혁명의 지원을 기대할 수 없었다. 반면 러시아 혁명 후 소련은 해외 기득권을 포기하고 약소민족 지원을 선언했다. 제국주의 침략을 막아내고 군벌을 타도하기 위해서는 소련의 도움이 절실했다. 그런 사정으로 중국국민당은 1924년 제1차 국공합작에 합의했다. 손문의 삼민주의에 입각해 연소, 용공, 부조농공의 원칙을 세웠다. 즉 소련과 연합하고, 공산당을 수용하고, 농민과 노동자를 돕는다는 것이다. 이에 따라 중국공산당원들의 국민당 입당이 허가되었다.

에 실린 내용.

6 상하이(상해) 쿠데타: 1927년 4월 12일, 새벽 장개석은 깡패들을 동원해 자베이(閘北)와 난스(南市) 등에서 노동자 규찰대를 습격하고, 군대를 동원해 무장해제시키고는 규찰대 소속 노동자들을 학살했다. 다음 날 계엄군은 바오산로(寶山路)에서 항의하는 시위 군중을 도살했다. 프랑스 작가 앙드레 말로가 1933년 발표한 장편소설 『인간의 조건』은 바로 상해에서 벌어진 이 사건을 배경으로 삼고 있다.

손문은 군벌과 맞설 수 있는 국민당 자체 군사력을 강화하고자 소련 지원[7]을 받아 황포군관학교를 설립했다. 황포군관학교는 장개석이 교장, 주은래가 정치부 주임으로 취임하여 우수한 군사 간부 양성에 힘썼다. 조선 젊은이들과 아시아 피압박 민족운동가들도 황포군관학교에 입교하여 북벌 전쟁에 참여했다. 그 조선 젊은이 중 한 명인 김산[8]은 "중국 혁명이 성공해야 조선독립도 가까워질 것이라 믿고 많은 조선 젊은이들이 중국 혁명에 참가했다"고 한다.[9]

그러나 1925년 손문이 죽자 그의 강력한 지도력으로 유지되던 국공합작에 위기가 찾아왔다. 장개석의 기습적인 탄압으로 상해에서만 300여 명 살해, 500여 명 체포, 5,000여 명이 실종된 사건을 4.12반공쿠데타라고도 한다. 상해뿐만 아니라 주요 도시 곳곳에서 공산당원에 대한 백색테러가 벌어졌다. 국민당에 입당했던 적지 않은 조선 사회주의자들도 체포되고 처형되었다. 이에 대응하여 중국 공산당도 광동코뮌과 같은 도시 폭동을 지시해서 국민당과 공산당은 준전쟁 상태로 들어갔다.

상해 쿠데타는 소련에게도 믿기 어려운 충격이었다. 1926년 3월 20일 중산함 사건[10]만 봐도 장개석이 중국국민당 내의 공산당원에

---

7 소련은 황포군관학교 운영 자금과 소총 8천 자루, 탄환 400만 발을 보내주었고 파벨 파블로프를 군사 고문으로 보내주었다.

8 김산(본명 장지락 1905~1938): 사회주의 진영의 항일독립투사이다. 신흥무관학교와 황포군관학교, 중산대학에서 수학하고 1928~1930년 홍콩, 상해, 베이징 등에서 활동했다. 광동코뮌에 참가하고, 항일군정대학에서는 물리학, 화학, 수학, 한국어를 가르치기도 했다. 미국인 여성 저널리스트 님 웨일즈가 기록한 『아리랑』의 공동저자이자 주인공이기도 하다.

9 님 웨일즈, 조우화 옮김, 『아리랑』, 동녘, 1984.

10 중산함사건: 1926년 3월 20일 공산당원이자 해군국 대리대표인 이지룡이 국민당

게 적대적으로 행동하는 것이 명백했다. 그러나 장개석의 국민당과 당장 전면전을 벌이기는 어렵다고 판단한 소련은 국공합작을 유지하라고 중국공산당에 명령했다. 코민테른은 이렇게 모순적으로 얽힌 상해 쿠데타문제를 시급하게 풀어야 했다.[11] 20살의 김명시는 바로 이런 엄중한 상황에서 상해로 파견되어 주어진 임무를 수행하게 된다.

김명시의 동지 홍남표와 조봉암

당시 상해의 조선공산당 재건 책임자는 홍남표(1888~1950)와 조봉암(1898~1959)이었다. 홍남표는 김명시보다 19살, 조봉암은 9살이나 많은 노련한 선배 혁명가들이었다. 그러나 1925년 조선공산당 창당 때 함께 가담했던 동지이기도 했다. 홍남표와 조봉암은 그들이 살아온 세월만큼 혁명운동으로 들어서기까지 우여곡절이 많았다.

꼿꼿한 선비였던 홍남표의 아버지 홍순복은 을사늑약이 맺어진 다음 해 경복궁 쪽으로 네 번 절을 하고 자진하였다. 그는 둘째 아들 홍남표에게 "남표야, 너는 반드시 조국을 광복시켜야 한다"는 마지막 말을 남겼다. 홍남표는 아버지의 유지를 이어받아 1910년부

의 군함인 중산함을 황포로 회항시키자 장개석은 쿠데타로 간주하고 이지룡을 포함한 공산당원과 소련고문을 체포하고 연금하였던 사건이다.

11 1927년 5월 18일부터 5월 30일까지 개최된 코민테른 제8차 집행위원회 전체 회의에서 〈중국문제결의안〉을 채택했다. 이 내용을 요약한 스탈린의 「5월 지시」가 6월 1일 중국공산당에 통보되었다.

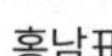

홍남표 조봉암

터 혁명운동에 가담했다. 1919년 3.1만세운농 참가 후 만주로 망명, 1920년에 빨치산 운동 참가로 1921년 체포되어 2년간 투옥되기도 하였다. 출옥 후 1925년 조선공산당 창당에 참여하고, 중앙위원회 후보위원에 선출되었으나 조직이 드러나 검거가 시작되자 상해로 망명해야 했다.[12] 김명시와는 1927년부터 5년 넘게 같이 활동하며 수없이 죽을 고비를 넘겼고, 해방되는 날까지 투쟁을 멈춘 적이 없는 투철한 항일독립운동가였다.

조봉암은 원칙을 강조하는 홍남표와는 약간 결이 다르지만 활달하고 언변이 좋은 독립운동가였다. 폐병으로 8개월 만에 모스크바를 떠날 수밖에 없었긴 해도 김명시보다 일찍 동방노력자공산대학에서 수학했다. 조봉암은 가난한 농군의 아들로 태어나 3.1운동에

---

12 1948년 7월 소련군정 정치사령관 레베데프 소장이 소련공산당 중앙위원회에 보낸 「조선민주주의인민공화국 초대 내각 및 최고인민회의 의장단 소속 주요인사 평정서」에 기록된 홍남표의 약력이다. "1919년 8월 만주로 망명하여 유하현 삼원포에서 한족신보 발간, 동지에서 군사후원회 조직하여 위원장으로 활동, 1920년 북경에서 군사통일운동에 참가하고 돌아오는 도중, 안동현에서 체포."

가담해 1년간 서대문형무소에 투옥된 적이 있다. 조봉암은 1957년 월간지 『희망』에 직접 연재한 「내가 걸어온 길」에서 이렇게 밝혔다.

> "서대문형무소에서 나와 고향으로 돌아온 나는 서대문형무소로 갈 때의 나와는 전혀 딴사람이 되었다. 나는 나라가 무엇이라는 것을 알게 되었고 '내 민족을 위해 무엇을 할 것인지?' 생각하는 사람이 되었다. (…) 그리고 '일본 제국주의의 강도 같은 침략과 민족적 수탈이 어째서 생기고 어떻게 이루어지는지' '무엇 때문에 우리 민족이 이렇게 못살게 되었는지' 알게 되었다. 한국이 독립되어도 일부 사람이 호사하는 그런 독립이 아니고 모든 사람이 자유롭고 모든 사람이 잘살 수 있는 좋은 나라를 만들어야겠다고 결심하고 사회주의자가 되었다."[13]

김명시가 어떻게 사회주의자가 되었는지 밝힌 적은 없지만, 동지이자 선배였던 조봉암의 수기에 나온 것과 비슷한 과정을 밟지 않았을까. "일부 사람이 호사하는 그런 독립이 아니고 모든 사람이 자유롭고 모든 사람이 잘살 수 있는 좋은 나라", 그것이 사회주의를 선택한 이들의 꿈이었다.

상해에 도착하자 김명시는 소련 공산당에서 중국공산당으로 당적부터 옮겼다. 그리고 코민테른 지시대로 홍남표, 조봉암과 함께 중국공산당 '상해한인특별지부'를 조직했다. 상해의 조선인 공산주의자들은 중국공산당 상해한인지부에 소속되었다. 공식 책임자는 서기 홍남표와 실무 간사 조봉암이었다.

---

13 김성동, 『꽃다발도 무덤도 없는 혁명가들』, 박종철출판사, 2014.

김명시는 조선인들에게 사회주의 학습을 시키는 선전부장 일을 맡았다. 그러나 말이 선전부장이지 조직, 선전, 선동을 모조리 소화하는 전천후 활동가였다.

필리핀, 베트남, 타이완 등 아시아 출신 혁명가들을 규합해 〈동방피압박민족반제자동맹〉을 결성하고, 상해 부녀단체도 조직했다. 조선인들은 끊임없이 압록강을 넘어 중국으로 오고 있었다. 대다수는 만주에 머물렀으나 점점 많은 사람이 북경을 거쳐 상해까지 왔다. 조계지 내 임시정부 인사들은 대개 보수적이었어도 자녀들은 사회주의에 호의적이었다. 김명시는 그들의 부인뿐만 아니라 유학 온 여학생들도 조직했다.

국공합작이 깨지자 중국 공산주의자들은 무장봉기 노선으로 선회해 크고 작은 폭동을 일으켰다. 이에 국민당 정부와 군벌들은 잔인한 학살로 응징했다. 백색테러가 횡행해서 경찰 첩보를 넘겨받은 자경단이 공산주의자를 암살했다. 공산주의자라는 사실이 발각되면 바로 처형될 수 있었다. 그러나 20살 김명시는 거침없이 조직하고 자신에게 맡겨진 임무를 언제나 충실히 수행했다. 홍남표와 조봉암에게 김명시는 어리지만 태산처럼 든든한 동지였을 것이다.

코민테른 12월 테제

1928년 12월 코민테른에서는 조선공산당에 해산령을 내렸다.[14]

14 당시 미국이 경제공황에 빠지자 사회주의의 승리에 자신을 얻은 코민테른이 급진좌경으로 선회해 계급투쟁을 강조한 결과라는 비판도 있다.

조선공산당 집행부가 네 차례나 대대적으로 체포된 것은 당이 지식인들로 이루어져 대중적인 기반이 취약한 탓이니 노동자, 농민 조직에서부터 다시 시작하라는 명령이었다.

그러나 만주총국 당원들은 코민테른의 해산령에 강력히 반발했다.[15] 국내 조직은 깨졌으나 만주총국과 일본총국은 해산령이 떨어진 지 1년이 넘도록 그대로 조직을 유지하고 있었다. 이를 해산시키라는 임무가 홍남표와 김명시에게 맡겨졌다.

1929년 겨울 홍남표와 김명시는 코민테른의 일국일당 원칙에 따라 만주총국을 해산시키고 중국공산당에 가입시켜야 했다. 상해에서 만주로 활동 무대를 옮긴 홍남표와 김명시는 만주를 돌면서 각 현의 '구 조선공산당' 당원들을 만나 상황을 점검하고, 모스크바 코민테른에 활동결과를 보고했다.

김명시는 2년간 만주 전역을 돌며 중국공산당 한인 지부를 결성했다. 항일투쟁을 통하여 조직을 건설하라는 방침을 충실히 수행했다. 여기서 김명시는 오빠 김형선 못지않은 탁월한 조직가로서의 면모를 보여주었다.

만주는 흑룡강과 우수리강을 건너면 시베리아와 연해주로 가는 관문이었고, 남쪽으로는 압록강과 두만강을 넘으면 조선 땅이었다. 일본의 수탈을 견디다 못한 우리 동포들은 압록강과 두만강을 건너 만주로 이주하고 있었다. 동만(연길, 훈춘), 북만(길림, 장춘, 하얼빈), 그리고 남만(심양, 유하, 환인, 통화)에는 조선 사람들이 많이 살았다.

---

15 국제공산당에 의지한 것은 조선독립운동을 지원해주기 때문인데, 활동을 일일이 간섭받고, 이제는 일방적으로 해산시킨다는 데에 반발한 것이다. 조직이 깨진 것은 일제의 철통 같은 감시와 탄압 때문이지 노동자와 농민 수가 적어서 그런 것이 아니라는 항변이었다.

1927년 12월 11일 광동코뮌 봉기[16]가 실패로 끝난 뒤, 많은 조선 혁명가는 만주로 활동 무대를 옮겼다. 김명시와 홍남표는 1930년 3월 1일을 맞아 '삼일절 기념' 시위 투쟁을 조직했다. 북만주에 흩어져 살지만 조선 사람임을 잊지 않고 3.1운동을 기억하는 우리 동포들이 대상이었다. 현해구에서는 투쟁 준비조직인 〈재만 조선인 반제동맹〉을 결성했다.

홍남표 책임하에 김명시가 출판부를 담당해서 기관지 『반일전선』을 발행했다. 이때 갈고닦은 김명시의 선전사업 역량은 조선의용군의 선전공작대, 해방 후 민주여성동맹의 선전부장 활동으로 이어진다.

4월에는 흑룡강성 아성현에서 〈아성현위원회〉를 조직했다. 인구가 희박한 만주는 노동력이 부족했다. 조선 사람들 대부분은 소작농으로 일했다. 〈아성현위원회〉를 통해 소작농의 이익을 위해 소작쟁의를 지도하고 지원하였다. 김명시는 그곳에서 일하는 부녀자들과 청년들을 조직하고, 부인부장과 청년단 위원장을 맡았다. 23살의 홍일점 투사 김명시는 그렇게 만주 전역을 발로 뛰어다니며 위험한 조직활동을 성공리에 수행했다.[17]

---

16 광동코뮌 봉기: 1927년 12월 11일 중국 광동시에 소비에트를 건립하고자 발생한 폭동으로 중국공산당의 장태뢰(張太雷), 엽검영(葉劍英) 등이 현장을 지도하였고, 한국인 공산주의자 최용건 등이 가담하였다.

17 안재성, 『잃어버린 한국 현대사』, 인문서원, 2015, 125쪽.

하얼빈 영사관 공격

만주에서의 김명시 활동 중 가장 알려진 사건은 1930년 5월 30일 '하얼빈 일본영사관 습격 사건'이었다. 이립삼(李立三)이 지도하는 중국공산당 중앙당은 1930년 5월 대규모 폭동 지시를 내려보냈다. 이에 따라 각지에서 폭동이 시작되었고 김명시 일행도 하얼빈 일본영사관을 공격했다. 자정 무렵, 하얼빈 주요 공격 장소에 사람들이 모여들었다. 공격 대상은 하얼빈 기차역, 경찰서, 일본영사관, 전기공사 등이었다. 공격에 동원된 인원은 300명 남짓 되었으나 총은 70여 명밖에 주어지지 않았다. 김명시가 속한 일본영사관 공격조에는 서른 명의 무장대가 배치되었다.

공격 개시 시간은 자정이었다. 후방 응원조에는 여성들이 여럿 있었지만 선봉대에는 김명시가 유일한 여성이었다. 하얼빈 영사관이 불붙자, 기차역사와 전기공사에도 불길이 솟아올랐다. 300여 명의 조선인 무장대가 하얼빈 시내의 주요기관을 공격해 일본을 위협했다. 하얼빈 일본영사관 공격은 만주 항일무장투쟁의 기념비적인 사건이었다. 그러나 일본군은 일본영사관이 입은 큰 피해를 감추고 폭도들을 사살했다고만 기록했다.

반년 이상 지속되던 폭동은 장개석의 중앙정부와 지방 군벌이 동맹을 맺고 가혹하게 진압하면서 잦아들었다. 그 과정에서 수많은 사람이 체포되고 처형되었다. 만주의 감옥마다 공산주의자들로 가득 찼고, 사형장은 피가 마를 새가 없었다. 만주지역 조선인 열사 3천 6백여 명 중 다수가 이때 희생되었다. 이들은 조선의 독립을 위해 중국혁명에 가담했던 조선의 지식인이자 젊은이들이었다. 김명시는 만주에서의 활동을 『독립신보』 인터뷰에서 이렇게 밝혔다.

"1928년에 무정(武亭) 장군을 강서(江西)로 떠나보내고 그다음 해 홍남표 씨와 만주에 들어가서 〈반일제동맹〉을 조직했습니다. 그때 마침 동만(東滿) 폭동이 일어나서 우리는 하얼빈 일본영사관을 치러 갔습니다. 그다음 걸어서 흑룡강을 넘어 제제,[18] 하얼빈을 거쳐 톈진, 상해로 가던 때의 고생이란 생각하면 지긋지긋합니다."[19]

『코뮤니스트』 잡지

"상해에 가니까 김단야, 박헌영 제씨가 와 계시더군요. 그리고 나는 인천으로 와서 동무들과 코뮤니스트, 태평양노조 등 비밀 기관지를 발행하다가 메이데이 날 동지들이 체포당하는 판에"[20]

김명시와 홍남표가 만주에서 흑룡강을 건너 하얼빈, 천진을 거쳐 다시 상해에 도착한 것은 1931년 11월이었다. 상해에서 만주로 오는 길도 쉽지 않았지만, 만주를 탈출하는 길은 더 험난했다.

김명시가 상해로 돌아오기 직전인 그해 9월 18일, 만주사변이 일

18 치치하얼(齊齊哈爾): 하얼빈 근처에 있는 헤이룽장성의 대표적 공업도시 중 하나.

19 연재물 '여류혁명가를 찾아서'의 「김명시 여사편」(『독립신보』, 1946년 11월 21일)에 실린 내용.

20 위의 글.

어났다. 일본은 중국군 대본영이 있던 봉천(심양) 공격을 시작으로, 순식간에 만주 전역을 차지했다. 일본의 침략 명분은 만주에서의 일본인의 재산과 생명을 보호하겠다는 것이었다. 그런데 그 일본인 범주에 조선인을 포함시켰기 때문에 애꿎은 우리 동포들이 궁지에 몰렸다.

중국인은 조선인과 일본인을 한패로 보아 미워했고, 일본군에 쫓기던 중국 군대는 조선인 마을을 약탈하고 불태웠다. 이역만리에 온 조선인들이 일본은 물론 중국인, 국민당과 군벌 군대 모두로부터 공격받았다. 말 그대로 사방이 적이었다. 만주에 괴뢰국이 들어서고 일본 관동군이 만주를 휩쓸었다. 나라 잃고 떠나왔다가, 근근이 유지하던 생활근거마저 빼앗긴 조선 동포들이 만주 대륙 곳곳을 떠돌아다녔다. 김명시 일행도 수없이 많은 동지의 시체를 미처 묻지도 못하고 상해로 왔다.

김명시와 홍남표가 돌아오니, 상해에는 이미 김단야와 박헌영 등 〈코민테른 조선위원회〉 위원들이 와 있었다. 이 위원회는 1928년 조선공산당을 해체하고 코민테른으로부터 조직 재건의 전권을 위임받은 지도부였다.

코민테른은 박헌영을 책임자로 기관지 창간을 계획하고 편집국원을 선임했으며, 출간 비용도 제공했다. 모스크바 레닌대학을 졸업한 박헌영의 편집책임으로 탄생한 기관지가 『코뮤니스트』였다. 코민테른 지시에 따라 상해를 거점으로 활동한 김단야, 박헌영 등 당 재건운동가들을 〈코뮤니스트 그룹〉이라고 한다. 국내에는 얼굴이 이미 많이 알려진 김단야 대신, 김형선이 책임자로 파견되었다.

기관지인 『코뮤니스트』가 국내에 들어와 노동현장에 전달되었다.

현장 세포조직을 중시했던 코뮤니스트 그룹은 공장 안에서 코뮤니스트 독서반을 조직하고, 여기 가입한 선진 노동자를 지도자로 성장시키려 노력했다. 이들은 코민테른의 〈12월 테제〉 지지세력을 사상적으로 통일한 뒤 이를 근거로 당을 재건하고자 했던 것이다.

인천의 성냥공장 파업 지도

김명시에게 다시 새로운 임무가 주어졌다. 1932년 3월 중순 『코뮤니스트』 4호 원본과 격문을 트렁크 뚜껑에 숨겨 국내로 반입하는 것이었다. 오빠인 김형선은 이미 국내로 들어와 경성과 인천 등지에서 출판물 배포망을 만들고 있었다. 김명시는 임무를 완수하고 인천에서 노동운동을 할 계획이었다. 그러나 인천의 제사공장과 성냥공장 여성 노동자들을 조직·교육하다 몇 개월 되지 않아 체포되고 말았다.[21]

인천 제물포의 성냥공장은 조선에서 제일 큰 '조선인촌 회사'였다. 국내에서 소비되는 성냥의 1/3을 생산했으나 조선인 성냥공장 노동자들은 14시간 이상 일하고도 일본인 노동자 임금의 절반도 안 되는 60전을 받았다. 당시 배포된 '공장뉴스'에는 제물포 성냥공장 여성 노동자의 현실과 평양 고무신공장 여성 노동자의 파업 소식이 실렸다.

성냥공장 노동자들은 일본 노동자와의 차별 철폐, 임금인상, 악질 감독관 교체를 요구했다. 파업현장에서 "동일노동 동일임금!",

---

21 안재성, 『잃어버린 한국 현대사』, 인문서원, 2015.

"차별대우 중단하라"는 구호가 터져 나왔다. 김명시와 같은 운동가들의 조직적 지도가 있었다.

그들은 "식민지 노동자의 차별적 대우는 일본 제국주의 수탈에 기인하기에 식민지에서는 민족해방이 곧 계급해방이요, 정치적 해방이 곧 경제적 해방"이라고 했다. 그리고 메이데이를 전후해 「적(赤) 5.1절」과 「일본 제국주의와 만주점령을 반대한다」는 격문을 발행하고 배포했다. 그것이 체포의 빌미를 제공했다.

일본 경찰은 잡아도 잡아도 끊임없이 등장하는 조선공산당 재건사건으로 빨간 댕기만 봐도 기겁할 정도였다. 그들은 경찰행정, 입법, 사법 등 동원할 수 있는 모든 물리력을 동원하고, 곳곳에 밀정을 심어 물샐틈없이 감시하고 통제했다.

독고전의 배신으로 인한 체포

메이데이 격문을 발견한 평안북도 경찰부 경부 '스에나가 하루리노리'는 조선에서 활동하는 코뮤니스트와 상해 코뮤니스트들의 연계 속에 진행된 사건임을 간파하고 수사에 착수했다. 미끼를 던져 접선 장소에 잠복해 있다가 '민봉근'[22]이라는 21살 청년을 체포하고 대대적인 체포 작전에 돌입했다.

김명시는 검거를 피해 종로에 있는 고명자에게 찾아갔다. 고명자는 조직이 발각되었으니 빨리 피하라며 김명시에게 여비를 마련해 주었다. 그는 국외 탈출을 결심하고 신의주까지 걸어갔다. 하지만

22 민봉근은 석방된 이후 고문 후유증으로 사망했다.

믿었던 동지의 배신으로 체포되었다. 배신자는 국경 연락 책임자였던 독고전(獨孤佺)이었다.

독고전은 1931년부터 상해에서 발행한 기관지를 국내에 반입하는 국경 연락을 담당했다. 그의 활약으로 압록강 하구의 삼엄한 경비망을 뚫고 사람과 물자가 은밀하게 오갈 수 있었다. 아무도 그를 의심치 않았다. 그는 1차 조선공산당 사건으로 3년 9개월의 긴 수형생활을 마치고, 바로 운동 일선에 복귀한 초기 사회주의자였기 때문이다.

그러나 독고전은 비밀접선 암호를 경찰에게 알려주어 동료들을 팔아넘겼다. 한번은 서울에서 김형선을 노렸고, 또 한번은 압록강 건너편 안동에서 김명시를 노렸다. 김형선은 간신히 위기를 벗어났으나, 김명시는 결국 체포되고 말았다. 김형선은 독고전의 배신으로 김명시가 체포되었음을 윗선인 김단야에게 보고했다. 김단야는 기관지 『코뮤니스트』에 배신자를 폭로하여 응징하고자 했다.

동지의 배신으로 인한 결과는 참혹했다. 김명시를 포함한 비밀조직 구성원들이 대거 체포되어 고문으로 죽고, 살아남은 이들은 오랜 수형생활을 해야 했다. 무엇보다 국경을 통한 국내외 연락이 불가능하게 되면서, 당 재건운동은 다시 침체에 빠졌다. 사선을 넘나들며 어렵게 이룩한 '조직재건' 성과가 일시에 무너진 것이다.

조선 사상범 검거 실화집

『조선 사상범 검거 실화집』은 일본 경찰의 수사경험을 모아 놓은 것이다. 그 책에 김명시 체포 과정이 자세히 실려 있다.

일본 경찰은 조선인 밀정으로부터 "경성부 훈정동 4번지 황일헌 주택에 김형선과 김명시가 드나든다"는 정보를 입수했다.

이 집은 예전에 박헌영과 주세죽이 세 들어 살았던 곳으로, 여기에서 1차 조선공산당과 고려공산청년회가 결성되었다. 일경은 박헌영의 옛집 주변에 잠복해 있다가 한 여자를 체포했다. 김명시인 줄 알았으나 김단야의 애인 고명자였다.

고명자에게 김명시에 관한 정보를 심문했다. 1932년 5월 4일, 고명자는 김명시에게 여비 40원을 주면서 동지들이 체포되어 위험하니 얼른 피하라고 했다고 실토했다. 일경은 즉시 택시 영업이나 인력거꾼 등 주변을 샅샅이 조사해 김명시의 행적을 추적했다.

김명시가 해외로 탈출하기 위해 신의주까지 걸어갔다는 것을 알아냈다. 신의주 주변 국경 일대에 수사대를 배치함과 동시에, 시내의 박은형 집으로 들이닥쳐 식구들을 족쳤다. 두 사람이 다녀갔고, 저녁 7시쯤 김명시가 시골 아낙처럼 변장해서 바가지를 머리에 이고 백마강역 부근 차모 씨 집으로 갔다는 것이다. 즉시 경찰을 급파해 마을을 집집마다 수색했다. 그러다 아이를 업은 25~26세의 여자를 발견하고, 김명시와 같은 인상임을 간파하여 체포했다는 것이다.

글 속에는 거물을 체포했다는 흥분과 의기양양함이 묻어 있다. 5월 13일, 김형선이 박은형의 안내를 받아 엄중한 경계망을 뚫고 국외로 도주해서, 잡지 못하고 놓쳤다는 아쉬움까지 기술되어 있다. 그러나 실제 김형선은 국외로 도피하지 않았고, 서울에서 활동하다 다음 해 7월 영등포에서 체포되었다. 김형선의 체포를 보도한 『동아일보』 기사[23]를 보면, 일제가 김형선을 잡기 위해 얼마나 고심했고, 또 체포 뒤에는 얼마나 쾌재를 불렀는지 알 수 있다.

> "김형선은 제2차 공산당 사건 이후 기보한 바와 같이 계속하여 엄중한 경계망을 어렵지 않게 돌파하고 들락 날락 5차나 하면서 유명한 사건마다 배후에 숨어 지도를 하여왔으되 한 번도 경찰에 피검되어 경찰서 문 안에 들어서 본 일이 없었다.
>
> 그 까닭에 경찰에서는 근 10년을 두고 그를 검거하고자 백방으로 고심하였으나 목적을 달성치 못하고 있다가 이번에 검거한 것이다.
>
> 다른 사회운동자들은 대개 한두 번씩 검거되어 복역한 관계로 그 사람의 성질과 기타의 관계를 알고 있는 까닭에 무슨 사건 하면 그 사건에서 무슨 취조를 진행하게 되므로 그다지 힘이 들지 아니하나 **김형선에 있어서는 관계된 사건은 첩첩이 많되 한 번도 취조하여 보지 못하였으므로 취조의 단서가 제1차 공산당 사건 이후 오늘까지 이르는 동안 해내 해외에서 계속한 지하운동을 전부 들추어나게 된다.** 이 사람의 취조는 해내 해외를 통하여 조선 사회운동의 역사를 들추어냄과 다름이 없을 것이라 한다." (진한 글씨 강조는 편저자)

김형선의 10여 년 활동은 바로 조선의 사회주의운동 역사 자체였다. 중국과 국내에서 각종 사건을 배후에서 조직하고 지도했지만 한 번도 체포되지 않았다. 이래서 그는 독립운동가들 사이에 '조직

23 「십 년 전부터 지하운동에 국경 잠입 전후 오차」, 『동아일보』, 1933년 7월 18일.

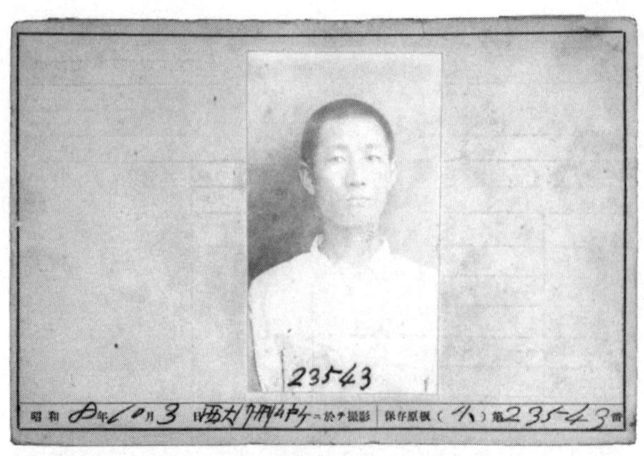

1933년 10월 김형선의 수감 사진과 일제 감시대상 인물카드[24]

과 도피의 귀재'라고 알려졌다.

그는 1934년 12월에 「치안유지법」 위반으로 8년 형을 선고받았다. 형을 다 마치고도 1941년 제정된 「조선사상범 예방 구금령」[25]에

24 출처: 국사편찬위원회.

25 1941년 제정된 법률로, 일제에 저항할 우려가 있는 한국인들은 실제적인 행위가 없더라도 일제 경찰의 자의적인 판단에 따라 감시하거나 구금할 수 있는 악법이었다.

의해 서대문형무소에서 청주형무소로 이감되어 감옥에서 해방을 맞이했다. 그는 12년의 옥고를 겪은 일제강점기 최장기수이자 당대의 최고 항일혁명전사였다.

용감한 3남매

해방 후에 자신의 일제강점기 가족 수난사를 기록한 오기영[26]의 『사슬이 풀린 뒤』[27]에는 '김형선'과의 일화가 자주 등장한다. 김형선은 글쓴이의 형 오기만[28]의 동지였다. 그들의 가족사가 비슷한 점이 많다 보니 김형선에게 깊이 감정이입해서 책을 서술했다. 김형선이 체포되기 전 오기영의 집에 자주 들러서 했다는 이야기 중 하나이다.

"적의 세력은 우수하고 우리는 약하다. 그러나 적의 세력이 꺾일 날이 있을 것이다.

산에서 흐르는 조그만 샘물을 보면 그것이 하찮은 것 같지만 아

26 오기영(1909~?): 1928년 『동아일보』 평양지국 사회부기자로 신의주를 오가며 취재활동을 했고, 일제 말에는 『조선일보』 특파원으로도 활동했다. 형 오기만과 매제인 강기보도 일제강점기 때 투옥되어 고문으로 죽고, 여동생 오기옥(1919~1950?)도 감옥에서 해방을 맞이했다.

27 가족의 수난사를 기록한 『사슬이 풀린 뒤』는 1948년 8월 20일 발간되었다. 해방 후 교과서에도 수록되었다고 한다.

28 오기만(1905~1937): 황해도 배천 출신의 독립운동가이다. 1919년 만세시위를 모의하다 발각되어 해주감옥에서 옥고를 치렀다. 1928년 신간회 배천지회 결성, 1929년 구연흠, 조봉암, 김형선과 함께 유호한인독립운동자동맹을 결성하는 등의 독립운동을 전개했다. 상해한인청년동맹의 집행위원장으로 1934년 4월 상해 프랑스 조계에서 체포되어 징역 5년을 선고받고, 혹독한 고문 후유증으로 사망하였다.

『사슬이 풀린 뒤』 표지

래로, 아래로 흘러내리는 동안, 다른 샘 줄기와 합쳐서 개울이 되고 강이 되고 바다가 된다. 샘 줄기 적에는 낙엽 하나를 흘려버릴 힘이 없지마는 강이 되고 바다가 되면 기선도 군함도 띄울 수 있다.

나나 기만이나 모두 지금 하찮은 샘 줄기다. 그러나 우리가 가는 곳이 강이 되고 필경은 바다가 될 것이다. 벌써 우리는 우리와 같은 많은 샘 줄기를 만나서 뭉치고 그래서 자꾸 커다란 개울이 되어간다. 적이 우리를 찾아서 잡아 가두고 죽이고 하지만 그것은 마치 샘 줄기를 없애보려는 쓸데없는 노력인 것이다.

샘을 막으면 땅속으로라도 흐르고 수증기가 되어 하늘에 올라가도 그것은 또 비가 돼서 다시 내려오는 것이다. 아무리 적이 지독하더라도, 우리에게서 모든 것을 다 빼앗아가도 우리 마음에서 혁명의식을 강탈할 수는 없는 것이다. 우리의 혁명의식이 뭉칠수록 커지고 적의 세력을 깨뜨리는 힘이 커질 것이다."[29]

강이 바다를 포기하지 않듯이, 수난과 굴곡의 역사에도 자유와 평등한 세상을 위한 꿈은 이어져왔다. 김형선은 조만간 자신이 구속될 것을 예감하며 오기영에게 자신의 형제들 이야기도 했다고 한다.

---

29 오기영, 『사슬이 풀린 뒤』, 1948.

"우리가 오늘날까지 적과 싸우는 동안 희생이 많았다.

사실 우리의 혁명 전선은 많은 투사들의 피에 젖어 있다. 나나 기만이나 잡히는 날이 죽는 날인지도 모른다. 그러나 우리가 혁명 의식을 포기할 수 없는 한, 우리의 투쟁은 죽음을 각오하고 계속되는 것이다. 나도 기만이처럼 기영이 같은 남동생도 있고 여동생도 있는데 그 애들도 모두 혁명 전선에 참가해 있다."

"지금 동생들 어디 계시지요?"

"남동생은 부산 감옥에, 여동생은 신의주 감옥에 있어. 그래서 아마 나는 잡히면 서대문 감옥에 있게 될 것만 같다"라고 하면서 **재미있는 공상처럼 말했다.**

'재미있는 공상'이란 말이 인상적이다. 김형선 같은 독립운동가들은 앞으로 닥칠 고난도 재미있는 공상을 하듯 담담하게 마주했다. 김형선이 체포된 후 얼마 되지 않아 1934년 4월 오기영의 형 오기만도 체포되어 징역 5년을 선고받았다. 서대문형무소에서 옥고를 치르던 중 중병을 얻어 형집행정지로 풀려났으나, 바로 다음 해인 1937년 순국했다. 그의 알려진 유언은 이러하다.

"일본 놈을 게다짝만 들려서 조선 땅 밖으로 내몰지 못하고 죽는 게 원통하다. 압박받는 민족의 해방을 못 보고 죽는 게 분하단 말이다."

『사슬이 풀린 뒤』 서문에는 "해방되었으나 전날에 내 형을, 내 매부를 죽게 하였고, 내 아버지를, 나를, 내 아우를 내 조카를 매달고 치고 물 먹이고 하던 그 사람들에게 여전히 그런 권리가 있는 세상" 이라는 탄식이 나온다. 해방이 불의한 세상을 바꾸지는 못했던 것이다.

모리 히로시(森廣)[30]는 어디로 갔을까

김명시의 오빠 김형선은 결혼하지 않은 것으로 알려졌다. 그러나 아들이 있었음을 짐작하게 하는 자료를 발견했다. '시대의 모순과 대결한 불온한 경제학자의 초상'이라는 부제가 붙은 경제학자 고 박현채 교수(조선대)의 평전이다.

박현채는 민족경제학자로 1971년 대통령 선거에서 김대중이 발표했던 '대중경제론'의 골격을 완성한 학자다. 그는 소년 빨치산으로 1952년 화순 경찰에 의해 체포되었다. 박현채가 체포되자 온 가족이 총동원되어 그의 구명에 나섰다. 아들을 빼내려고 아버지는 화순 경찰서장에게 돈을 바치며 무릎까지 꿇었다. 가족의 노력으로 풀려난 박현채는 고향을 떠나 전주고 3학년에 편입했다. 거기서 1년을 공부하고 서울대학교 상대에 응시해 합격했다.

---

30 학적부를 볼 수 없어 모리 히로시의 한자는 확인되지 않았다. 그러나 森廣을 음독하면 '신고'이고 훈독하면 '모리 히로시'라고 박영주(경남대박물관 비상임연구원)는 추정한다.

박현채는 재야 경제학자로 많은 저서를 남겼지만, 정작 자신의 이야기는 쓰지 않았다. 그러다가 죽기 3년 전 출판사의 요청으로 회고록을 쓰기 시작했다. 지난날의 회한으로 원고가 흥건히 젖도록 꺼이꺼이 울면서 작성했다는 글 속에는 김명시의 조카 모리 히로시 이야기가 있다.

"우리는 초등학교인 수창[31] 4학년 시절 『삼국지』의 고사에 따라 결의형제를 갖게 되었다. 그것은 이름의 일본 음을 따서 신고(모리 히로시), 신겡(아라이 겐사이, 박현채), 신샤구(박석운), 3인의 결의형제를 맺는 것이다. 해방 후에 알게 됐지만 일본말 모리 히로시는 마산 항일 공산주의자 김형선[32]의 아들이었고, 연안독립동맹 김명시의 조카였다. 그는 1946~47년경에 소식 없이 광주를 떠났다."[33]

박현채는 1934년생이다. 동년배인 모리 히로시는 김형선이 1933년 체포되기 전에 생긴 아들일 수 있다.

박현채는 수창초등학교 교사였던 최충근의 지도하에 에드거 스노의 『중국의 붉은 별』 등을 읽고 크게 감명받았고, 초

31 수창초등학교는 1921년 광주에 세워진 학교이다.

32 원문에는 김형직이라 쓰여 있다. 모리 히로시가 '김명시의 조카'라는 서술에 비춰볼 때, 김형직은 김형선의 이명으로 추정된다.

33 김삼웅, 『박현채 평전』, 한겨레출판, 2012, 26-27쪽.

등학교 3학년 때부터 『자본론』을 보았다고 한다. 결의형제를 맺은 김형선의 아들도 박현채 못지않게 똑똑하고 민족의식이 투철했다고 한다. 하지만 모리 히로시가 마산 출신 김형선의 아들이라면 어떻게 광주로 가게 되었는지, 그리고 왜 떠났는지는 밝혀지지 않았다.

수창초등학교 학적부 어딘가에 모리 히로시와 관련된 정보가 남아 있을 것이다. 학교 측에 부탁했으나 일본어로 기록된 개인정보 자료를 다 찾아보기는 어렵다고 연락받았다.

김명시 일가는 어머니부터 증손자 대에까지 몇 대째 민족의 비극과 불행을 온몸으로 겪었다. 모리 히로시의 어머니는 남편 없이 아들을 낳고 키웠을 테고, 해방 후에도 가족의 재회는 아주 짧았을 것이다. 그는 누구이며 대체 어디로 갔을까?

김형윤과 마산 적색교원회

마산의 용감한 3남매가 독립운동에 헌신하던 1930년대, 식민지 조선의 교육환경은 무척 열악했다. 특히 일본의 만주침공으로 대륙의 병참기지가 된 조선에서는, 취학연령이 되어도 학교에 입학하는 아이들이 20%에 불과했고, 그나마 가난해서 중간에 퇴학하는 일이 빈번했다.

이런 현실 때문에 야학운동에 전 계층이 지지를 보내고 동참했다. 1929년 초 『동아일보』에 따르면 마산지역에는 강습소, 야학 등이 48개나 있었다. 1926년 마산노농동우회의 정기총회에서 주요사업으로 '노동야학 경영'을 꼽을 정도로 마산야학운동은 일제의 탄압에도 굴하지 않고 치열하게 전개되었다.

김형윤도 뜻있는 동지들과 함께 마산 산호리·봉암리 등지의 야학에서 노동자, 농민의 아동들에게 민족의식과 계급의식을 일깨우는 수업을 했다. 김우문의 공훈 기록은 일본 검사의 기소장을 토대로 작성된 것이라 단편적이지만, 김형윤의 당시 활동을 생생하게 볼 수 있는 자료를 전해준다. 1931년 8월 김형윤은 동지들에게 〈적색교원회〉의 취지를 밝혔다.

"자본가가 점점 부자가 되고 무산자는 더욱 빈곤하게 된다. 이를 타파하기 위해서 우선 농촌야학교를 진흥시켜야 된다."

1931년 9월에는 김형윤의 동료들이 산호리 해안 선착장에 모여 이런 취지를 실천할 '야학교원회'를 조직하기로 했다. 강령과 규약[34] 초안은 김우문과 김형윤이 작성하기로 하고 산호리 김찬우의 집에 모여서 그것을 확정했다. 마산적색교원회는 김형윤을 지도자로 추대하고, 이종태가 조직부를, 김우문이 책임자를 맡았다. 또한 강형재는 서재부, 박근조·한성주는 선전부를 담당했다. 그 후 적색교원회 회원들은 산호리·봉정리 야학교에서 '양의 이야기'나 '불란서 작은 용사의 이야기'와 같은 동화, '오두막집의 노래', '수전노 노조의

34 당시 정해진 강령에는 "농촌의 야학생에게 사회과학을 가르치고 지도하자"는 내용이 들어 있었고, 규약에는 "본회는 적색교원회라 칭한다. 본회의 회원은 공산주의에 공명하는 자로 야학 교원 또는 이와 동등한 자격을 가진 자로 한다"는 내용이 들어 있다.

노래' 등의 동요를 통해 학생들에게 의식교육을 시켰다.

당시 창원군 내서면의 산호리 야학에 다녔던 사람의 회고에 의하면 마산에는 10여 곳의 야학이 있었으며, 야학에서는 민족정신을 고취하고 노동자의 단결과 투쟁을 강조한 노래를 많이 불렀다고 한다. 그는 야학교사들이 붙잡혀 가던 날도 기억했다.

> "학교에서 노래를 부르던 어느 날, 일본 순사가 세 명의 교사를 마산경찰서로 끌고 갔다. 그러자 학생 30여 명이 마산경찰서로 몰려가 교사들의 석방을 요구하며 연좌데모를 벌였고, 순사들은 물을 끼얹으며 강제해산 시켰다."[35]

1932년 2월에 이 사건으로 7명이 검거되고, 그중 5명이 기소되었다. 김형윤에게는 징역 3년이 선고되었다. 용감한 3남매 중 김형윤이 제일 먼저 부산형무소에 수감되었다. 이런 방식으로 일제 당국은 야학을 폐쇄시키고 야학교사를 불령선인으로 체포했다.

한편 학교 교사들의 움직임도 있었다. 그들은 식민지 치하 학교교육이 지배체제에 순응하는 노예적 인간을 만들고, 일제의 이익에 봉사할 식민지 엘리트를 육성하는 데 문제의식을 느꼈다. 마산 인근 함안 군북공립보통학교 훈도(교사)로 있던 김두영은 1933년 10월 마산에서 경남교육회를 개최하고 사범학교 동기생들과 비밀결사를 조직했다. 식민지 교육의 비참한 현실을 개혁하기 위해서는 새로운 사회를 실현해야 한다고 인식했다. 그러나 얼마 되지 않아

---

35 3.15의거기념사업회 엮음, 「야학운동」, 『3.15의거사』, 3.15의거기념사업회, 2004, 134쪽. 창원군 내서면 산호리에 있었던 '산호리야학'에 다녔던 이의 회고이다.

창원 진동공립보통학교 외 7개 학교가 관련된 〈적색교원노조조합 사건〉으로 29명의 교사가 검거되고 말았다.

결국 조선총독부는 1937년 10월, 중일전쟁이 발발한 와중에 「황국신민서사(皇國臣民誓詞)」[36]를 제정하였다. 학생들에게 신사참배를 강요하고, 매일 아침 「황국신민서사」를 제창하게 했다.

1. 우리는 대일본제국의 신민입니다.
2. 우리는 마음을 합하여 천황폐하에게 충의를 다합니다.
3. 우리는 인고단련하여 훌륭하고 강한 국민이 되겠습니다.

여기에는 점점 초조하고 불안해지는 일본의 심리가 깔려 있었다. 그들은 조선인 자체를 불경하고 위험한 존재로 인식했다. 그러나 말과 글을 빼앗고, 강제로 충성을 맹세시켜도 식민교육은 성공할 수 없었다. 일제의 기만술책과 야비한 탄압 속에서도 김형윤 같은 선각자들이 야학운동과 적색교원회, 적색교원노조운동처럼 조선인의 민족의식을 일깨우는 활동을 끊임없이 펼치고 있었기 때문이다.

36 황국신민은 일본 천황이 다스리는 나라의 신하된 백성이라는 뜻이다. 여기에는 피지배 민족을 2등 일본인 취급하는 민족말살정책이 담겨 있었다. 중일전쟁을 일으켜놓고 동원할 인력이 부족해지자, 한반도를 영구 합병하고 조선인을 황국신민으로 만들어, 일본인과 똑같이 전쟁터로 내몰겠다는 의도였다.

비거비래(飛去飛來)[37]의 홍일점 투사 김명시

김명시는 1932년 5월에 평안북도 경찰부에 체포되어 8월 27일 '치안유지법 위반'으로 신의주지방법원 예심에 회부되었다.[38] 주모자급 김점권을 비롯해 김명시 등 7명은 '조선공산당 재건 사건'으로 기소되었다. 예심기간에 『매일신보』는 김명시를 '비거비래(飛去飛來) 홍일점 투사'로 소개하고 어떻게 체포되었는지 자세히 보도했다. 『매일신보』는 조선총독부 기관지였다. 김명시의 활동은 신문기자가 보기에도 한낱 호기심의 대상을 훨씬 뛰어넘었다. 25살 김명시가 했다는 일이 '날아다니는 여자 홍길동'이 아니고는 할 수 없을 정도로 대단하다는 찬사였다. 해방 후 '백마 탄 여장군'으로 불렸던 김명시의 전설은 이때부터 시작되었다. 기사 내용은 다음과 같다.

共產大學出身으로 反帝同盟婦人部長

밀사로들어왓다피체

◇…金命時의來歷

국내국외 수만리를 녀자의외로운몸으로써 비거비래하며어사건의 중요한 역활을 담당실행하든 一점홍김명시(金命時)는 엇더한녀자인가? 그를안다는것은 한낫호기심의 자극이 된다는어상으로 실로조선공산당재건의 파정을말하는력사(歷史)가되는듯한데 一언으로 그는 소화三년五월당시 상해에잇서 중심인물의하나이든 려운형(呂運亨)파함께 활게치면서대만(台灣)공산당결당대회에 출석까지하엿섯다는것으로도 전표(全約)를 점작할수잇는 녀류투사이다 그는 경성배화(培花)녀고보출신으로 대정十四년고려청년회(高麗靑年會)에가입하야 마산(馬山)『야체이카』에서 제一보를 밟븐제一차조선공산당 사건의판게자로 동년八월에는단연 고국을떠나 十九세의처녀의 몸으로『모쓰코ㅣ』의공산대학에들어가서 사회과학과 전술을배워가지고 소화二년 상해로와서 중국공산당 한인지부에가입하얏섯는데 중앙부(中央部)의 지령을밧고 재만조선인 공산당을 할류코저만주에와서 활약하든중 마츰『광주학생ㅣ(光州學生)사건의 자극으로 일본제천저항

졍하고저 아성현(阿城縣)에서 재만한인 반일제국주의자동맹(在滿韓人反日帝國主義者同盟)을전사하고 각지로편답하다가 신변이위협하자 다시상해로 돌아왓는데 인제는『만주사변』에 눅진바잇서반제동맹(反帝同盟)이결사되자부인부장(婦人部長)이되어활동하다가 이번 조선공산당재건때문에 또다시 그의음바와함께 지난三월二일 중앙부의

밀사(密使)로 파견되어 안동현(安東縣)에이서 면략지를만들고 은동자금과 지명은들고서 압록경천교를건너 신의주부내미륵동(彌勒洞) 박은형(朴殷馨)방에 잠복하엿다가 一로경성에올마갓는것이라한다

發覺端緒는 元鳳洙의 密書

체포는원봉수(元鳳洙)(?)가밀서를품고 상해로가든중 우연히 체포된데에반단되어 자난五월二일 민소곤(閔[illegible])이정서의권([illegible])병원입해서평북경찰의손 체포되자 김명시의남매는손길을 맛잡고 도모와승착로 신의주싸지와서음바김형선은무난히 탈수하엿스나 김명시는도주중경의선석하(石下)역전의 엇던동가에잠간들렷다가 평북경찰의추적을님어마츰내 체포되어 검거의손길이널버짓든것이다고한다

『매일신보』, 1932년 8월 29일

37 飛去飛來(비거비래): 날아 갔다 날아 오다. 홍길동같이 신출귀몰한 영웅의 행동을 묘사할 때 쓰이는 용어이다.

38 「공산당재건사건 7명 예심 회부-홍일점의 김명시도」, 『동아일보』, 1932년 8월 29일.

「共黨大學出身(공산대학출신)으로 反帝同盟(반제동맹)婦人部長(부인부장) 밀사로 들어왔다 피체」

"국내 국외 수만 리를 여자의 몸으로 비거비래하면서 이 사건의 중요한 역할을 담당 실행하던 홍일점 김명시는 어떠한 여자인가?

그를 안다는 것은 한낱 호기심의 자극이 된다는 이상으로 실로 조선공산당 재건의 과정을 말하는 역사가 되는 듯한데 일언으로 소화 3년 5월 당시 상해에 있어 중심인물의 하나이던 여운형과 함께 활개치면서 대만 공산당 결당 대회에 출석까지 하였다는 것만으로도 전모를 짐작할 수 있는 여류 투사이다.

그는 경성 배화여고보 출신으로 대정 14년 고려청년회에 가입하여 마산 야체이카에서 제1보를 발분, 제1차 공산당 사건의 관계자로 동년 8월에는 단연 고국을 떠나 모스크바 공산대학에 들어가서 사회과학과 전술을 배워 소화 2년 상해로 와서 중국공산당 한인 지부에 가입하였다. 중앙부의 지령을 받고 재만 조선인 공산당을 합류코자 만주에 와서 활약하던 중 재만한인 반일제국주의자 동맹을 결사 각지로 편답하다가 신변이 위험하자 다시 상해로 돌아왔다.

만주사변에 느낀 바 있어 반제동맹이 결성되자 부인부장으로 활동하다가 이번 조선공산당 재건 때문에 또 다시 그의 오빠(김형선)와 함께 지난 3월 2일 중앙부의 밀사로 파견되어 안동현에 와서 연락지를 만들고 운동 자금과 지령을 품고서 압록강 철교를 건너 신의주 부내 미륵동 박운형 방에 잠복하였다가 일로 경성에 올라갔다는 것이다.

체포는 원봉수가 밀서를 품고 상해로 가던 중 우연히 체포된 것이 발단이 되어 지난 5월 3일 민봉근이 경성의 전의 앞에서 평북 경찰의 손에 체포되자 김명시의 남매는 손길을 맞잡고 도보와 승차로 신의주까지 와서 오빠 김형선은 무사히 탈주하였으나 김명시는 경의선의 석하 역전 어떤 농가에 잠깐 들렀다가 평북 경찰의 추격을 입어 마침내 체포되어 검거의 손길이 넓어졌던 것이다."(1932년 8월 29일자 『매일신보』)

기사에는 김형선이 상해로 탈주했다고 나와 있다. 그러나 김형선은 서울에서 이재유를 만나 일명 '경성트로이카'로 알려진 조직 재건활동을 하다가 1933년 7월 15일 밤 노량진 한강대교에서 체포되었다. 바로 다음 날 『동아일보』는 '백주에 자동차 몰아 경성 잠입하다가 피체, 주범 김형선 체포'라는 제목과 함께 체포 과정이 활극을 방불했다고 대대적으로 보도하였다. 당시 사진을 보면 멀쑥하게 차려입고 시내를 활보했으며, 체포되고 나서도 여유 있고 당당한 그의 모습을 확인할 수 있다.

『동아일보』, 1933년 7월 18일, 김형선의 체포 장면

이렇게 김명시 3남매는 김형윤은 부산, 김명시는 신의주, 김형선은 서대문형무소에 뿔뿔이 흩어져 수감되었다. 앞서 김형선이 말했던 '재미있

는 공상'이 불행히도 그대로 이뤄지고 말았다.

태중에도 감옥살이

김명시와 김형선 오누이는 예비심문 과정에서 지독한 고문을 받았다. 오빠 김형선은 오랜 수배로 쫓겨 다니면서 심장병과 폐병을 앓았고, 허약한 몸 때문에 병사에 수감되었다. 한 번도 검거된 적이 없는 두 사람의 활동은 조선 사회주의운동의 산 역사와 다를 바 없었다. 그랬기에 일제의 심문 과정은 더욱 혹독했다. 당시 예심으로 불리던 심문 과정은 일 년 넘는 것이 예사였고 형기로도 포함되지 않았다.

해방 후 김명시가 『독립신보』와 인터뷰한 기사 제목이 「胎中(태중)에서도 監獄(감옥)사리」였는데, 김명시가 임신 중 체포되어 모질게 맞아 유산되었다는 내용이다. 당시 상황을 보도하는 신문기사가 있다. 1932년 12월 13일 『조선일보』가 「공산의 요인 김명시 위중」, 다음 해 2월 2일 『동아일보』가 「공산당재건사건 김명시 발병」 기사를 실었다.

기사를 종합해보면 김명시가 소화불량과 불면증으로 옥중에서 신음하다가, 병세가 심해져서 음식을 전폐하였고, 매우 위험한 상태에 있다는 것이다. 옥중에서 태아를 잃은 것이 바로 그때였을 것이다. 체포된 시기를 고려하면 최소한 임신 7개월을 넘어선 때였고, '태중에도 감옥살이'라면 아이도 어머니 배 속에서 모진 고문을 받으며 함께 견뎠다는 말이다.

김명시가 당시 결혼을 했는지, 아이의 아버지가 누구인지는 기록에 남아 있지 않다. 다만 김영만이 김명시의 외사촌 김필두(1939년생) 씨를 처음 만났을 때 "명시 누나가 장씨 성을 가진 사람과 결혼했다며 아버지(외삼촌 김성숙, 1889~1965)에게 편지와 사진을 보냈어요. 아버지는 편지를 초 위에 두고 읽으시고는, 본 즉시 그 사진과 편지를 아궁이에다 불살라버렸다는 말을 들었어요."라고 증언했다.

당시 김명시뿐만 아니라 마산 초기 항일독립운동가들은 누구도 자신의 기록을 남기지 않았다. 한 발자국만 움직여도 일제의 촘촘한 감시망에 걸려 조직이 궤멸되었다. 외삼촌 김성숙이 김명시 결혼 사진을 불태운 것도 그런 이유였을 것이다.

태중의 자식을 고문으로 잃은 어머니 김명시의 심정이 어떠했을지는 짐작하기도 어렵다. 임산부에게도 예외 없는 일제의 혹독한 고문 앞에서 김명시는 목숨 걸고 저항했다. 그러나 김명시는 법정에서 임산부인 자신이 당한 혹독한 고문보다 동지들의 고문사를 폭로했다.

"주소는 신의주 형무소, 직업은 혁명운동"

『조선일보』 1933년 9월 26일자 기사는 당시 살벌했던 법정 주변 상황을 전한다.

"친지와 가족으로 법원은 人海化(인산인해를 이루다)

개정 전부터 운집한 피고의 친구와 친족은 수백 명이나 되고, 형

公判劈頭曹奉岩
被告會議를要求
親知家族으로法院은人海化
單一共黨도開廷
興奮한金命時
傷處를判官게擧示
職業이運動者라는破例의答辯
大部는豫審調書否認

김명시 재판 관련 기사

「공판 벽두(시작부터) 조봉암 피고회의를 요구-친지가족으로 법원은 인산인해」, 「흥분한 김명시 상처를 판관에게 거시(들어올려 보여줌)-직업이 운동가라는 파례의 답변, 대부분 예심조서 부인」, 『조선일보』, 1933년 9월 26일

무소부터 재판소까지의 연도에 물샐틈없이 **비상한 경계**를 하여 **이상한 긴장**리에 개정하였다."

이 재판에 세상의 이목이 얼마나 집중되었는지 짐작하게 하는 대목이다. 비상 경계령을 내릴 정도로 거물들의 재판이었던 만큼 신문들은 상세히 보도한다.

당일 『동아일보』 기사는 판사가 김명시에게 주소와 직업을 묻는 장면을 실었다.

"재판장이 주소, 성명과 직업을 무르매, **본적은 경남 마산, 주소는 신의주형무소**, 친부는 어려서 사별하고 **호주는 조선공산당 김형선**으로 자기는 그의 누이동생이며 **직업은** ****입니다라고 유창한 일본 말로 대답하였다."

『동아일보』는 김명시 직업을 지웠으나, 『조선일보』는 "직업이 운동자라는 파례(破例)의 답변"[39]으로 적었다. 재판을 많이 참관한 기자에게도 김명시 답변은 파격적이었다고 한다. 『동아일보』는 '혁명운동'이라는 단어를 검열 때문에 차마 적지 못하고, 『조선일보』는 운동자라고 완곡하게 적은 것 같다. 어떠하든 보통 강단 없이는 불가능한 답변이었다. '크지 않은 키, 끝을 명확히 맺는 야무진 말투'[40]로 김명시는 피고인이 아닌 혁명가로 당당하게 재판에 임했다.

김명시, 홍남표 등 조선공산당 재건 사건 피고인들을 대표하여 조봉암은 공판이 시작하자마자 네 가지 사항을 재판부에 요구했다.

첫째는 합동심리를 요구했다. 동일사건임에도 불구하고 분리 심리하는 이유를 결코 받아들일 수 없다고 했다.

둘째는 공판의 공개였다. 특별한 죄가 아님에도 불구하고 비공개 재판은 용납할 수 없다는 것이었다.

셋째는 '피고 회의' 개최를 요구하였다. 피고 회의는 피고 중에 대표자를 뽑아 현안에 대해 논의를 하자는 것이었다.

넷째는 형무소 처우개선이었다.

재판관은 이들의 요구에 고려해보겠다고 답했으나, 형무소 처우개선은 교도소가 알아서 처리할 문제라고 선을 그었다. 김명시를

---

39 『조선일보』, 1933년 9월 26일.

40 1946년 11월 『독립신보』 기자가 적은 김명시 인상평

비롯한 피고인들은 예심 과정에서 고문으로 날조 작성된 조서 대부분을 부인했다.

「흥분한 김명시, 상처를 판관에게 거시(擧示)」라는 당시 신문 제목대로 김명시는 심문 과정의 고문을 폭로했다.[41]

김명시는 자못 흥분하여 "우리의 동무 김종락과 민봉근의 옥사에 대하여 의심이 있다"고 문제를 제기했다. 고문 때문에 생긴 자신의 손가락 상처를 들어 보여주며 "그들의 죽음은 **에 의하여 죽었다"고 말하였다. 문맥으로 볼 때 고문임에 틀림없다.

31세인 김종락은 김명시가 제물포에 안착하도록 도와준 동지로 고문으로 옥사(獄死)했다. 21세인 민봉근은 병원에서 치료를 받다 석방되었지만 결국 사망하고 말았다. 동지를 배신하지 않기 위해 진술을 끝까지 거부하다 고문사한 것이다. 두 젊은이가 구속 상태에서 애석하게 사망했음에도 경찰은 진상을 제대로 밝히지 않았다.

죽음의 집, 조선 감옥

김종락 · 민봉근 두 사람은 한창때의 팔팔한 젊은이들이었다. 어떤 고문을 받았기에 죽음에까지 이르게 되었을까? 박헌영은 「죽음의 집, 조선의 감옥에서」[42]라는 글에서 일제 경찰이 자행한 고문 과정을 사실적으로 기록했다.

---

41 『조선일보』, 1933년 9월 26일.

42 1929년 모스크바에서 발간된 국제적 혁명가 후원회 기관지 『모쁘르의 길』에 투고한 글이다.

"우리들 중 누군가가 체포되기만 하면 그는 곧바로 예비심문이 이루어지는 경찰서의 비밀장소로 끌려가게 된다. 일제 경찰은 연행된 사람으로부터 증거를 수집하기 위해 냉수나 혹은 고춧가루를 탄 뜨거운 물을 입과 코에 들이붓거나, 손가락을 묶어 천장에 매달고 가죽 채찍으로 때리거나, 긴 의자에 무릎을 꿇어 앉힌 다음 막대기로 관절을 때리거나 한다. 7, 8명의 경찰들이 큰 방에서 벌이는 축구공 놀이라는 고문도 있다. 이들 중 한 명이 먼저 '희생양'을 주먹으로 후려치면, 다른 경찰이 이를 받아 다시 또 그를 주먹으로 갈겨댄다. 이 고문은 가련한 '희생양'이 피범벅이 되어 의식을 잃고 바닥에 쓰러질 때까지 계속된다."

27세 김명시가 체포된 지 1년 4개월 만에 열린 재판이었다. 일본 경찰은 고문의 흔적을 완전히 지웠다고 생각했을지 모른다. 그러나 김명시의 손에는 고문의 상처가 남아 있었다. 박은식의 『한국독립운동지혈사』에는 일제 경찰의 잔악한 고문이 실려 있는데, 김명시가 어떤 고문을 받았는지 유추할 수 있는 기록이 있다.

한쪽 팔은 잔 등 위를 향하게 하고, 또 한쪽 팔은 겨드랑이 밑으로 내보내어 두 손이 등 위에서 서로 겹치게 한다. 그러고는 두 개의 엄지손가락을 묶어 천장에 걸어, 공중에 매달아 놓는다. 3~4분의 시간이 지나면 몸이 늘어져 두 발이 땅에 닿게 되며, 전신에 땀이 흐르고 심지어는 대소변까지 싸게 된다. 심문 경찰은 책을 보거나 바둑을 두기도 하며, 심지어 잠자기도 하며 못 본 체한다. 혓

바닥을 내밀거나 숨이 끊어지려 하면 의사가 와 깨어나게 한다. 이렇게 며칠간 계속되면 엄지손가락의 가죽과 살이 무르고 뼈가 드러난다고 한다.[43]

오빠 김형선도 험하고 고생스러운 취조를 받아야 했다. 최고 지도부에서 활동했던 만큼, 연루자를 가능한 축소하여 조직을 보위해야 했다. 동료들과의 인간적 의리를 지키자면 침묵으로 견뎌야 했지만, 일제 경찰이 호락호락 넘어갈 리 없었다. 입을 열기 위해 갖은 방법을 동원했을 것이다. 더구나 김형선은 심장병과 폐병으로 몹시 허약한 상태에서 병사에 수감되어 있었다.

오기영[44]은 김형선의 재판 참관 후에 이렇게 썼다.

"김형선은 재판받을 때 야윌 대로 야위어 심문받기 위해 서 있기조차 힘들어 보였다. 그러다가도 심문에 응할 때 내놓는 말 한마디 한마디가 불을 토해내는 듯했다. 처음 잡혔을 때 12시간 계속 고문당한 사실을 고발하며, 병들어 죽어가는 사람을 이렇게 고문하다가 법정에 세웠다고 재판장을 질타했다."(『사슬이 풀린 뒤』)

그는 법정투쟁에 이어 형무소에서도 비타협적 태도로 일관하여 일제 간수들이 모두 고개를 절레절레 흔들었다고 한다.

항일독립투사 중 사회주의자인 조선공산당에 대한 일제의 탄압

---

43 박은식, 『한국독립운동지혈사』, 서문당, 1999.

44 오기만의 동생 오기영은 해방 후 『사슬이 풀린 뒤』(1948)라는 중편소설을 써서 죽은 형을 기리는데 여기에 가장 많이 등장하는 인물이 김형선이다.

은 유독 혹독했다. 조선공산당 초대 책임비서 김재봉, 2대 책임비서 강달영, 4대 책임비서 차금봉이 모두 고문으로 사망했다. 6.10만세운동의 기획자였던 권오설, 박순병, 백광흠,[45] 박길양, 권오상, 이재유, 박영출 등 간부급 운동가들은 모두 고문 치사하거나 고문 후유증으로 해방을 보지 못하고 죽었다.[46]

방청 금지 상태로 속행된 김명시 공판

1933년 11월 15일 조선공산당 재건 사건의 피고인 7명이 용수를 쓰고 오랏줄에 묶여 신의주 법정 안으로 들어갔다. 끝에서 두 번째 치마를 입은 피의자가 김명시로 추정된다. 기사 제목만으로도 지난 재판에서 피고인들이 요구했던 피고 회의제는 물론 합동심리와 공판 공개 요구가 수용되지 않았다는 것을 알 수 있다.

45 백광흠(1895~1927): 1963년 대통령 표창, 1990년 건국훈장 애족장을 추서하였다. 그의 독립공훈 기록에는 3.1운동 참여와 전국을 순회하며 민족의식을 계몽했던 이력만 있다. 그는 동래 출신이었으나 마산에서 활동했다. 1924년에 결성된 조선노농총동맹 및 마산노농동우회와 삼산노농연합회의 집행위원이었다. 6.10만세운동에 이은 2차 조선공산당의 조직사건 때 체포되었다. 폐결핵과 늑막염, 정신이상에 이를 정도로 고문을 받았으나, 일경은 1년 반 동안의 예심을 거치고도 그의 혐의를 입증하지 못했다. 1927년 10월 병보석으로 석방되어 동래 칠산동에 있는 친구 집에서 요양하였으나 결국 1927년 12월 순국하였다.

46 안재성, 『잃어버린 한국 현대사』, 인문서원, 2015.

公開禁止裡에
公判審理進行
【金命時等七人分離審理】

「공개 금지리에 공판심리 진행-김명시 등 7인 분리심리」,
『조선중앙일보』, 1933년 11월 17일, 포승줄에 묶인 김명시 사진

「공개 금지리에 공판심리 진행- 김명시 등 7인 분리심리」

"오후 1시에 김명시 외 6인에 대한 공판이 열렸는데 재판장은 치안 방해를 염려해 방청 금지를 선언했다. 그러자 김명시 등은 흥분하여 재판을 안 받겠다고 떠들었으나 공판은 공개 금지리에 속행되었다."(1933년 11월 17일자 『조선중앙일보』)

총독부 기관지인 『매일신보』는 법정 분위기를 좀 더 자세히 알 수 있는 재판정 내부 사진 두 장을 실었다.

피고인석 앞줄 한가운데 앉은 김명시가 뒤돌아보며 환하게 웃고 있다. '홍일점 투사'로 유일한 여자 피고인이라는 사전 정보가 없었다면 얼굴을 알아볼 수 없을 정도로 깡마른 몰골이었다.[47]

---

47 『매일신보』, 1933년 11월 17일.

傍聽禁止裡에

金命時等審理

【朝共事件續行公判】

【新義州】조선단일공산당(朝鮮單一共産黨) 사건의 김명시(金命時) 등七명에 관한분리심리는 十五일오후一시부터 신의주지방법원에서 국지(菊地) 재판장주심 죽석(竹石)총본(塚本)량판사배석 곡전(谷田)검사립회아래방청금지로 개정되어 동二시반다시휴정되엇는데 피고들은 오전공판시의주장대로 합동심리와 대표자답변의 형식을취하지안는한 일체재판장의물음에 응답하지안흘듯하다 그리고十六일에도계속하야 심리를진행할예정이엇스나무긔연긔로되엿다(사진은공판광경)

『매일신보』, 1933년 11월 17일

기사 제목은 「방청 금지리에 김명시 등 심리 조공사건 속행 공판」이다.

"조선 단일공산당 사건의 김명시 등 7명에 관한 분리심리는 11월 15일 오후 1시부터 신의주지방법원에서 국지(菊地) 재판장 주심, 죽석(竹石) 총본(塚本) 양 판사 배석, 곡전(谷田) 검사 입회 아래 방청 금지로 개정되어 2시 반 다시 휴정되었는데 피고들은 오전 공판 시의 주장대로 합동심리와 대표자 답변의 형식을 취하지 않는 한 일체 재판장의 물음에 응답하지 않은 듯하다. 그리고 16일에 계속하여 심리를 진행할 예정이었으나 무기한 연기되었다." (1933년 11월 17일자 『매일신보』)

신문기사를 종합해 보면 재판장은 치안 염려가 있다고 방청 금지를 선언했다. 〈단일조선공산당 사건〉 피고인 김명시 일행은 오전 공판에서 합동심리와 대표자 답변을 요구했다.

오후 공판에서 그 요구가 받아들여지지 않자 재판장의 질문에 일체 답하지 않았다. 이에 재판장은 경찰의 조사만으로 재판할 수 있다고 으름장을 놓았다. 여기에 흥분한 김명시는 긴급을 연호하고 피고의 의견을 무시하는 재판장을 공격했다. 이어 모든 피고가 함께 항의해 법정이 순식간에 소란스러워져 2시 반에 휴정했다. 16일에도 계속 심리를 진행할 예정이었으나 무기한 연기되었다는 것이다.

김명시의 법정투쟁은 결심 공판에서도 이어졌다.[48] 이때도 심리를 거부해 재판부가 일방적으로 결과를 선고했다. 김명시에게 괘씸죄를 적용했는지 판사는 검사 구형(5년)보다 높은 징역 6년을 선고했다. 게다가 예심 기간이 징역에 포함되지 않아 7년을 옥중에서 보냈다. 1934년 1월 10일 『동아일보』는 김명시가 공소권을 포기하고 기결수로 형무소 식당에서 일한다는 소식을 전한다.

이처럼 김명시는 일본 제국주의 법정에서 비타협 저항정신으로 시종일관 투쟁했다.[49]

---

48 『동아일보』, 1933년 12월 14일.

49 1933년 11월 27일 『조선중앙일보』(여운형 사장), 11월 17일 『조선일보』, 12월 14일 『조선중앙일보』, 12월 4일 『동아일보』, 1934년 1월 10일 『동아일보』.

신의주형무소

"스물다섯부터 서른두 살까지 나의 젊음이란 완전히 옥중에서 보낸 셈이지요."[50]

1932년 5월, 25세의 나이로 구속된 김명시는 신의주형무소에서 꼬박 7년을 살았다. 혈기왕성한 청춘을 형무소에서 보낸 셈이다.

신의주는 철교를 건너면 바로 만주로 가는 관문이라 독립운동가들의 왕래가 잦은 지역이었다. 당연히 사상 관계 구속자가 많을 수밖에 없었다. 원래는 이곳에서 재판을 받더라도 기결수가 되면 평양형무소로 이감되었으나, 평양도 연일 들어오는 정치범으로 터져 나갈 지경이었다. 그래서 김명시를 비롯한 홍남표와 조봉암은 모두 신의주형무소에서 수형생활을 했다. 조봉암은 '감옥이란 문자 그대로 생지옥'이었다며 추위 고생이 제일 컸다고 했다. 그는 신의주의 혹독한 추위에 거의 무방비 상태인 옥살이로 손가락 일곱 개를 잃었다. 김명시도 동상에 걸려 출옥 후에도 겨울이면 약을 바르곤 했다고 한다.

김명시가 감옥에 있는 동안 조선은 완전 전시체제로 돌입했다. 일제가 1931년 만주사변에 이어 1937년 중일전쟁을 일으킨 것이다. 조선은 대륙 침략의 병참기지가 되어 일본의 전쟁에 동원할 인력과 군자금, 군수품을 조달해야 했다. 징용과 징발 등을 통해 부족한 노동력과 자본마저 차출로 끌어가자, 조선 민중의 삶은 더욱 곤

50 연재물 '여류혁명가를 찾아서'의 「김명시 여사편」(『독립신보』, 1946년 11월 21일)에 실린 내용.

궁해졌다.

1930년대에 들어서자 일제는 자신들에 직접 저항하는 행동은 물론 사상까지 통제하고 감시하였다. 조선의 독립운동을 막기 위해 군대와 경찰 기구를 증강하고, 각종 형사법령을 제정하여 악랄하게 활용했다. 1936년 「조선사상범 보호관찰령(이후 「보호관찰령」으로 줄여 씀)」과 1941년 「조선사상범 예방구금령(이후 「예방구금령」으로 줄여 씀)」은 이런 의도가 반영된 대표적인 악법이었다. 「보호관찰령」은 치안유지법 위반으로 형을 선고받은 인사들을 출옥 후에도 2년간 보호관찰하는 법이었다. 독립운동가나 사상범의 거주와 여행, 통신의 자유를 제한하여 감옥처럼 지속적으로 감시하고 규제하는 반인권적 제도였다.

1939년 김명시가 출소할 때는 그 법이 더욱 엄격하게 적용되었다. 김명시와 비슷한 시기에 출소한 조봉암과 홍남표조차도 꼼짝할 수 없었다. 조봉암은 인천에 내려가 수년간 미강조합에서 일했다. 홍남표도 경기도 양주에 은거해야 했다. 그리고 과거 조선공산당 인사들을 만난다고 「예방구금령」으로 잡혀가 감옥에서 해방을 맞이했다. 그러나 김명시는 이 같은 감시와 폭압에도 굴하지 않고, 더 위험하지만 강력한 투쟁을 결심하고 그것을 실행에 옮겼다.

김명시의 생애를 탐구한 워싱턴대 남화숙 교수는 "가장 용감하고 가장 치열하게 한 치의 흐트러짐 없이 민족을 위한 형극의 길을 걸은 여성이다. 주의나 노선을 논하기에 앞서, 우선 그녀의 치열한 투쟁정신과 민족애 앞에 머리를 숙이지 않을 수 없다"고 말한다.[51]

51 남화숙, 「여장군 김명시의 생애」, 『여성』 2호, 1988.

3장

김명시 장군의 항일무장투쟁

1939년 팔로군 합류 ~ 1945년 해방

八路軍에 從軍했던
金命時女將軍의 半生記

어릴 때

항일무장투쟁

독립운동은 빼앗긴 나라의 주권을 되찾는 운동이다. 그런데 일본이 강제로 침탈한 국가권력을 어떻게 다시 찾아올 것인가? 그것은 제국주의 폭력과 맞설 수 있는 강력한 무장투쟁이 동반되지 않고서는 불가능했다.

3.1만세운동이 그것을 처절하게 각성하게 했다. 오죽하면 이완용과 윤치호가 "만세만 부른다고 식민지를 독립시켜준다면 세상에 식민지는 없을 것"이라고 조롱했겠는가? 헌병, 경찰, 군대 등 모든 수단을 동원해 폭력으로 탄압하는 일본 제국주의에 맞서기 위해서는 무장투쟁이 불가피한 선택이었다.

무장투쟁을 수행하기 위해 구한말 부자들에게 의병의 군자금도 거둬오고, 1910년대 이회영 선생 일가가 전 재산을 바쳐 중국 간도에 독립군양성소도 만들었다. 그러나 간도참변과 같은 일제의 폭압으로 독립군 근거지가 되었던 조선족마을이 초토화되었다. 이런 온갖 어려움에도 불구하고 항일무장투쟁을 이어가고자 끊임없이 모색했던 이들이 있었다.

이들은 공동의 적인 일본 제국주의와 싸울 수 있는 모든 세력과 연대했다. 러시아 연해주가 조선의 독립운동에 우호적이면 그곳에 둥지를 틀었고, 러시아 혁명 세력이 민족해방운동에 지지와 성원을 표시하면 그들의 도움을 받았다. 중일전쟁이 일어나 중국 국민군이 일본과 싸우면 기꺼이 중국인과 함께 중국혁명에 참가했다.

김명시가 7년간 신의주 감옥에 있으면서 내린 담대한 결정은 항일무장투쟁이었다. 오빠와 선배 활동가들의 도움으로 모스크바에서 공부했던 김명시는 코민테른 지시에 따라 상해로 파견되었고, 조선공산당 재건을 위해 국내로 잠입했었다. 이제는 누구의 지시나 지도도 받을 수 없고, 홀로 외로운 형편에서 온몸을 내던지는 엄청난 결단을 한 것이다.

김명시는 일본군과 가장 치열하게 전쟁을 치르는 중국 팔로군을 선택했다. 『아리랑』의 주인공 김산처럼 당시 많은 젊은이들은 조선의 독립을 위해 기꺼이 국제주의자가 되었다. 그렇지만 여성의 몸으로 그 험한 물리적 장애와 편견을 다 극복하며 독립운동에 참가한 예는 손에 꼽을 정도로 찾기 어렵다. 더구나 여성들도 조선의용군에 많이 참여했지만 '장군'으로 불린 여성지휘관은 김명시가 유일하다.

마산 출신 역사학자인 강만길 교수에게 "식민지 시대 고향 마산이 배출한 인물을 들라면 누구이겠냐?"고 물었을 때, 잠시도 망설이지 않고 "만주벌판 휘달리며 일본군과 총으로 싸운 김명시다. 마산독립운동사에 그를 가장 앞에 세워야 한다."[1]고 했던 이유가 여기에 있다.

---

1 허정도, 「여장군 김명시」, 『도시의 얼굴들』, 지앤유, 2018.

팔로군 종군

김명시는 출옥하자마자 중국으로 탈출해 팔로군에 합류했다. 감옥에 가기 전 함께 활동했던 동료들은 고문으로 죽고, 일부는 여전히 감옥에 있거나 뿔뿔이 흩어졌다. 출소 당시 오빠 김형선과 박헌영은 감옥에 있었고, 체포를 면했던 김단야와 주세죽은 소련으로 피신했다. 김단야는 스탈린 정권에 의해 일제의 간첩으로 몰려 1937년 체포된 후 다음 해 처형되었다. 주세죽도 같은 혐의로 체포되었으나 처형을 면한 대신 유배되었다. 홍남표와 조봉암조차 경찰의 삼엄한 감시를 받고 있었다. 팔로군 종군은 오롯이 김명시 혼자 내린 결단이었다.

이때 김명시는 중국공산당에 가입하여 천진, 제남, 북경 등에서 활동했다. 그 지역은 1937년 중일전쟁 때 일본에 함락되어 제2차 세계대전이 끝날 때까지 일본군 점령지였다. 적의 점령지에서 선전 활동을 하며 적 후방에서 조직을 만들고 투쟁한다는 것은 생명을 내건 모험이었다. 김명시가 얼마나 담대하게 독립운동에 헌신했는지를 잘 보여주는 일이다.

이즈음 연안의 팔로군 포병 사령관이던 무정은 가장 신뢰했던 옛 동지 김명시를 찾으려고 애쓰고 있었다. 항일투사들은 개인의 신변과 조직보위를 위해 변성명과 변장을 하고 다녔다. 때문에 함께 활동했던 동지끼리도 몇 해 동안 생사조차 모르기가 일쑤였다. 무정은 우연한 기회에 조선 학병 출신인데 팔로군에 탈출해 온 병사에게서 어떤 조선 여성이 팔로군에서 맹활약한다는 이야기를 들었다. 혹시나 하는 마음에 인상착의를 물어보니, 키가 자그마하고, 겨울

이면 동상으로 발에 약을 바르더라고 했다. 그 말을 들은 무정은 김명시라고 확신하고 밀사를 보냈다.

천진에 있던 김명시는 무정의 연락을 받고 연안으로 출발했다.[2] 태항산 가는 길은 나귀로만 이동할 수 있는 협곡이었다. 몇 날 몇 밤을 산으로만 가는 오지 중의 오지였다. 김명시는 도중에 팔로군이 조선 학병을 부르는 우리말 구호를 발견했다.

"토벌을 가는 길은 도망하기에 가장 좋은 기회다.
어디로든지 빠져나와 우리에게로 오너라!
너희를 맞을 준비가 다 되어 있다."

태항산 오지에 쓰인 우리말을 보고 김명시는 공연히 눈물이 죽죽 흘렀다고 했다.[3] 김명시는 무정과의 해후를 이렇게 표현했다.

"마침내 무정 동무를 만났을 때 죽은 줄만 알았던 동지가 16년 만에 눈앞에 나타나니 말은 막히고 다만 이름할 수 없는 눈물이 앞을 가리었다."

해방 후 신문기사에는 김명시가 "온몸이 혁명에 젖어 있는 듯 보였다"고 나오지만, 그의 인터뷰나 연설문에는 눈물이란 단어가 자주 보였다. 피로 얼룩진 투쟁에 피눈물이 어찌 없었겠는가.

---

2 「해외투쟁의 혈극사」 '김명시와의 인터뷰'(『국민보』(하와이 독립운동가들이 발행한 신문), 1946년 7월 17일)에 기초해 작성.

3 노천명, 「팔로군에 종군했던 김명시 여장군의 반생기」, 『신천지』 1946년 3월호.

무정 장군

무정의 본명은 김병희(1904~1951)다. 그는 크지 않은 키, 날랜 체격, 작고 날카로운 눈매에 두려움이라곤 모르는 거친 성격의 소유자였다고 한다. 해방 후 조선의용군 출신 독립운동가들이 대부분 북한에 있고, 거의 유일하게 남쪽에 내려온 김명시는 '연안에서의 항일무장투쟁' 이야기 때마다 무정 장군을 자주 언급했다.

그는 1904년생으로 함경도 경성 출신이다. 15세 때 3.1만세운동에 참가한 것이 혁명운동의 출발점이었다. 경성 중앙고보에 다니면서 수차례 항일운동에 나섰다가 체포되어 고문당한 후유증으로 1923년 학교를 그만두었다. 바로 그해 압록강 건너 만주를 지나 북경으로 갔다. 조선독립을 위해서는 결국 무력항쟁을 해야 한다는 신념으로 1924년 북방군관학교에 입학해 포병과를 졸업했다. 학교 재학 시절부터 그의 군사적 재능은 발군이었다고 한다. '무정(武亭)'이라는 별명도 군벌과의 전투에서 그가 공을 세우자 중국인 상관이 지어주었다는 이야기가 전한다. 졸업 후 중국 포병 대위에 임명되고 약관 22세에 포병 중좌가 되었다.

중국군에 복무하던 그는 군벌의 무분별한 횡포와 국민당 정부의 무능 · 부패에 실망해서 1925년 중국공산당에 가입한다. 장개석이 군벌을 향해야 할 총구를 공산당으로 돌리자 그는 국민당 군대를 떠났다. 1927년 장개석이 공산당을 탄압하면서 그에게도 체포령이 떨어졌다. 무정은 지하공작을 전개하다가 무창에서 국민당 군대에 체포되어 사형당할 위기를 맞았다. 그의 소식을 접한 1만여 명의 중국 학생들이 '무정 즉시 석방'이라는 구호를 내걸고 대규모 백색테러 반대시위를 벌였다. 그 덕분에 그는 구사일생으로 석방되었다.

그는 다시 1929년 상해 무장폭동의 주모자로 체포되어 두 달 동안 영국 조계지 감옥에 수감되었다. 석방 후 그는 곧장 중국 소비에트 건설기의 토지혁명에 참가하였다. 무정은 이 과정에서도 중국공산군에 편입되어 중대장, 대대장, 연대장까지 승진하여 중국공산당 군사위원회에 참석하게 된다. 파격적인 승진이었다. 그러나 장개석의 대공 토벌 작전이 1930년 12월에서 1934년 10월까지 다섯 차례 진행되면서 중국공산당의 소비에트지역은 국민당에 의해 모두 점령되고 말았다.

그 후 무정은 서금에서 연안까지의 그 유명한 2만 5천 리 장정에 참가한다. 중국공산당은 1934년 10월부터 1935년 10월까지 370일에 걸쳐 국민당 70만 대군의 추격을 받으며 12,500km를 걸어서 안전지대를 찾아 근거지를 옮기게 된다.

무정은 작전의 총책임자로서 작전과장에 임명되어 대장정을 성공시켰다. 심한 배고픔 속에 하루도 쉬지 않고 크고 작은 전투를 500여 회 치르면서 감행된 장정이었다. 최초 출발 인원 8만여 명 중에서 대장정 끝에 생존자는 7,000여 명에 불과할 정도로 희생이 컸다. 대장정에 참가한 조선인 출신 사단장 3명[4] 중에서도 무정만이 유일하게 살아남았다.

1937년 말 중국공산당은 일본 침략군과 전면전을 선포하면서 포병대 건립을 결정했고, 무정은 팔로군 포병대 사령관으로 임명됐

---

4 1945년 12월 22일자 『중앙일보』 기사. "장태준 동지는 복건성에서 전사하고, 양영(양림) 동지는 장강 연안에서 적탄에 맞아 희생을 당하고 말았다."

다. 팔로군 포병대는 6개 연대와 선전대 등 1,000여 명으로 구성된 부대로 무정은 팔로군 최초의 포병 단장이 되었다.

1940년 10월경 중국공산당은 조선인 민족운동단체를 팔로군 근거지 내에서 결성하기로 하고, 그 일을 무정에게 맡겼다. 무정은 1941년 〈화북조선청년연합회〉를 창립하고 항일 북상을 원하던 조선의용대의 병력과 함께 〈조선의용대 화북지대〉를 창설했다. 1942년에는 이것을 근거로 〈조선독립동맹〉과 〈조선의용군〉을 만들었고, 여기에 김명시가 함께 참여했다. 조선독립동맹과 조선의용군 뒤에는 화북지대란 말이 붙어 다녔다. 그들은 통일전선을 확장하기 위해 다른 세력과 연합했으나, 자신들이 모든 독립운동세력을 대표한다는 인상을 주지 않으려 했다. 그간 독립운동 무장세력 사이에 있었던 분열을 의식한 태도였고, 그만큼 일제와 맞서 싸우는 통일전선의 필요성을 절감하고 있었기 때문이다.

조선의용대 대장 김원봉

김명시가 출소하기 이전부터 항일무장투쟁을 적극적으로 모색한 이들이 있었다. 대표적 인물이 밀양 출신 약산 김원봉이다.

항일무장투쟁 하면 김원봉을 빼놓고 이야기할 수 없다. '조선의열단 단장', '조선의용대 대장'이란 김원봉의 이력이 말해주듯이 그는 일찍부터 항일무장투쟁 노선을 견지해왔다. 1920년대 〈조선의열단〉이 모체가 되어 1938년 〈조선의용대〉가 탄생했다. 1941년 화북지역으로 이동한 조선의용대 주력부대가 〈조선의용대 화북지대〉

로 바뀌고 이것이 재편되어 〈조선의용군〉이 창설되었다. 모두가 김원봉이 주도하거나 그 영향력을 크게 받은 무장조직들이었다.

1919년에 조직된 의열단은 1920년대 암살, 파괴, 폭동, 테러 등의 수단을 반일투쟁의 방침으로 세웠다. 이들의 과감한 투쟁은 일제의 간담을 서늘하게 했을 뿐 아니라, 조선 백성들의 가슴을 통쾌하게 만들었다. 그러나 암살과 같이 제한된 폭력수단으로는 일제를 타도하고, 결정적 승리를 가져올 수 없다는 결론에 도달했다. 그리고 투쟁방침을 바꿔, 민족해방투쟁의 이론적인 학습과 군사기술을 갖춘 간부 양성에 힘쓰게 되었다. 김원봉은 1926년 황포군관학교에 입대하고 졸업 뒤에는 교관으로 남아 간부 양성에 주력한다.

1931년 만주사변이 일어나 일본의 중국침략 의도가 노골적으로 드러나자, 중국 내 조선 독립운동가들은 이것을 항일투쟁의 적극적인 기회로 활용하고자 했다. 김원봉은 1932년 장개석의 지원을 받아 '조선혁명군사정치간부학교'를 설립했다. 비록 중국국민당 산하에 있었지만, 이 학교의 설립 목표는 '조선의 절대 독립'과 '만주국의 탈환'이었다.

이 학교는 1932년부터 1935년까지 총 125명의 졸업생을 배출했고, 그 우수한 군사 간부들이 조선의용대의 근간이 되었다. 이들은 험난한 독립운동의 이력을 가진 열혈 조선 청년들이었다. 조국의 독립과 밝은 미래를 위해 자기 한 몸 던지는 것을 두려워하지 않았다. 일본군이 20개 사단, 40만 명을 동원하여 중국 팔로군을 섬멸하고자 했지만 뜻을 이루지 못한 데는 시련 속에서 양성된 조선인 무장부대들이 선봉에서 싸운 도움이 컸다.

조선인들이 벌인 의열단과 한인애국단의 희생적인 투쟁은 중국인들에게도 큰 충격과 감동을 주었다. 1932년 이봉창과 윤봉길의 의거 뒤 어느 중국인은 "봄날 상해에서 거대한 폭탄으로 적을 섬멸하니 우리 4억 중국인을 부끄럽게 하는구나"라는 한시[5]를 쓸 정도였다. 김원봉은 일제라는 공동의 적을 타도하기 위해 중국과 조선이 연합할 이런 기회를 적극적으로 활용했다.

〈조선의용대〉는 1938년 10월 10일 무한에서 중국국민당 정부의 지원을 받아 〈조선민족혁명당〉[6]의 군사조직으로 결성되었다. 이는 중국 관내에서 최초로 탄생한 조선인부대로 '조국으로 들어와 일제를 동해로 내모는 임무'를 지닌 민족해방군이었다. 드디어 정규 군대로 항일 대오를 형성하게 된 것이다.

1945년 12월 27일 '조선국군준비대 전국대표자대회' 축사에서 김명시는 "동무들 뒤에는 무정 동무와 김일성 동무, 김원봉 장군이 있습니다"라고 했다. 조선의용군 총사령관이었던 무정, 동북 빨치산을 이끌었던 김일성, 광복군 부사령관으로 귀국한 김원봉은 모두 당시 항일무장투쟁을 대표하는 지도자였다. 김원봉에게만 붙인 '장군' 호칭에는 조선의용대의 산파 역할을 한 선배 혁명가에 대한 깊은 존경이 배어 있을 것이다.

---

5 1930년대에 익명의 중국인이 윤 의사의 항일 의거를 칭송하며 쓴 한시다. 윤봉길 의사의 의거 이후 김구 주석이 펴낸 『도해실기』에 수록되었고, 윤 의사의 사진 위에 새겨놓았다고 한다.

6 1935년 7월 남경에서 조선의열단, 조선혁명당, 한국독립당, 신한독립당, 미주대한인독립단 5개 단체가 연합하여 〈조선민족혁명당〉을 창당했다. 기본강령은 일제의 침략을 물리치고 조선민족의 자유해방을 쟁취하는 것이었다. 조선 민족혁명당은 다음과 같은 3대 원칙에 따라 활동을 개시했다. (1) 구적 일본의 침략세력을 박멸하고 민족의 자주독립을 완성하는 것, (2) 봉건세력 및 일체의 반혁명세력을 숙청하고 진정한 민주공화국을 건설하는 것, (3) 소수인이 다수인을 박탈하는 경제제도를 폐지하고 국민생활상의 평등제도를 확립하는 것.

조선의용대의 북상항일

〈조선의용군〉의 전신은 〈조선의용대〉다. 조선의용대는 중국 국민군 산하에서 활동한 전지공작대로서 중국의 항일전을 지원하는 국제지원군이며 동시에 최종적으로는 조선독립을 쟁취하는 것을 목표로 하는 혁명무력부대이고, 정치적으로는 민족적 독립성을 가진 무장부대였다.

조선의용대가 담당한 임무는 ①일본군의 정황 및 점령구역 내의 정보수집 ②일본군의 취조 및 교육 ③일본군대에 대한 선전공작 ④중국 군대 및 조·중 민중에 대한 선전 등이었다. 이러한 임무는 중국어와 일본어에 능통한 국제적인 조선인이 아니면 불가능했다. 조선의용대는 중국 항일전과 함께 중국으로 들어오는 조선동포에 대한 공작, 조선독립을 향한 투쟁을 전개했다.

대대장 김원봉은 1939년 조선의용대 창립 1주년을 맞아 부대의 전과를 알리면서 미래에 대한 포부를 밝혔다.

> "앞으로 우리는 더 나아가 10여만의 우리 인민 동포가 있는 화북으로 가고 어제 의용대 전투의 전과를 꼽고 꼽아서 우리의 피 끓는 젊은 동무를 모집해서 적의 무기를 빼앗아 무장해서 **만주로 들어가 우리는 조선혁명군과 연합해서 우리의 조국으로 진입**하려는 것입니다.
>
> 그래서 우리는 **동아시아에서 일본 제국주의자를 완전히 구축**하자는 것입니다.
>
> 중국의 형제들, 같이 악수합시다. 공고히 우리는 일본 제국주의

를 타도하고 우리의 **진정한 동아시아 행복의 국가를 건설**합시다.”

그러나 중국국민당은 의용대의 화북진출을 반대했다. 조선의용대는 국민군 소속이었고 국민당의 지원으로 유지되고 있었기에 그 명령을 따라야 했다. 1938년 일본군에 의해 남경이 점령당하자, 전선에서 정치 · 군사공작을 하던 조선의용대는 무한으로 퇴각했다. 그러나 10월 25일에는 무창과 한구까지 일본군에 함락되고 말았다. 조선의용대원들은 함락 전날 마지막까지 결사 항전의 각오로 대일 선전전을 펼쳤다.

“병사들은 전방에서 피 흘리고
재벌들은 후방에서 향락을 부린다.”

“장군들의 훈장은 병사들의 피와 생명으로 바꿔온 것이다.”

일본어로 된 이런 구호를 삼삼오오 무리 지어 벽과 물탱크, 거리 바닥에 쓰며 퇴각하는 〈조선의용대〉의 모습을 중국인들은 기억했다. 그러나 무한 함락은 조선의용대의 다수가 조선에 더 가까운 화북지대로 이동하는 결정적인 계기가 되었다.

화북 조선청년연합회

1941년 1월 10일, 〈팔로군 총사령부〉 소재지인 산서성 진동남,

황해저촌에서 〈화북조선청년연합회〉의 성립대회가 거행되었다. 태항산 조선의용군의 역사는 여기서 시작된다. 지금도 태항산 성무촌의 허름한 건물에는 '조선의용군전전지 옛터'라고 새겨진 표지판과 화북청년연합회가 그곳에서 설립되었다는 글귀가 남아 있다.[7]

무정의 일대기에서 관련 내용을 확인할 수 있다.

> "1941년 1월 10일 독립동맹의 전신인 〈화북조선청년연합회〉가 탄생 되었다. 그 뒤 다시 중경을 비롯하여 화중, 화북의 각지에서 수백 명의 동포가 모여들자 팔로군에 활약하고 있던 동지들을 전부 규합하여 1941년 8월 진동남에서 〈조선의용군〉의 역사적인 결성식을 거행하게 되었다."[8]

무정의 일대기에서 표현한 당시 '화중 · 화북에 있었던 동포'는 1938년 무창 · 한구에서 산서성으로 이동한 〈조선민족혁명당〉 산하의 조선의용대의 일부를 말한다. 이들은 조선의용대 이름으로 항일전쟁을 계속하다가 〈화북조선청년연합회〉가 결성되자 그 산하의 〈조선의용대 화북지대〉로 편입되었다.[9]

1주일간 진행된 회의에는 대장정에 참가해 끝까지 대오를 떠나지 않았던 팔로군 병사와 연안으로 모여든 한인 청년들, 조선의용대 대원들이 참가했다. 그들은 서로의 항일투쟁 경험을 공유했다. 그

---

7 YTN, 〈조선의용대의 시작－분단이 지워버린 항일투사들〉, 2019.

8 『신천지』 1946년 3월호, 226쪽.

9 森川展昭, 「조선독립동맹의 성립과 활동에 관하여」, 이정식 · 한홍구 엮음, 『항전별곡－조선독립운동자료1』, 거름, 1986.

연설하는 무정 장군

리고 중국에 산재한 한인 청년들을 결집해 조선독립의 대업에 참가시키는 것을 목표로 정했다. 이를 위해서 계급, 당파, 성별을 나누지 않고 종교와 신앙을 묻지 않고 일치단결할 것을 강조했다.

실천 단계에서 ①간부를 시급히 양성하고, ②중국 내의 조선혁명단체를 통일하며, ③화북의 조선동포를 혁명전선에 조직하고 확대할 것을 강조했다. 그리고 화북조선청년연합회 회장으로 무정 장군을 추대했다.

1941년 7월에 〈화북조선청년연합회〉 산하 무장조직으로 〈조선의용대 화북지대〉가 편성됐다. 지대장에는 박효삼이 취임했다. 박효삼은 원래 조선의용대 3지대장이었다. 조선의용대의 주력군 대장이 화북지대 총지휘자가 된 것이다. 김원봉과 막역한 동지인 석정 윤세주도 연안으로 이동했다. 이렇게 화북지대는 조선의용대의 실질적 무력 대부분을 흡수했다.

윤세주는 중경 출발 직전에 "금년에 화북 근거지를 건설하고, 명년에는 동북 근거지를 건립할 것이며, 내명년에는 조국으로 진입하겠노라"고 뜻을 밝혔다. 조선의용대에 화북지대가 만들어진 것이 내부 분열이나, 전투 패배로 밀려간 것이 아니라는 의미이다. '화북행 → 동북행 → 국내진공'이라는 의용대 본래의 숙원전략에 의해 북상항일이 추동된 것임을 알 수 있는 대목이다.

화북조선청년연합회는 낙양에 모여들고 있던 의용대원들을 팔로군 근거지로 이동시켰다. 그리고 〈화북조선청년연합회〉를 모체로 확대 개편된 〈독립동맹〉과 산하 무장조직인 〈조선의용군〉을 탄생시켰다. 중경으로 갔던 김원봉이 지휘한 〈조선의용대〉 본부는 대한민국 임시정부 〈광복군〉의 근간이 되었다. 김원봉은 해방 후에 광복군 부사령관으로 귀국했다.

1941년 태평양전쟁이 발발하기 전까지는 일제가 결코 패망할 것 같지 않았다. 이것이 친일 부역자들의 한결같은 변명이었다. 그러나 광복에 대한 한 줄기 빛도 보이지 않았던 그때, 이역만리에서 조선의 광복을 위해 싸웠던 김명시 같은 애국자들이 있었다. 그렇기에 지금의 대한민국이 있음을 잊어서는 안 된다. 김명시와 그의 동지들이 불렀던 조선의용군 행진곡 가사에서 그들의 기상이 어떠했는지를 잘 느낄 수 있다.

"중국의 광활한 대지 위에 조선의 젊은이 행진하네
발을 맞춰 나가자 다 앞으로
지리한 어둔 밤이 지나가고 빛나는 새 아침이 닥쳐오네
우렁찬 혁명의 함성 속에 의용군 깃발이 휘날린다

나가자 피끓는 동모야! 뚫어라 원수의 철조망
양자와 황하를 뛰어넘고 피 묻은 만주벌 결전에
원수를 동해로 내어 몰자 전진!전진! 광명한 저 앞길로"

호가장 전투[10]

중국 사람들에게 조선의용군의 용맹함이 알려진 배경으로는 호가장 전투를 빼놓을 수 없다. 전투 규모는 작았으나 의용군 대원 전원이 영웅적인 투쟁정신을 유감없이 발휘했다.

1941년 12월 12일 새벽, 화북 석가장(石家莊)에서 그리 멀지 않은 원씨현(元氏縣) 호가장(胡家庄) 마을에서 일어난 일이다. 이곳은 '유격구(遊擊區)'로 일본군 점령지와 팔로군 해방구의 중간지대였다. 거기서 무장선전대가 하룻밤 묵게 되었다.

김세광(金世光)이 이끄는 조선의용대 화북지대 제2대 29명은 무장선전대였다. 정치, 군사 훈련을 마치고 처음으로 제1선에 출전한 젊은 용사가 대부분이었다. 그들은 적의 봉쇄선을 넘나들면서 하북성 원씨현, 찬황현(贊皇縣) 일대에서 좌담회, 공연, 군중집회 형식의 다양한 선전활동을 펼쳤다. 야간에는 일본군 진지 50m 앞까지 접근해서 양철통을 입에 대고 일본말로 반전구호를 외치거나 일제의 죄행을 폭로하는 연설을 하고 돌아왔다.

가끔 적군과 마주치는 일이 있어서 전원 무장 상태였고, 300명

10 김사량, 『노마만리』(부크크, 2018)와 이정식 · 한홍구 엮음, 『항전별곡-조선독립운동자료1』(거름, 1986) 참고.

가량의 팔로군이 호위 임무를 띠고 멀찍이서 따라다녔다. 대원들은 한 농가에 들어가 마룻바닥에서 잠을 청했다. 3일간이나 눈을 못 붙여 극도로 피곤하다 보니 금방 곯아떨어졌다. 마을 밖 초소나 동초를 두지 않고 지붕에만 보초 한 명을 세웠다. 팔로군 호위대가 외곽 경계를 맡고 있어서 안심한 것이 실책이었다.

불행히도 마을에 밀정이 있었다. 마을 구장은 일본군에게 달려가 의용대의 동정을 밀고했다. 그러고는 일본군이 팔로군의 야간 주둔 지역을 피해 오게끔 안내했다. 300여 명의 일본군은 호가장 마을을 겹겹이 포위했다. 야간 전투는 자체 피해도 있을 수 있고, 의용군 생포도 어려워지기 때문에 일본군은 새벽 공격을 준비하며 동트기를 기다렸다.

새벽녘, 갑자기 총성이 울렸다. 전 대원이 벌떡 일어나 번개처럼 전투태세를 취했다. 적은 벌써 그들이 묵고 있는 농가의 대문 밖까지 접근했다. 의용군은 일본군의 '독 안에 든 쥐'였다. 적들은 의용군을 생포하기 위해 "항복하면 살려준다"며 회유했다. 그러나 '최후의 일병까지' 싸우는 것이 평상시 조선의용대의 소원이었다. 그들은 비상사태를 가상해 철저하게 훈련받았다. 김세광 대장은 침착하고 냉정하게 전투 명령을 내렸다. 마을 주민의 피해를 줄이자면 농가에서 빠져나가는 것이 급선무였다. 문밖의 일본군을 돌파하고 인근 산 위로 올라가는 작전을 세웠다.

정탐 나간 의용대 한 명이 일본군과 마주쳤다. 어둠 속에서 일본군 병사가 "누구야?"라고 물었다. 순간 의용대 정탐병은 유창한 일본어로 의용군을 추적 중이라며 엉뚱한 방향을 가리켰다. 일본군을 따돌리고 기민하게 농가 지붕 위로 올라갔다. 대원들은 위에서 수류탄을 던져, 총검을 번뜩이며 기어오르던 일본군 수십 명을 폭사시킨다. 그사이 지붕에서 내려온 의용군과 일본군의 백병전이 시작되었다. 수적으로는 10대 1의 육탄전이었다. 두려움 없는 의용군의 돌격에 일본군 진영이 양쪽으로 갈라지자, 대원들은 혈로를 뚫고 나갔다.

김세광 대장은 제2대원 5명에게 후위를 맡으라고 명했다. 손일봉 분대장이 먼저 나섰고, 최철호, 이정순, 박철동, 김학철 대원이 뒤를 따랐다. 다른 대원들이 포위망과 추격에서 완전히 벗어나도록 죽음을 각오하고 싸우는 것이 그들의 임무였다.

동료의 희생으로 퇴로를 찾은 대원들은 기관총과 소총으로 대응사격하면서 적의 포위선을 돌파했다. 마침내 의용군이 유리한 고지에 먼저 올라가 산봉우리에서 아래로 사격하며, 병기도 우월하고 인원도 10배나 많은 적과 치열하게 대치했다. 그때 마을 주민의 연락을 받은 팔로군이 도착해서 지원사격에 나섰다. 전세가 불리해진 일본군은 결국 퇴각하고 말았다. 이때 팔로군 12명이 전사하고, 일본군은 전사자 18명, 중경상 32명의 손실을 입었다고 한다.

호가장 전투는 중국인들이 직접 목격하는 가운데 전개되었다. 그들은 "조선 사람은 조선민족의 절개를 지켜라" 하고 외치며 싸우다 총탄을 맞은 김세광 대장의 결기를 보았다. 의용군의 영웅적인 전투는 중국인들에게도 귀감이 되었다. 중국국민당과 공산당 양 지구에서 전사자에 대한 추도식이 대대적으로 치러졌다. 이 지방의 소학교는 호가장 전투 전 과정을 교과서에 실었다. 아이들은 학교에서 조선의용대 노래를 배우며 자랐다.

조선의용군 추모가[11]

김학철 작사, 유신 작곡

사나운 비바람이 치는 길가에
다 못 가고 쓰러지는 너의 뜻을
이어서 이룰 것을 맹세하노니
진리의 그늘 밑에 길이길이 잠들어라 불멸의 영령

80년이 지난 호가장 마을의 촌장 이름은 '애조(愛朝)'였다. 주민들은 '조선을 사랑하라'라는 의미의 애조란 이름을 자식에게 물려줄 정도로 호가장 전투에 깊은 감동을 받았다. 마을 사람 중 몇몇은 아직도 조선의용군 추모가를 우리말로 끝까지 부를 수 있었다.[12] 전사한 네 명의 조선의용군의 무덤은 한반도를 향해 있다.

호가장 전투의 순국 4열사

이 전투에서 손일봉(孫一峰),[13] 최철호(崔鐵鎬), 이정순(王現淳 이름으

11 김학철의 회고에 따르면 태항산으로 이동한 후 상부 지시로 이 노래를 만들었다고 한다. 조선의용군에서 전사자들을 안장할 때 부르던 노래다. 작곡자 유신(김용섭)은 당시 김학철과 함께 조선의용군 선전부에 있었는데 하모니카로 이 노래를 작곡했다고 한다.

12 YTN, 〈분단이 지워버린 항일투사들 2부: 타이항산의 별들〉.

13 손일봉(1912~1941): 평북 의주 출생, 1931년 중국 청도로 망명했다. 1934년 중앙육군군관학교 군관훈련반에 입교하여 1935년 졸업했다. 그해 10월 중앙육군군관학교 광동 제4분교에 재입학했고, 1938년 졸업했다. 1940년 민족혁명당원으로 조선의용대에 입대 후, 1941년 조선의용대 화북지대 분대장으로 화북적화공작을 전

로 활동), 박철동(朴喆東) 의용대원 4명이 전사했다. 대장 김세광, 분대장 조열광(趙烈光), 대원 장례신은 부상당했다. 대원 김학철(金學鐵)은 중상을 입고 체포되어 일본 나가사키로 압송되었다.

선두에 섰던 손일봉(당시 29세)은 처음에는 적과 보총으로 싸우다 수류탄을 던져서 접근하는 일본군을 폭사시켰다. 수류탄을 다 던지고 탄환도 떨어지자 그를 생포하려는 일본군과 육탄전을 벌였다. 결국 일본군의 칼에 왼쪽 가슴을 찔려 죽었다. 돌격부대를 지휘한 분대장으로 임무를 완수한 뒤 장렬히 전사한 것이다.

그의 아버지는 농민이었다. 3.1만세운동에 참가했다가 일본 경찰의 총에 맞아 다리 불구가 되었다. 고향 의주는 겨울이면 독립군이 얼어붙은 압록강을 건너와 일본 주재소를 습격하던 곳이다. 그는 아버지와 독립군의 영향으로 10대부터 독립운동에 뛰어들 결심을 했다. 일본군과 싸우기 위해 국민군 군관이 되었고, 투항을 모르고 싸움에 전념하는 팔로군이 그리워 팔로구역으로 넘어왔을 뿐이라고 했다. 그만큼 왜놈이 미웠다. 한 놈이라도 더 쏘아 죽이고 싶어 포병이 되었다.

박철동[14] 대원(당시 25세)은 "내가 다 맡을 테니 동무들 어서 전진하시오"라고 부르짖으며 칼로 돌격로를 헤쳐 동료들의 전진을 도왔다. 일본군을 찌르고 또 찌른 뒤에 기진하여 자신이 찌른 칼을 뽑

개했다. 1941년 12월 21일 호가장전투에서 주력부대를 호위하기 위해 싸우다 전사했다. 1993년 건국훈장 애국장이 추서되었다.

14 박철동(1915~1941): 충주 출신, 학생운동으로 요시찰 인물이 되자 심양으로 망명했다. 1934년 낙양군관학교 2기생, 1935년 조선민족혁명당 가입, 화남으로 파견되다가 일본군에 체포되어 일본 큐슈로 압송, 징역 3년을 받았다. 1938년 출옥 후 다시 중국으로 와 1939년 낙양의 조선의용대에 가입했다. 1993년 건국훈장 애국장이 추서되었다.

지 못하게 되자 가슴을 풀어헤치고 "이놈들아! 자 찔러라"며 적진으로 뛰어들었다. 마지막 순간에도 "조선독립 만세"를 외치며 쓰러졌다. 나중에 시체를 찾고 보니 총상과 칼자국으로 만신창이였다. 동지들은 싸움 잘하고, 일 잘하고, 순박하기 짝이 없다고 박철동을 '꼬리 없는 송아지'라고 불렀다고 한다.

본대를 전진시키기 위한 엄호전을 펼칠 때 일본군의 기관총 사격이 가장 방해가 되었다. 그런데 적의 기관총 소리가 뚝 끊기고, 누군가 그것을 빼앗아 휘두르며 선두에 나섰다. 바로 이정순[15] 대원(당시 24세)이었다. 그는 혁명가의 집안에 태어나 고난에 고난을 거듭했고, 성장이 싸움의 역사였다. 총을 들고 나선 두 형을 따라 이십 평생을 이슬 맺힌 풀숲 아니면 포연탄 위 혹은 산상의 요새에서 하루도 편안할 날 없이 지내왔다. 성품이 고고하여 남 앞에 공을 내세우려고 하지 않았다. 너무 진지해서 웃을 줄 몰랐던 그의 별명은 '싸움꾼'이었다.

최철호[16] 대원(당시 26세)은 이정순과 반대로 입가에 웃음을 달고

---

15 이정순(1917~1941): 왕현순, 한대성 같은 다른 이름으로도 활동했다. 친형 이영준(의열단 간부)의 권유로 남경에 왔다. 1934년 의열단 조선혁명간부 2기로 졸업 후 민족혁명당 가입, 중일전쟁이 일어나자 1937년 중앙육군군관학교에 입학, 1938년 5월 졸업, 10월 조선의용대 제1구대 입대, 호남성 북부 최전선에서 선전사업을 하다가, 1941년 여름 화북 팔로군지역으로 들어갔다. 1993년 건국훈장 애국장이 추서되었다.

16 최철호(1915~1941): 다른 이름 한청도, 최명근. 대전 제2공립보통학교 졸업 후 형평운동에 참가했다. 1935년 민족혁명당에 가입, 1937년 중앙육군군관학교 특별반 6기생으로 전문훈련, 1938년 10월 조선의용대 입대, 국민당 제1전구, 5전구에서 적후선전사업을 했다. 연극과 노래에 뛰어난 재능을 발휘해서, 서안, 낙양, 로하구 항일군민들의 인기를 얻었다. 조선의용대 3지대 북상 항일해 화북지대원이다. 1993년 건국훈장 애국장이 추서되었다.

다니며 콧노래를 부르는 낙천가였다. 대전에서 백정의 아들로 태어나 형평운동을 하였다. 일본과 싸울 수 있도록 훈련시킨다는 '군관학교'가 있다는 소문만 듣고 소개도 없이 중국으로 와 민족혁명당에 가입했다. 긴장의 연속인 생활 속에도 천하태평인 듯한 그는 동지들에게 늘 은근하게 힘을 주는 보배로운 존재였다. 당시 전투에서 바위 밑에 붙어 사격하다 완전히 포위되자 분대장의 뒤를 따라 수류탄을 마구 던지며 사자같이 덤벼들었다. 적탄에 다리를 맞아 움직이지 못하게 되자, 마지막 수류탄을 터뜨려 자폭했다.

일본군에게 체포된 김학철은 나가사키 감옥에서 치료를 받지 못해 다리에 피고름이 흘렀다. 구더기가 생길 만큼 상처가 악화되자 왼쪽 다리를 절단해야 했다. 해방된 이후에야 감옥에서 풀려나온 그는 잃어버린 다리를 조국의 독립을 위해 헌신한 훈장이라고 여겼다.

김사량[17] 작가는 책 『노마만리(駑馬萬里)』에서 호가장 전투의 영웅들에 대해 썼다. 이 책은 작가 자신이 일본군의 봉쇄선과 유격지구를 넘어 조선의용군의 근거지인 화북 태항산으로 들어가며 겪은 기행문이다. 그는 현지인들로부터 호가장 전투에 대해 직접 듣고 「호접」 대본을 썼을 뿐 아니라, 귀국하자마자 바로 〈호접〉 공연이 상영된 것을 본다면 중국 연안에서 이미 공연되었던 것으로 추정된다.

그리고 해방 후 바로 그 〈호접〉 연극이 인기리에 공연되었다. 관

---

17 김사량(1914~1950): 평양 출생의 일제말기 소설가이다. 일본어와 조선어 작품을 모두 남겼다. 김사량은 필명이고 본명은 시창(時昌)이다. 1940년 조선인 최초로 아쿠다카와상 후보에 선정되었고, 1941년 태평양전쟁 발발 다음 날 예방검속법으로 구금당하기도 했다. 도쿄제국대학 독문학과를 졸업하고, 평양 대동공업전문학교 독어교사로 재직하다가 1945년 연안으로 탈출하여 조선의용군에 입대했다. 조선의용군 르포 문학인 기행문 『노마만리』를 썼다.

객들은 이역만리에서 펼쳐진 조선의용군의 전투에 감동하지 않을 수 없었다. 당시 김명시는 남쪽으로 내려온 조선독립동맹과 의용군의 유일한 간부였다. 공연이 끝난 후 김명시는 조선의용군을 대표해 종로통 거리에서 백마를 타고 행진한 것으로 보인다. 백마를 탄 김명시나 백마를 태운 사람들 마음속에 호가장 전투에서 장렬하게 전사한 영웅들이 있었을 것이다.

1942년을 기억하라!

독립동맹의 맹원들 사이에는 난관에 부딪힐 때마다 나오는 구호가 있었다. "1942년을 상기하라" 혹은 "1942년을 잊었느냐?"이다. 1942년은 독립동맹과 조선의용군들에게 최대 시련의 시기였다. 한편으로는 조선의용군의 용맹함을 만천하에 과시한 해이기도 하다.

1942년 유례없는 가뭄이 연안 지방 일대를 휩쓸었다. 원래 이 지역은 논이 없어 쌀밥 구경이 힘들었는데, 가뭄으로 식량이 동나자 말 그대로 강냉이죽도 먹기 어려웠다. 영양부족과 위장병으로 누렇게 뜨고, 폐병이 들어도 약이 없어 손을 못 쓰고 죽어가는 사람이 적지 않았다.

새로 부임한 일본군대장 강촌은 악랄한 자였다. 최고지휘관으로서 그의 꿈은 "기아선상에서 헤매는 중국 팔로군과 조선의용군을 철저히 박멸"하는 것이라고 공언할 정도였다. 그는 연안 지대가 식량난에 빠지자 절호의 기회가 왔다고 생각했다.

봉쇄선을 파기 시작했다. 너비가 20여 자,[18] 깊이가 10여 자나 되는 구덩이를 산악지대를 휘휘 돌아 사중 오중으로 팠다. 연안에서 식량을 구하러 몰래 일본군 점령지대나 다른 지역으로 나오는 것을 막고, 일체의 교통 연락을 차단하여 굶겨 죽이겠다는 속셈이었다.

그의 예상대로 봉쇄선에 의한 잔인한 기아 전술은 어느 정도 성공했다. 연안과 일본군 점령지대와의 비밀 연락 루트가 단절되었다. 중국인 가운데서도 아사자가 속출했다. 의용군도 고생이 극심했다. 한참을 가도 물 한 방울 찾기 어려운 건조한 산악지대라 아이 오줌을 받아 먹으며 버텼다. 어쩌다 물을 발견하고 정신없이 먹다 보면 그것이 똥물이었다고 한다.

조선의용군은 한 주발도 되지 않는 수수죽을 먹으며 굳은 의지로 굶주림과 싸웠다. 그러나 인간의 의지로 안 되는 것이 소금이었다. 연안은 산악지대라 소금이 나오지 않았다. 봉쇄선으로 일체의 루트가 두절되고, 식량이 없어 영양부족에 소금까지 떨어지자 거의 모두 얼굴이 퉁퉁 부었다.

이 기회를 놓칠 리 없는 일본군은 소탕전에 돌입했다.

다행스러운 일 하나는 전투가 개시되기 바로 직전에 조선의용군이 무기보다 귀중한 소금을 입수했다는 것이다. 봉쇄선을 판 사람들은 중국 인민이었다. 이들 대다수는 속으로 일본에 적개심을 품고 있었다. 밤을 이용해서 중국 인민과 함께 봉쇄선을 메우고, 일본 점령지에 있는 동지들이 준비한 소금 가마니를 몰래 운반했다. 일본군의 경계망을 피해가며 100근[19]이나 되는 소금 가마니를 어깨에

18 척관법의 길이단위이다. 현재 한국 · 일본에서는 약 30.3cm를 1자(尺)로 쓴다.

19 척관법에 의한 무게단위이다. 1근은 600g이다.

메고 7~80리[20]를 운반하는 것은 적개심과 굳은 의지에서 나오는 초인적인 힘이 아니면 불가능한 일이었다. 무정은 조선의용군에게 2만 5천 리 장정 때 북 가죽을 삶아 먹으며 싸운 이야기를 들려주었다. 조선의용군은 "우리의 지금 고생은 무정 장군의 그때 고생에 비하면 아무것도 아니다"라며 사기를 북돋웠다.

1942년 5월 반소탕전

일본군은 1942년 2월, 4만 명의 병력을 동원해서 공격했으나 3월 말로 1차 작전을 끝냈다. 다시 5월에는 20개 사단, 약 40만 명을 동원해 대대적인 공격을 감행했다. 이것을 일본군은 '5월 소탕'이라 하고, 반대로 팔로군과 조선의용군은 '5월 반소탕전'이라 불렀다. 당시는 연안 지대에 아시아 약소민족해방운동의 최고역량이 집결되어 있었다. 그래서 이 싸움은 '반파쇼전'의 성격을 띤 역사적 전투였다.

일본군대장 강촌은 처음부터 포위 작전을 펼쳤다. 2중 3중으로 포위하고, 전차와 비행기 등 우수한 무기로 차츰 포위망을 좁혀왔다. 태항산맥 마전 부근에는 팔로군과 의용군의 총사령부가 있었다. 이쪽은 팔로군, 조선의용군의 정치 간부와 비전투원인 그들 가족까지 포함해도 4~5천 명에 불과했다. 팔로군 총사령부의 명령에 따라 의용군은 일본군 6만 명을 떠맡았다. 팔로군과 조선의용군이 무기나 식량 준비에서 절대적인 열세였다. 어디로도 피해 나갈 방

---

20 척관법에 의한 거리단위이다. 1리는 약 400m이다.

도가 없어서 최후의 일전을 각오하는 절박한 상황이었다.

소탕전은 5월 초순에 시작되었고, 중순을 넘어 하순에 이를 즈음에는 적의 포위권이 '마전'까지 조여 왔다. 29일에는 총사령부가 일본군의 대포 사격권 내에 들어가게 되었다. 팔로군 · 의용군 간부가 전원 전사할 수도 있는 위급한 상황이었다. 총지휘는 의용군 사령관 박효삼이 맡았다. 무정 장군은 연안에 가고 없었기 때문이다.

조선의용군은 일본군이 점령한 양쪽 두 산을 탈취해야 했다. 그들의 임무는 전군이 탈출할 때까지 산봉우리를 사수하는 것이었다. 총지휘를 맡은 박효삼은 야간을 이용해 두 산을 기습 공격하기로 면밀한 작전을 짰다.

오랫동안 기아 상태에 있던 의용군의 체력은 좋지 않았다. 그러나 평소 원수와의 혈전을 고대해왔던 용사들의 사기는 하늘을 찔렀다. 조국 해방에 대한 정열로 적진을 향해 돌진했다. 일본군이 산 위에서 기관총을 내려보며 쏘았다. 젊은 용사들은 "조선독립 만세"를 외치며 한 명 두 명 쓰러져갔다. 그 뒤를 따르는 용사들은 동지의 시체를 넘어서 돌진의 걸음을 더욱 빨리했다.

전투 개시 5~6시간만에 의용군은 목적한 고지를 점령했다. 의용군이 양쪽 산봉우리를 차지하자 그 사이로 혈로가 뚫렸다. 팔로군 사령부에게 손가락 신호를 보내자 팔로군과 의용군의 중요 간부들이 캄캄한 산길을 걸어 포위망 밖으로 이동했다. 기동성을 자랑하는 그들인지라 3시간밖에 걸리지 않았다. 포위권 돌파 작전에 성공한 것은 의용군 덕분이었다. 그들은 두 산봉우리를 최후의 일병까지 사수하였다.

그 후에도 의용군은 작전대로 주력부대의 후미를 담당했다. 어느 지점까지는 퇴각하며 도망치는 흉내를 낸다. 하지만 적의 포위권 밖으로 벗어나면 자유자재로 군사행동을 펼쳤다. 그 결과, 적군을 역으로 포위하고 섬멸시키는 성과를 거둘 수 있었다. 이것이 의용군이 자랑하는 전술이었다, 의용군이 맡기로 한 일본군 6만여 명의 절반 이상을 섬멸했다. 결국 일본군 대장 강촌의 야망을 여지없이 꺾어놓은 것이다.

희생도 컸다. 팔로군 전방 참모장인 좌권이 전사하고, 화북청년연합회의 지도자 진광화(본명 김창화)와 밀양 출신 지도자 윤세주 등 우수한 간부가 전사하였다.[21] 윤세주는 총상을 입은 상태에서도 진광화의 안위를 더 걱정하였다. 결국 그도 과다출혈로 순국하였다.

그해 7월에 조선의용군 합동장례식이 열렸고, 9월 18일에는 조선의용군 합동추도식이 거행되었다. 중국인들은 영웅적인 전투를 펼친 조선의용군의 희생에 존경과 추모의 예를 다했다. 추도식에서 먼저 팔로군 총사령관 주덕(朱德)의 추도사가 낭독되었다.[22]

> "자유를 위하여 희생된 투사들의 생명은 영원할 것이다.
>
> 그들의 전투 정신은 자유를 쟁취하기 위하여 싸우는 중국과 조선 국민들의 마음속에 살아 있을 것이다. 그들이 몸 바쳐 싸운 위업은 더 많은 투사들에 의하여 계승 완수될 것이다.
>
> 우리들은 조선의 우수한 투사들의 희생을 몹시 애석히 여긴다. 그러나 여명은 오래지 않아서 다가올 것이다. 우리들은 조선의 혁

---

21 『신천지』 2호(1946년 3월호) 삼일절 기념 「독립동맹 특집」에 실린 독립동맹, 피의 투쟁사 중.

22 『신화일보』, 1942년 9월 24일.

명 동지들이 화북의 우리 군민과 긴밀히 단합하여 화북의 20만 조선 인민과 널리 단결하여 오래지 않은 긴 밤의 어둠을 물리치고 올 여명의 서광을 맞이하기 위하여 굳게 손잡고 용감히 적들을 무찌르고 전진하기를 희망한다."(주덕, 「자유를 위한 죽음은 길이 빛나리라–조선의용군의 희생된 동지를 추모하여」)

태항산에서 숨을 거둔 조선 독립운동가들은 중국인들까지 감동시켰다. 그들의 장례식이 장중하게 치러졌음을 알 수 있는 기사가 있다.[23]

"태항의 군민, 제 열사들의 장례식 거행.

대회장에는 '복수, 복수, 복수' 구호 소리 천지를 진감.

본 구의 각계 인사들은 쌍십절 31주년 기념일에 좌권 장군과 조선의용군 혁명 열사들의 장례식이 거행하였다.

(…) 동부 총참모장이 장례식에 참가하나 5,000여 명의 군민으로 이룬 조객들을 지휘하였다. 장례에는 나주임, 유사장, 정부의 양 주석, 조선의용군 대표들이 참가하였다."

이 사건으로 중국공산당이 조선 청년들의 용맹함을 새롭게 인식하게 되었다. 의용대원 문정일의 증언에 따르면 이 사건을 계기로 모택동이 조선인은 용감하니 입당 제한 조치를 풀어야 한다는 건의를 받아들였다고 한다.

태항산 조선의용군열사기념관 내에는 조선의용군의 김창화(당시

23 『신화일보』, 1942년 10월 12일.

이름 진광화), 석정 윤세주, 호유백, 한계도, 문명철, 장문해 등 10여 명의 용사가 안장되어 있다. 지금도 태항산에는 의용군들이 우리말로 쓴 글귀가 선명하게 남아 있다. 그들의 용맹함을 기억하기 위해 중국인들이 덧칠하고 또 덧칠했기 때문이다.

> "왜놈의 상관을 쏴 죽이고 총을 메고 팔로군으로 오시오."
> "동포를 쏘지 말고 정녕 쏘려거든 하늘을 향해 쏘라."

조선의용군의 선전사업[24]

1942년 7월 태항산에서 〈독립동맹〉이 탄생하였다. 화북청년연합회의 2차 대회에서 '화북조선청년연합회'는 〈화북 조선독립동맹〉으로, 그 대회 직후 '조선의용대 화북지대'는 독립동맹 산하 무장조직인 〈조선의용군 화북지대〉로 개편되었다. 독립동맹의 주석은 그해 4월 중경을 떠나 연안에 온 김두봉이 추대되었고, 의용군 지대장은 박효삼이 맡았다. 팔로군 근거지에 들어간 의용대원들이 모두 독립동맹에 가입하고 의용군으로 재편된 것이다.

곧이어 11월에는 조선혁명간부군정학교가 개설되었다. 여기서 신입 대원은 초보적인 훈련을, 고참 대원은 더 높은 정치교육을 받았다. 독립동맹 총본부와 군정학교가 1943년 말 연안으로 이동할 때까지 이 학교는 대원들의 의식교육에 중추적 역할을 했다. 독립동

---

24 김학철, 「조선의용군」, 이정식 · 한홍구 엮음, 『항전별곡-조선독립동맹 자료1』, 거름, 1986.

맹과 의용군은 별도의 단체가 아니었다. 독립동맹이 정치조직이라면 의용군은 무장조직이었다. 무장조직은 정치조직의 지도를 받는다는 원칙에 따라 체계를 세웠다. 그래서 독립동맹원은 동시에 의용군 대원이었다. 그리고 군정학교 교관과 학생을 제외한 대부분의 의용군은 팔로군에 배속되었다.

조선의용군 대원들은 다양한 항일이력을 가진 지식인이자 우수한 역량의 군사 간부들이었다. 그런 만큼 그들의 선전방식도 기발하고 창의성이 넘쳐났다. '종이 비행기' 띄우는 것은 연을 날려 적진에 선전 전단을 뿌리는 방식을 의미했다. 연을 크게 만들어 연 꼬리에 전단 두루마리를 노끈으로 묶고, 그 매듭에는 나팔과 향불을 매단다. 적 방향으로 바람 불 때 연을 올리면, 나팔이 울부짖고 노끈이 끊어지면서 삐라 뭉치가 터진다. 그러면서 여러 색깔의 종이들이 꽃보라처럼 휘날린다. 적의 진지에서는 그 삐라를 서로 줍느라 난리가 난다.

선전은 적들과 가까운 위치에서 더 효과적이었다. 대원들은 일본군 토치카(진지)에서 50, 60미터밖에 떨어지지 않은 곳까지 진출했다. 이때 사용되는 전술이 함화전(喊話戰)이다. 마음을 공격하고 움직이게 하여 사상와해공작을 펼치는 것이다. 고요한 밤에 의용군으로 넘어온 일본인이 구슬프게 유행가를 부른다. 그리고 일본말로 자기 고향을 소개하며 일본 병사들에게는 "누구를 위해 전쟁을 하느냐?"고 묻는다.

처음에는 아무 데나 총질하며 선전 방해만 하던 일본 병사들이 나중에는 욕이라도 하며 응대하게 된다. 이러면 함화할 조건이 갖추어진 것이다. 한동안 지나면 '벗'이 되어 적병들과 일상적인 대화를 주고받게 된다. 적의 코앞에서 양철 메가폰으로 하는 함화공작은 언제 총알이 날아올지 모르는 위험한 작업이었다. 전쟁 반대 구호를 매일같이 외치거나, 고향집 부모처자를 그리워하는 일본 병사를 흰 헝겊에 그려서 나무 꼭대기에 걸어놓기도 하였다.

조선의용군은 일본군 내에 있는 조선 병사들에게 각별히 신경 썼다. 일본은 1938년부터 특별지원병제도를 실시해서, 조선 · 일본 · 만주에 있는 조선 학생들을 모두 '지원병'으로 모아들였다. 명목만 지원일 뿐 철저한 강제 징집이었고, 조선인을 전쟁터 총알받이로 앞세우는 술책이었다. 의용군은 조선 학병을 겨냥해 "조선말을 사용하게 하라"고 선전하면서, 적을 위해 억지로 총을 든 병사들을 각성시켰다. 선전 효과가 좋아 학도병과 징병, 군속들이 혼자 또는 여럿이 함께 탈출하여 의용군에 합류하는 사례가 줄을 이었다.

조선의용군은 중국 주민들과의 관계도 매우 좋았다. 글을 가르치고, 일제가 조선을 병탄한 실례를 들어 교육하며, 중국인들의 항일 정서를 북돋아주었다. 그들의 곤란한 문제도 해결해주었지만, 의용군 역시 중국인으로부터 많은 도움을 받았다.

독립동맹원의 생활

독립동맹 또는 조선의용군의 투쟁에는 팔로군의 원조가 큰 힘이 되었으나, 가능하면 자급자족을 목표로 하는 원칙이 있었다. 계급 상하 구별 없이 누구든 노동할 의무가 부과되었다. 연안 일대는 원래 풀이나 나무도 안 나는 척박한 산악지대였다. 여기를 개간하여 작물을 심어 먹기 위해서는 많은 노동력이 필요했다. 의용군 애송이로 태항산 근거지에 들어온 지 1년도 안 되던 리섭의 증언이다.[25] 일본군과 싸우자고 여기까지 온 그에게 전투에 나가는 대신 옷 공장을 만들라는 지시가 떨어졌다. 자연히 불평불만이 튀어나왔다. 그러자 무정이 말했다.

"리섭 동무! 동무가 보다시피 지금 중국 인민은 겨로 된 떡을 먹으면서 우리에게 먹을 것과 입을 것을 공급해 주고 있소. 우리는 자기의 조국을 일본 침략자에게 빼앗기고 수천 리 타국에 와서 중국 인민의 신세를 지고 있소. 그러니 우리는 될 수 있는 대로 자력갱생해서 그들의 부담을 다소라도 들어주어야 하지 않겠소? 그래서 '대중병원'과 '3.1상점'을 우리 손으로 꾸린 것이오. 이번에 방직 공장을 하나 꾸려서 우리들의 군복을 다소라도 해결하고자 그러오."

리섭은 무정의 조리 있는 말에 더는 떼를 쓸 수가 없었지만, 다시 이렇게 항변했다.

"방직 공장을 꾸리는 건 좋은 일이지만, 방직기가 어떻게 생긴 줄도 모르는 제가 어떻게 감당할 수 있겠습니까?"

"동무는 그전에 혁명을 배운 일이 있었소? 혁명같이 큰일도 하면서 배우는 데 조그마한 베틀인 방직기와 물레를 만드는 것이 뭐 그

25 안재성, 『잃어버린 한국 현대사』, 인문서원, 2015, 202쪽.

리 어려운 일이겠소?"(라)고 무정은 답했다.

최고 지도자가 애송이 대원에까지 성심으로 대해주는 민주주의 풍토가 의용군의 자발성을 자극했다.

조선의용군은 중국 곳곳에 흩어져 분맹으로 활동하였다. 그러나 본부가 있는 태항산 일대로 모여드는 숫자가 점점 늘어나서 식량 구하는 일이 쉽지 않았다. 대원 200~300명 중 여성이 40여 명이었다. 길이 수백 리에 이르는 태항산 협곡의 양쪽 험준한 절벽에 밭을 만들어 옥수수와 감자를 심고 채소를 기르는 것이 대원들의 중요한 일과였다. 남성 대원들은 돌밭을 매고, 여성 대원들은 도라지며 산나물을 캐고 밤과 도토리를 주웠다.

해방 1주년을 맞아 펴낸 『반일투사 연설집』에 수록된 무정의 연설이다.

> "우리는 도토리 한 알을 주머니에 집어넣는 것이 즉 우리의 적을 소멸하는 힘이 한 알 분량이 증가됨으로 알았다. 도라지 한 뿌리를 캐서 바구니에 넣으면 일본 제국주의를 반항할 힘이 한 뿌리 분량이 증가됨으로 알았다.
>
> 고로 작년 봄에 양식 곤란이 우리를 포위하고 산면에서 들어온 왜적이 우리를 토벌하던 환경에 우리는 이 도라지와 도토리의 덕을 보았다."

여성 조선의용군 생활

김명시와 인터뷰한 노천명의 글을 통해서도 여성 조선의용군의 생활을 엿볼 수 있다.

"제일선 적구 부대란 가장 위험한 구역이다.

언제나 목숨을 노리는 스파이가 총을 가지고 뒤를 따르는 곳이다. 그러나 남아에게 지지 않는 여사는 언제나 남자 군인들과 똑같은 행동을 하는 것이었다. 나가서 총칼을 들고 싸움을 할 때는 같이 나가 싸움을 하고 군대 숙소로 돌아오면 또 남자들과 같이 산에 올라가 여자 군인들과 더불어 나무를 해오고 하는 것이었다.

여자부대는 언제나 김명시 장군이 지휘를 하게 되었다.

병사(兵舍)에 돌아와 나무들을 해 오는데 군인들이 해오는 나무는 일정한 중량이 있어 반드시 달아 보았다. 그래서 중량이 넘는 나머지 나무는 동리 민가에다 갖다 때라고 주는데 여자 군인들이 해오는 나뭇짐은 의례히 남자들의 것보다 나뭇단이 적어 보인다. 그러나 달아 보면 여자들 것이 중량이 많이 나가는 것이었다. 즉 여자들은 차근차근해서 꼭꼭 재기 때문에 보기에는 적어도 실은 많은 것이었다. 그래서 여성이라고 해서 무슨 핸디캡을 갖는 것은 군대 생활에서 도무지 있을 수 없는 것이다."[26]

남자와 다름없이 총을 들고 싸웠고 전투에서 돌아오면 남자들과 같이 산에 올라가 나무를 했던 여성 의용군에게, 여자로서의 특혜

26 노천명, 「팔로군에 종군했던 김명시 여장군의 반생기」, 『신천지』 1946년 3월호.

는 물론 차별도 있을 수 없었다. 인터뷰 기사에 나와 있듯이 오히려 차근차근한 여성의 강점이 부각되었다. 시대를 앞선 남녀평등의 역사가 일제강점기 치열한 전선에서 먼저 이뤄진 것이다.

김명시가 한 적후 공작에 대해 조선의용군 대원이던 안화응의 증언이 있다. 안화응은 당시 일본군 점령지인 천진의 한 농장에서 일하고 있었다. 그는 1945년 봄, 집에 찾아온 아버지 손님이 김명시와 함께 일하는 분이라는 말을 듣고 무척 반가웠다. 아버지 안병진은 김명시와 동방노력자공산대학 동기로서, 역시 일제하에서 10년 동안 감옥살이한 독립운동가였다.

> "김명시 아주머니는 우리 집에 자주 다녔고 나를 무척 사랑해주시었다.
>
> 나는 그가 북평에서 무슨 일을 하고 계시는지 모르나 이전에 아버지와 같이 모스크바 동방대학에서 공부한 적이 있고 후에는 신의주에서 진보적 청년 학생들에게 혁명적 이론을 선전하여 많은 청년학생들에게서 '여장군'이라고 불렀다는 것을 들어온 터여서 그와 같이 일하신다는 그 중년 사나이에게도 자연히 친근한 감이 들었다.
>
> 식사 후 중년 사나이는 직장생활에 대해 묻고 농장경비원은 몇 명이며 총은 몇 자루나 되며 경비는 어떻게 하고 독신 숙사에 유숙하는 사람은 몇 명이나 되는가 일련의 문제를 꼬치꼬치 물었다."[27]

---

27 안화응, 『광활한 중국의 대지 우에』. 안화응의 아버지는 안병진으로 고려공청 선전부장을 했던 인물이다 김명시와는 모스크바 동방노력자공산대학 동기로서 10년이나 감옥살이를 했다. 큰아버지 안병찬도 상해 임시정부 법무차장이자 고려공산당 중앙위원이었는데 소련에서 백위군에게 살해당하는 인물이다.

얼마 후 조선의용군이 농장을 습격해서 거기 일하고 있던 안화웅을 짐꾼으로 징발했다. 처음에는 마적인 줄 알았는데, 곧 조선의 독립군임을 알고 그도 자진해서 의용군에 입대했다. 전에 아버지 손님으로 왔던 사람은 적구 공작원 현파였고, 그가 농장 공격 계획을 세울 때 안화웅이 알려준 정보를 참고했다는 사실을 나중에야 알았다.

"후에 알게 된 일이지만 현파 동지는 적의 침략 지휘 중심인 천진과 북평을 재치있게 드나들면서 조선독립동맹 북평 지하공작 책임자 김명시 아주머니와 천진 책임자인 아버지하고 연계를 취하는 한편 전선에서 싸우는 팔로군 작전부대를 도와서 많은 정찰 활동을 한 조선의용군의 노련하고 충직한 적구 공작원이었다."

적구 공작을 통한 의용군의 확대[28]

태평양전쟁에서 수세로 몰린 일본은 1943년 말부터 중국 각지의 정예부대를 남중국과 태평양 방면으로 차출하였다. 자연히 화북에 있던 팔로군에 대한 일본군의 압박이 약해졌다. 반면 팔로군세력은 점차 증가하여 1944년 무렵에는 정규군 47만, 민병 200만 명까지 되었다. 팔로군이 일본군에 대한 공세를 강화하자, 의용군은 태항산 근거지에서 나와 적 점령지로 깊숙이 들어가 선전, 조직사업을

28 염인호, 「조선의용군」, 『역사비평』 1994 가을호, 역사문제연구소, 184쪽.

하기 시작했다.

조선인들은 화북의 도시지역에 많이 살았다. 북평, 천진 일대에 10만, 석가장 부근에 3만 등 20만 명의 조선인이 있었다. 1944년 2월경 독립동맹 간부를 포함한 12명으로 '적구 공작반'[29]이 조직되었다. 이들은 조선인이 많이 사는 도시와 농촌지역으로 나뉘어 파견되었다. 여기서 분맹 조직을 점검하고, 사업을 지원했다. 무엇보다 중요한 일은 적 후방에서 활동가를 찾고 양성하는 사업이었다. 여기서 발굴된 공작원을 다시 진찰기, 진기예, 태항 3개 지구로 나누어 파견했다.

적구 공작 책임자 무정의 팔로군 총사령부 보고(1945년 5월)에 따르면, 1944년 9월 북평분맹이 결성되었는데 이것은 4개 소조로 이루어졌고, 그 주위에 진보 군중 300여 명이 영향을 받았다. 소조원들은 독립동맹의 비밀교육을 받았다. 그리고 1945년 1월에는 천진분맹, 1945년 4월에는 석가장분맹이 결성되었는데, 그 책임자가 김명시였다.[30]

농촌사업도 활발했다. 팔로군 지방 정부의 협조 아래 유격구에서 군중대회, 좌담회를 열었고, 팔로군 근거지 부근에 있는 시장 등을 활용해서 조선이 처한 상황과 팔로군과 의용군의 항일투쟁을 알림으로써 중국인의 항일애국심을 고취시켰다. 조선 · 중국 양쪽을 이간질하려는 일제의 책략을 이해시켰다. 중국인이 조선인을 살해하거나 핍박해서는 안 된다고 설득했다. 농장의 조선인 고용자들에게는 팔로군은 결코 조선인을 살해하지 않으며, 조선의 독립을 돕는

29 적의 점령지역으로 들어가 선전과 조직을 하는 단위이다.

30 이정식 · 한홍구 엮음, 『항전별곡-조선독립동맹 자료1』(거름, 1986) 참조.

지원군임을 강조했다. 우호적인 농민들이 하나둘씩 늘어나면서 스스로 농장 내에서 발생하는 상황을 의용군에게 알려주고 상의하는 사람이 생기기 시작했다.

이런 활발한 활동으로 해방 당시 의용군의 수가 2천 명에 이르렀다는 기록[31]도 있다. 인원수가 늘고, 일제 패망이 가까워지면서 의용군은 점차 정규군으로 편성되어갔다. 팔로군 야전정치부가 1945년 4월 18일 작성한 문서[32]는 각처에 흩어진 독립동맹, 의용군 성원들을 팔로군 내로 끌어들여 정규 편제할 것을 지시하고 있다. 이에 따라 의용군이 점차 집결되어 무정(사령관), 박일우(정치위원 겸 부사령관), 박효삼(참모장 겸 부사령관)이 지휘하는 조선의용군 사령부가 구성되었다.[33]

최후의 일각까지

1942년 미드웨이 해전에서 미국이 승리하고, 다음 해 소련이 스탈린그라드 공방전에서 승리하자, 조선독립이 바로 눈앞에 보였다. 1943년 12월 1일 미 · 소 · 영 · 중 4개국이 발표한 카이로회담 결과에는 조선인들의 노예 상태에 주목해 '적절한 시기에' 독립과 자유를 회복시키겠다는 내용이 들어 있었다.

31 김홍일, 『대륙의 분노 - 노병의 회상기』, 문조사, 1972.

32 「발자취 자료」 8-32호 1항.

33 무정이 1942년 조선의용군 개편 때부터 사령관이었다는 주장이 있으나 이는 잘못된 것이며 사령부 구성은 1945년 4월 말에서 8월 15일 사이에 이루어졌음이 틀림없다.

상해 임시정부와 각별한 관계였던 장개석의 요구로 조선독립 문제가 안건으로 올라왔다. 아쉽게도 당시 식민지를 거느리던 영국과 미국의 태도가 미온적이어서 '조속한 시기'가 아닌 '적절한 시기'로 수정되었다. 하지만 당시 수많은 식민지 나라 가운데 강대국들의 합의로 독립이 보증된 나라는 조선뿐이었다.

일제 패망과 조선독립이 목전에 왔으나 전선은 여전히 위험했다. 일본군의 마지막 발악이 극악했고, 팔로군과도 계속 격렬하게 전투하고 있었다. 노천명이 쓴 인터뷰 기사에 일본 항복 전후의 전선 상황이 묘사되어 있다.

"일본군이 임종에 가까워갈 때 최후의 발악은 더욱 심하였다. 따라서 왜군과 팔로군의 싸움은 상당히 격렬해졌다. 그럼에도 최후까지 여사는 총칼의 위험을 무릅쓰고 남자들 틈에 끼어 갖은 모험을 다해가며 맹렬히 싸웠던 것이다. 숱한 학병들과 동무들을 연안으로 연락해 보내며 일방 전투를 하는 것이었다. 위험한 경계선을 거듭 넘으며 팔로군과 일본군의 맹렬한 접전이 전개되었었는데 이때 일군이 항복하였다는 쾌보가 들어와 싸움을 정지하게 되었다.

그러자 일군 중에는 돈을 받고 얼마든지 저들이 쓰던 무기를 내주는 자들을 보게 되었다. 여사는 이 기회에 일본 군인들에게서 숱한 무기를 입수하게 되었었다. 그러나 산더미같이 뺏어온 무기를 나르는 것이 큰일이었다. 싸움은 정지되었으나 무장해제는 아직 안 되어 만일에 일본군의 무기를 나르는 것을 알기만 한다면 일초의 여유도 없이 단말마에 올라 살기가 등천해 있는 일본 헌병에게 목이 달아나는 판국이었기 때문이다. 이 아슬아슬한 사선을 몇 번을 왔다 갔다 하면서 무기를 나르는 모험을 감행한 것이 우리의 용감한 여장군 김명시 여사였다.

그러자 조선의용군은 조선으로 나가라는 팔로군 사령장관 주덕 장군의 명령이 있어 10월 20일 봉천에 총집합을 하였다. 전지(戰地)에서 조밥만 먹다가 봉천 와서 갑자기 하-얀 쌀밥을 대하니 심심해서 맛이 없었다고 한다."

독립동맹과 조선의용군의 자료집인 『항전별곡』 서문에서 한홍구 교수는 이렇게 안타까워했다.[34]

"해방을 맞이하는 민족해방운동 세력 중 1940년대에 들어서서 일본이 항복할 때까지 일선에서 치열하게 항일무장투쟁을 계속한 것은 연안파로 알려진 조선독립동맹 휘하의 조선의용군이 유일했기 때문이다. 만주에서 항일빨치산을 하던 김일성 부대는 1941년을 기하여 소련 영토인 시베리아로 피난을 하였고, 중국 오지의 국민당 지역에 한국광복군이 조직되었으나 아직 훈련단계에 있으므로 별 성과를 거두지 못했다. 독립동맹은 일본 제국주의 침략전쟁이 확대되는 악조건 속에서도 그 최전선에서 항일투쟁을 전개했음에도 제대로 남과 북 양쪽에서 제대로 평가받아오지 못한 것은 우리 불행한 역사의 단편이라 하지 않을 수 없다."

---

34 한홍구, 「서문」, 이정식 · 한홍구 엮음, 『항전별곡 – 조선독립동맹 자료1』, 거름, 1986.

4장

해방 후 김명시 장군의 행적

1945년 해방 ~ 1947년 해방 2주기 기념일

태항산에서 해방을 맞이하다[1]

1945년 4월 30일 히틀러가 자살하자 나치 독일은 5월 7일 항복을 선언했다. 그러나 일본은 1억 옥쇄를 결의하며 패망 직전까지 끈질기게 저항했다. 일본 패망은 확실했지만 항복할 기미는 보이지 않는 답답한 상황이었다.

당시 조선독립동맹은 국치일인 8월 29일을 맞추어 연안에서 '조선독립동맹 제3차대회'를 개최하기로 한다. 이 대회에서 날로 급변하는 국제정세에 따라 올바른 독립노선과 방침을 결정하고, 임시정부와도 손을 잡아 항일전선을 확대 · 강화하자고 결의할 예정이었다.

또한 대회에서 조선의용군과 광복군이 힘을 합쳐 국내로 진공할 구체적 결의까지 이끌 작정이었다. 중국 각지의 조선독립동맹 분맹 대표자들이 속속들이 모여들고 임시정부 국무위원인 장건상[2]도 연

---

1 「해외투쟁의 혈극사-중국에서 환국한 여장군 김명시와 그의 독립투쟁사(1), (2)」, (1946년 7월 17일, 24일 『국민보』) 기사 참고.

2 장건상(1882~1974): 1945년 4월 임시정부 각주 김구(金九)의 밀명을 받고 화북지역에 주둔중인 조선독립동맹과의 합동전선 구축을 위한 대표자로 선출되어 조선독립동맹이 주둔하던 연안(延安)에 파견되었다. 경북 칠곡에서 태어났지만 부산에서 성장한 장건상은 경남 동래군 출신이라 전부터 알고 지내던 독립동맹 위원장 김두봉, 동맹 지도자 무정, 최창익 등과 면담하고, 김두봉 등에게 모든 해외의 독립운동세력이 대표자를 선정, 중경에 모여 연합전선 구축에 관해 협의할 것을 제의했다. 김두봉도 이에 찬성하여, 중경으로 떠날 것을 약속하는 등 조선독립동맹 측 요인들과 좌우합작에 대한 합의점을 도출하게 되었다. 장건상은 해방 후 자서전에서 좌우

안으로 오고 있었다. 그는 연안에서 해방을 맞이했다.

1945년 7월 10일 '천진 지부 책임자'이던 김명시도 대회 참석을 위해 몇몇 동지들과 함께 연안으로 출발했다. 김명시 일행이 대회 50일이나 전에 출발한 것은 그 길이 얼마나 위험하고 험난했는지를 말해준다. 일본군 점령지를 은밀하게 통과하고, 때로는 치열한 전투가 벌어지는 전장에서 적을 만나야 했다. 자칫하면 일본군이 파놓은 봉쇄선에 빠질 수도 있었다. 봉쇄선 위에는 위장하는 풀잎 같은 것이 덮여 있었는데, 한번 떨어지면 살아 오기 어려웠다. 이런 사정 때문에 길을 잘 아는 팔로군의 안내를 받아 밤을 낮 삼아 걸어야 했다.

8월 10일경 태원 산중에서 팔로군과 일본군이 치열한 전투를 벌이고 있었다. 김명시 일행은 행군을 중지하고 가까운 민가에 잠시 대피했다. 당시 그 지역 팔로군은 일본군에 격추당한 미군 조종사를 보호하고 있었다. 미군 병사의 무선으로 일본이 항복했다는 소식이 전해졌다. 김명시는 나중에 "이때 감개무량해 가슴이 울렁거리며 그저 울음뿐이었다"[3]고 말했다.

합작 합의를 이끌었을 때의 감격을 기록했다. 그러나 일본의 급작스러운 항복 소식을 연안에서 듣게 되었다.

3 『국민보』, 1946년 7월 17일. 부녀총동맹 회의록을 발췌한 자료를 기사화했다.

조선의용군 봉천 집결

일본의 항복으로 '독립동맹 3차대회'가 돌연 취소되면서 연안으로 향하던 대표들은 다시 돌아서 봉천으로 집결하라는 명령을 받았다. 11월 3일에서야 조선의용군 선발대는 7,000리 멀고 먼 길을 걸어 봉천 집결을 마칠 수 있었다. 또다시 두 달 넘는 행군이었다.

곳곳에 아직 무장해제되지 않은 일본군과 싸우면서 행군하는 도중, 일본군에 징집된 조선 병사들을 끌어들여 대열에 합류시켰다. 러시아 혁명 기념일인 11월 7일에는 봉천에서 김명시와 조선의용

1945년 9월 초, 연안에서 조선으로 출발하기 전 조선의용군[4]

4 1945년 9월 연안을 떠나기 전 조선혁명군정학교 전체 학생들이 모여 찍은 사진이다. 사진을 분석한 평화경제연구소 소장 정창현 교수는 앞줄 오른쪽 네 번째, 아이를 안고 있는 여성을 김명시로 추정했다.

군이 소련군과 함께 참여하는 합동 열병식이 열렸다. 오랜 행군으로 피로에 지친 일부를 제외하고는 6,000여 명의 조선의용군 전원이 완전무장하고 당당하게 참가했다. 팔로군 군복을 입은 여성 전사 100여 명도 여기에 있었고, 구경 온 봉천 동포들도 조선의용군의 뒤를 따라 행진했다. 당시 상황을 김명시는 이렇게 말했다.

> "해외 수십 년 혁명 생활에서 해방된 고국을 눈앞에 두고 이 관병식에 참가한 우리의 감개도 컸지마는, 봉천에 있던 동포들은 조선에도 이 같은 씩씩한 군대가 있어서 조국의 해방을 위하여 그 악독한 일본과 싸웠구나 하는 감격에 울지 않는 사람이 없었다."[5]

조밥만 먹다가 봉천에서 쌀밥을 먹으니 싱거웠다는 말도 덧붙였다. 봉천 동포들은 빈곤한 살림에도 악독한 일본군과 싸우느라 고생한 조선의용군에게 쌀밥을 지어 대접했다. 모두 해방의 감격에 홍겨웠다. 그리고 조선의용군은 '국제정세를 감안해서 군복을 편의복(평상복)으로 갈아입었고', 독립동맹과 의용군 간부들은 안동[6]에 체류하며 국내외 정세를 파악해 독립노선을 논의했다고 한다. 말이 편의복으로 갈아입었다는 것이지, 무장한 상태로는 국내 귀국이 허락되지 않았다.

---

5 「해외투쟁의 혈극사-중국에서 환국한 여장군 김명시와 그의 독립투쟁사(2)」, 『국민보』, 1946년 7월 24일.

6 지금의 단동시, 압록강과 황해를 통해 신의주시와 접해 있다.

조선의용군 선견종대

일본 제국주의 잔재를 철저히 소멸하자!

기만과 공포, 압박과 박해로 우리 민족의 자유와 문화 생명과 재산을 빼앗은 원수 일본 제국주의를 철저히 소멸하자!

반대

기회주의! 자유주의! 영웅주의! 관료주의! 개인주의! 형식주의!

지위와 명예를 탐내고 자기 특권을 행세하며

모든 일을 보기 좋게 꾸며 놓고 실상은 인민을 위하여

아무 노력도 하지 않는 것

군중 앞에서는 아첨을 대고 돌아서면 자기 뱃속을 채우려는

사상을 끝내버리자!

그리고 일절 제국주의의 침략할 틈을 주지 말자!

전 조선민족은 단결하자!

의용군은 조선민족의 자제병!

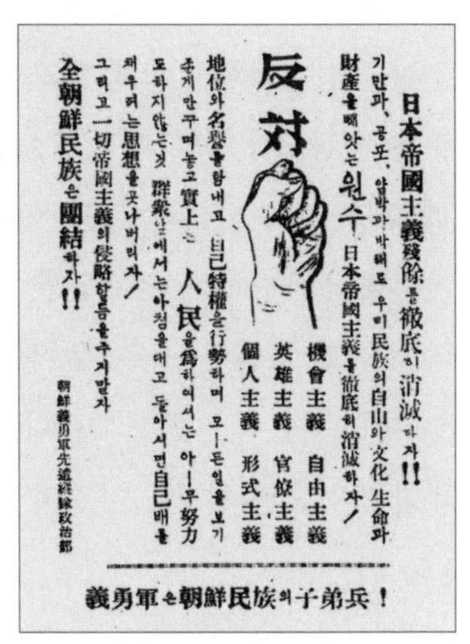

日本帝國主義殘除를徹底히消滅하자!!

기만과、공포、압박과박해로 우리民族의自由와文化生命과

財産을빼앗는원수 日本帝國主義를徹底히消滅하자!

反対

機會主義 自由主義

英雄主義 官僚主義

個人主義 形式主義

地位와名譽를탐내고 自己特權을行勢하며 모ㅡ든일을보기

좋게만꾸며놓고實上은 人民을爲하여서는 아ㅡ무努力

도하지않는것 群衆앞에서는아첨을대고 돌아서면自己배를

채우려는思想을끗나버리자!

그리고一切帝國主義의侵略할틈을주지말자

全朝鮮民族은團結하자!!

朝鮮義勇軍先遣縱隊政治部

義勇軍은朝鮮民族의子弟兵!

1945년 10월 조선의용군 선견종대 정치부 전단지

조선의용군은 조선민족의 아들딸이자 형제라고 명시했다. 이 전단은 1945년 10월 압록강 다리를 건너 군악대를 앞세우고 신의주로 들어간 〈조선의용군 선견종대〉가 뿌린 전단이다. 의용군 본부대가 도착하기 직전이지만 이역만리에서 조국의 해방만 바라

보고 싸웠던 김명시의 심정도 이와 다르지 않았을 것이다. 김명시도 1945년 12월 귀국한 뒤 제일성이 "친일 민족반역자를 제외한 조선 민중은 한 뭉치로 뭉치자"고 호소했다.

일제 항복 직후 조선국경에 가장 가까운 심양에서는 〈항일전쟁 승리 경축대회〉가 개최되었다. 그 자리에서 조선의용군을 선전하자, 사흘도 못 되어 100여 명의 청년들이 모여들었다. 그 청년들로 8월 18일 조선의용군 독립지대를 만들었다. 1944년부터 지하공작 활동을 해온 한청이 지대장이었다. 한편 주연이 이끄는 100여 명의 조선의용군 기열료(冀熱遼)[7]부대도 9월 중순에 심양에 도착했다. 한청의 독립지대와 주연의 선견대는 합병하여 조선의용군 선견종대로 개편하였다.

이 부대는 무장한 1,400여 명이 12개 중대로 편성되어 있었다. 의용군 선견종대는 심양을 떠나 안동에 도착한 후, 소련군 요청으로 군악대를 앞세우고 압록강 다리 건너 신의주로 들어갔다. 그러나 소련군 상부에서는 국제 간의 약속(포츠담 조약)을 이유로 부대의 철수를 명령했다. 한청이 평양으로 찾아가 소련군과 함께 온 김일성과 회담도 하였으나, 소련군의 입장이 완강하여 심양으로 물러나 안동에서 체류했다. 소련군은 국제 간 약속을 철수 명분을 삼았으나 대규모 조선의용군이 들어와 정국 주도권을 장악할지 모른다는 우려가 크게 작용했을 것이다. 미군정에 의해 무장해제 상태로 귀국한 광복군의 처지와 다르지 않았다.

---

7 허베이, 열하, 요동지역을 말한다.

고국으로 돌아가지 못한 조선의용군

연안 항일군정대학에 집결했던 의용군들도 9월에야 출발해 10월 말 심양에 도착했다. 태항산 군정학교에 속한 의용군부대도 비슷한 시기 금주를 거쳐 심양에 들어왔다. 산동과 화중의 의용군 및 왕자인이 이끄는 연안의 2진부대들도 이보다 늦게 동북에 당도했다.

의용군은 11월이 되자 더는 심양 시내에 들어오지 못하고, 서쪽 교외 고력툰 일대의 조선인 마을에 나누어 주둔하였다. 11월 중순에는 고력툰의 조선인 소학교에서 조선의용군 전체대회가 개최되었다. 의용군 총사령관 무정은 조국으로 돌아가지 못하는 국제정세를 이렇게 설명했다.

> "지금 동북에는 일제에 반대해 싸운 분도 있고, 일제의 압박을 피해 동북에 와서 사는 조선인들이 많다. 일제는 무너졌지만 지방 토비들과 만주국의 경찰들이 동북 조선 인민들을 괴롭히고 있다. 이런 사람들을 묶어 세우고 쟁취해서 조선의 건설역량을 확대해야 한다. 그래서 일부는 조선으로 먼저 나가지만, 그 외 3개 지대를 조직해 조선 동포들이 있는 동만, 남만, 북만으로 3개 지대를 파견해 거기 인민들과 단합해 새로운 역량을 조직, 새로운 조선을 건설하는 데 이바지하자"고 호소했다.

연설을 듣는 의용군들의 얼굴에 실망의 빛이 역력했다. 병사들은 하루 빨리 개선장군처럼 해방된 고국으로 돌아가고 싶었다. 개인적으로 대열을 이탈해서 조선으로 들어가는 사람들이 생겼다. 그러나 팔로군과 함께 국제노선에 입각해 오랫동안 반파쇼투쟁을 해왔던 병사 대부분은 일정 기간 지나면 돌아간다는 간부들의 호소에 마음을 달래며 조직의 결정에 따랐다.[8]

통계에 의하면 중국 내 조선인은 이미 만주사변 전에 약 120만 명이었다. 이후 급증하여 1938년 155만 명, 해방 당시는 200만 명을 넘어섰다. 일제하 재만 조선인 절대다수는 농민, 그중에서도 소작빈농이었다. 중국인 지주나 일제의 침략기구인 동양척식회사의 땅을 빌려 농사짓다가 사회주의 혁명을 경험한 사람들이었다. 하지만 만주국 건립 후에 조선인이 소위 2등국민 대우를 받으면서, 정부 관리나 군대 장교로 진출하는 경우가 늘었다. 해방 당시 만주에 있던 조선인 상층에 친일파가 적지 않았던 것도 사실이다.

일제가 패망하자 민족편견을 가진 일부 중국인들이 일본 앞잡이 조선인은 너희 나라로 돌아가라고 윽박지르고, 분위기에 편승한 도적들이 조선 마을을 습격하거나, 추수 앞둔 논에서 곡식을 마구 베어가기도 했다. 단결력이 강한 마을에서는 청년들이 자위단을 결성했으나, 사람이 적은 지역의 조선인들은 속수무책 당할 수밖에 없었다.

여기다 일제 패망과 함께 시작된 중국국민당과 공산당의 내전은 조선인의 처지를 더욱 궁지로 몰아넣었다. 이중 삼중으로 어려운 조선 동포들에게 조선의용군의 조직된 힘이 절실히 필요했다. 이때 중국에 머물렀던 조선의용군이 나중에 한국전쟁에 참전하면서, 어디서도 환영받지 못하는 금기의 존재가 되었다. 남에서는 적군으로 미움받았고, 북에서는 연안파로 대거 숙청되었다.

---

8 염인호, 「조선의용군」, 『역사비평』 1994 가을호, 역사문제연구소.

조선의용군의 무장해제

해방 당시 조선의용군 총사령관이던 무정의 심경 또한 복잡했을 것이다. 조선인에게는 소련군과 미군 모두가 해방군이었다. 군국주의와 파시스트에 맞서 반파쇼 전쟁을 승리로 이끌고, 조선을 해방시킨 이들 군대에 협조하지 않을 수 없었다.

소련군이 항일전선에 참전하자 팔로군 총사령관인 주덕은 8월 11일 12시를 기해 조선의용군에게 중대 명령을 내린다. 사령관 무정, 부사령관 박효삼 · 박일우는 즉시 소속부대를 통솔하여 팔로군 및 원동북군부대와 함께 동북으로 출병하라는 것이었다. 일본군과 만주국 괴뢰군을 소멸함과 동시에, 동북의 조선 인민을 조직하여 조선 해방의 임무를 완수하라고 했다.

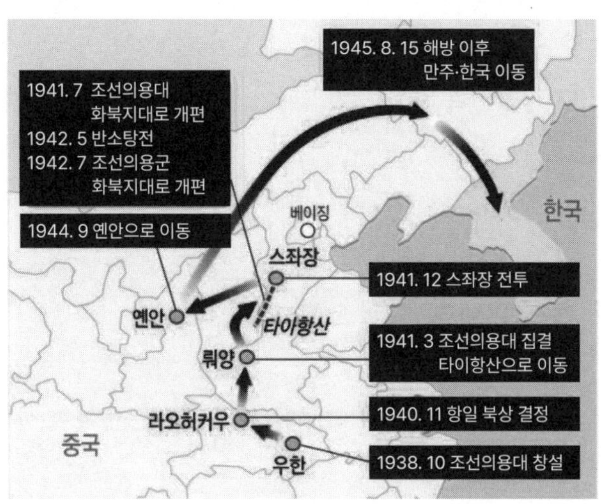

조선의용군의 이동 경로

독립동맹 주석 김두봉도 "소련군과 팔로군과 배합하여 조선으로 진군하여 일본 파쇼를 소멸함으로써 조선 인민을 해방할 과업을 지니고 출발"[9]했다고 당시 상황을 증언했다. 그러나 조선의용군이 소련군과 팔로군과 함께 국내로 진공하기도 전에 일본이 갑작스럽게 항복을 선언했다.

남쪽에서 미점령군 사령부가 상해 임시정부와 광복군을 인정하지 않았던 것과 똑같은 상황이 북쪽에서도 벌어졌다. 소련군만이 무장할 권한을 가지고 있고, 조선의용군을 비롯한 다른 어떤 집단도 무장할 수 없었다. 임시정부 주석 김구가 일본의 항복선언을 들었을 때 하늘이 무너지는 듯했다고 우려한 상황이 그대로 벌어진 것이다.

김구는 오랜 해외 생활로 국제관계의 역학을 잘 알았다. 직접 전투하면서 국내로 진공하지 못하면, 조선의 국제적 발언권이 약할 수밖에 없었다. 임시정부 요인들의 개인 자격 귀국만 허용되었듯이, 소련군 사령부도 독립동맹과 의용군 성원들의 개인 귀국만을 인정했다. 소련 극동군의 일부로 편입되어, 소련군과 함께 입국했던 김일성과는 매우 다른 대우였다.

연안 혁명투사들 고국으로 진주 중

김명시가 귀국하기 전부터 국내 언론은 '독립동맹과 조선의용군'

9 『해방일보』, 1945년 8월 15일.

의 동향에 촉각을 세우고 있었다. 1945년 11월 28일 『중앙신문』[10] 기사는 '연안에 있는 혁명 투사들도 봉천에 집결했다는 확보가 왔으며 고국을 향하여 진주 중'이라고 보도한다. 이 기사에 김명시 장군이란 칭호가 등장한다. '무정 장군의 총지휘'를 받는 직속부대 '김명시 칠장군(七將軍)'이라고 나오는데, 조선의용군부대가 1, 2, 3, 4와 같은 수열로 편제되고 7지대는 여성부대인 것으로 짐작되는 내용이다. 김명시라는 이름 뒤에 따라다니는 '장군' 또는 '여장군'은 단순히 경의나 호의를 담은 호칭이 아니라 실제 군대 계급의 칭호였음을 알 수 있다.

해외에서 활동하던 민족의 영웅들이 속속 귀국하고 있었다. 그러나 그들의 귀국 날짜나 고국에 도착하는 방법은 제각기였다. 그것이 앞으로 예고된 그들의 운명일지도 몰랐다. 김명시가 소속된 독립동맹은 가장 마지막까지 일본군과 총을 들고 싸웠기에 가장 큰 기대를 모았으나, 가장 늦게 환국했다.

제일 먼저 귀국한 이는 소련 88여단 소속이던 김일성의 빨치산 그룹이었다. 김일성은 9월 19일 소련군과 함께 원산항에 입항했다. 10월 14일 평양공설운동장 군중대회에 나타난 김일성은 평양시민으로부터 열렬한 환영을 받았다. 10월 16일 미국에서 활동하던 이승만이 맥아더 사령관의 전용기 '바탄'을 타고 김포공항에 도착했다. 김일성과 이승만 두 사람은 다른 독립운동가들보다 빨리, 각각

---

10 「연안혁명투사들도 고국 향하여 진주 중」이라는 제목으로 "무정 장군의 총지휘로 김명시(김명시 七장군)에 장군 직속부대 천여 명과 왕신호 장군 지휘 대행산대대 천여 명, 주연장군 기동부대 2천여 명은 봉천에, 동명장군 지휘 산동부대 천여 명은 안동에 집결되었다며 중국공산당과 협력하여 그곳 치안을 유지, 그곳에서 4개 사단이 고국을 향하여 진주"라는 기사를 실었다.

延安革命鬪士들도
故國向하야進駐中

김구(金九) 선생의 입국을 계기로 국내적국의 동향이 활발하여지고 잇는 이때 연안(延安)에 잇는 혁명투사들도 벌서 봉천(奉天)에 [illegible] 부대가 집중하엿다는 화보가 왓다 김무정(金武丁) 장군의 총지휘로 김명시(金命時七將軍)에 장군특속부대 千여명과 왕신호(王信虎) 강군지휘 대행산(大行山) 대대 千여명과 주연(朱然) 장군지휘 기동(冀東) 부대 二千여명은 [illegible] 동명(東明) 장군 지휘 산동(山東) 부대 千여명은 안동(安東)에 집결되여 잇으며 중국공산군부 협력하여 그곳의 치안을 유지확보하고 잇는 중이며 그 외에도 약 四개사단가량이 [illegible]

[illegible] (同盟) 서울지부에서는 해외부녀동포의 활동소식도 듯고 또 조선의 부녀운동의 현상을 해외에 소개코저 외국기자와 재외동포대표 몟분을 소개코자 二十三일 동명관(東明館)에서 간담회를 열엇는데 외국기자는 사정으로 참석지 못하고 다만 재외동포 여섯분과 [illegible] 가 재미부녀동포의 생활 (나) 민족통일전선 [illegible] 군정에 대하야 등 각항에 대하야 간담이 잇섯는데 부녀 二백여명이 출석하야 자못 성대하엿다

元漢慶博士
歡迎會開催

「연안혁명투사들도 고국 향하여 진주 중」, 『중앙신문』, 1945년 11월 28일

소련과 미국의 지지를 받으며 귀국했다.

그에 반해 임시정부의 환국은 순탄치 않았다. 국내로 돌아오는 것은 중국과 미국의 협조가 필요한 사항이었다. 중국은 각종 편의를 제공해주었으나, 미국은 임시정부를 승인하지 않았고, 요인들에게 정부가 아닌 개인 자격으로 귀국할 것을 통보하였다. 내부에서 찬반 논란이 있었으나 미국의 요구를 받아들여야 했다. 11월 23일 김구와 김규식 등 임시정부 요인 15명이 개인 자격으로 김포공항에 도착했다. 미군정이 임시정부의 환국 사실을 외부에 알리지 않아서 환영 인파도 없었다.

1945년 12월 13일 김명시는 독립동맹 간부들과 예전 의용군 대원 100여 명과 함께 기차를 타고 안동을 거쳐 평양역에 도착했다.

해방 직후 평양에 도착한 독립동맹 간부들(뒷줄 오른쪽 네 번째가 김명시)

조선의용군 총사령관 무정, 독립동맹의 주석 김두봉, 부주석 최창익, 한빈, 중앙위원 허정숙, 김창만, 박효삼 등도 함께 개인 자격으로 귀국했다. 그러나 평양 도착 후 '연안파'로 불린 독립동맹 간부들의 행보는 저마다 달랐다. 독립동맹의 핵심 인사 김두봉, 최창익, 한빈은 조선신민당을 창당해서 독자노선을 걸었고, 무정, 허정숙, 김창만 등은 북조선 공산당에 바로 입당했다. 특이하게 김명시는 서울로 내려왔다.

김명시가 서울에서 한 첫 인터뷰 기사가 1945년 12월 22일에 실린 것으로 미루어, 평양 체류 기간은 일주일 남짓밖에 되지 않는다. 이후 미군정의 탄압으로 남로당이 궁지에 몰리자 많은 좌익 인사들이 북으로 넘어갔지만, 김명시는 마지막까지 남쪽에 남아, 결국 부평서 유치장에서 의문사했다. 남한에 고향과 친지가 있어서 그런 선택을 했을까? 아니면 다른 정치적 이유가 있었을까? 어쨌든 38선 이남은 반대쪽 이북과 또 다른 해방정국이 펼쳐지고 있었다.

여운형과 김명시

여운형은 일본의 패전과 조선의 독립이 멀지 않았음을 확신하고 건국을 준비해왔다. 1944년 8월 10일에는 좌우익을 망라한 애국세력이 뭉친 건국동맹을 비밀리에 결성했다. 건국동맹은 1만여 명의 맹원을 확보해, 해외 독립군부대와 함께 1945년 8월 29일 국치 35주년의 날에 무장봉기하는 계획을 세우기도 했다.

김명시는 건국동맹의 여운형과 조선독립동맹의 무정 장군을 연결하는 직접 연락책이었다.[11] 김명시나 무정은 1927년 상해에서부터 오랜 인연이 있었고, 1928년 대만 공산당 창립대회에 여운형과 김명시가 함께 참석했기에, 이들 서로는 각별한 인연이 있었다. 임박한 독립을 앞두고 독립동맹은 임시정부나 국내 건국동맹과도 긴밀히 연락을 취하고 있었다.

그러나 어떤 일을 도모하기도 전에 전황은 급격히 변했고 일본이 예상보다 빨리 항복했다. 소련은 8월 9일 참전하자마자 북한 웅기상륙작전을 개시해 한반도로 물밀듯이 내려왔다. 곧 서울에 소련군이 당도할 거라는 소문이 퍼질 정도였다. 조선총독부는 반일 정치인이지만 한국 청년 · 학생들에게 영향력이 있고, 소련과도 의사소통이 가능한 여운형을 지목하고 접촉을 시도했다. 우파의 대표적

11 하성환, 『우리 역사에서 왜곡되고 사라진 근현대 인물 한국사』, 살림터, 2021, 227쪽.

인물인 송진우와도 접촉했으나 그는 건강상의 이유로 만남을 거절했다.

여운형은 해방 후 벌어질 정치·사회적 혼란을 극복하고, 한국인들의 주체적 정치 공간을 확보하기 위해서는 총독부와 협상할 필요가 있다고 생각했다. 1945년 8월 14일, 조선총독부 경무국장이 종로구 계동에 있는 여운형의 집을 방문했다. 일본이 항복할 것이라는 소식과 함께 15일 아침에 조선총독부 정무총감 엔도의 관저(서울 필동)로 와달라고 했다.

여운형을 만난 엔도는 '자신을 포함해 조선에 거류 중인 일본인들이 안전하게 철수하도록 해달라'고 협조를 요청했다. 이에 여운형은 "나는 일본을 미워하지만 일본인은 미워하지 않는다"며 선결조건으로 정치범 석방, 식량 확보와 조선의 자율권 보장 등을 요구했다. 그리고 1945년 8월 15일 오전 9시, 여운형은 조선총독부로부터 치안권과 행정권을 이양받았다.

그리고 여운형은 즉시 송진우를 직접 찾아가 함께 참여할 것을 요청했다. 그러나 송진우는 이때도 중경정부(임시정부)를 지지해야 한다며 거절했다. 여운형은 일제의 탄압 아래서 직접 싸워온 거대한 세력은 국외에 있는 것이 아니고 국내에 있는 3천만 민중이라고 설득했으나, 송진우는 결국 동참하지 않았다. 여운형이 1944년 이래 꾸려온 건국동맹의 인력과 자원이 고스란히 건국준비위원회활동의 발판이 되었다.

건국준비위원회[12]

1945년 8월 15일 여운형을 위원장으로 하는 건국준비위원회(건준)가 출범했다. 8월 16일 서대문형무소에서 독립운동가들이 풀려나오자 사람들은 그제야 해방을 실감했다. 사람들은 거리를 뛰쳐나와 "독립 만세"를 마음껏 외쳤고 군중들이 여운형의 집으로 몰려왔다. 여운형은 집 옆 휘문고보 운동장에서 다음과 같이 연설했다.

"조선 민족해방의 날이 왔습니다.

(…) 나는 다섯 가지 조건을 요구하고 총독부로부터 치안권과 행정권을 이양받았습니다. 이제 우리 민족 새역사의 일보를 내딛게 되었습니다. 우리는 지난날의 아프고 쓰라린 것을 다 잊어버리고, 이 땅에 합리적이고, 이상적인 낙원을 건설하여야 합니다. 개인의 영웅주의는 단연 없애고, 끝까지 일사분란한 단결로 나아갑시다.

(…) 이제 곧 여러 곳으로부터 훌륭한 지도자가 들어오게 될 터이니 그들이 올 때까지 우리들의 힘은 적으나마 서로 협력하지 않으면 안 될 것입니다."

김형선과 같이 독립운동에 투신했던 정치범들이 감옥에서 쏟아져 나왔다. 전국적으로 8월 17일~18일 해방축하집회가 개최되면서 지방 곳곳에 건국준비위원회가 신속히 결성되었다. 8월 말까지 남한 내 145개 시군에 건국준비위원회 지부가 결성되었고 50여 개의

---

12 정병준, 「해방과 자주적 국가 건설운동」, 『한국현대사1-해방과 분단, 그리고 전쟁』, 푸른역사, 2018.

연설하는 여운형

정당, 사회단체가 조직되었다.

해방 직후 여운형과 건준의 인기는 하늘을 찌를 듯했고, 전국 각지로부터 그를 지지하며 찾아오는 인사가 수천 명에 달했다. 새 조국의 탄생을 앞두고 어느 부인은 야밤에 죽을 쑤어 오고, 어느 할머니는 밥을 지어 오고, 어느 집 부인네는 꿀물을 타서 올 정도로 대중적인 참여 열기가 뜨거웠다.

또한 조선 전체가 미·소가 포함된 연합군을 해방군으로 열렬히 환영했다. 그러나 일제 식민지이던 조선을 대하는 미군정의 태도는 민중들의 기대와 너무 달랐다. 조선의 열띤 분위기가 미군정에게는 불온하고 위험하게만 보였던 것이다.

1945년 9월 6일 '조선인민공화국' 선포

미군이 상륙하기 직전인 1945년 9월 6일, 박헌영, 허헌, 여운형은 서울에서 전국인민대표자대회를 개최했다. 여기에서 건준을 해체하고 '조선인민공화국(인공)' 수립을 전격 선포했다. 곧 상륙할 미군정과의 협상 테이블에 정부 자격으로 나서고자 하는 조급한 결정이었다.

이에 따라 지방에서도 건준 지부가 인민위원회로 개편되었다. 그러나 미군정은 남한에서 자신들 이외의 어떤 정부도 인정하지 않겠다는 방침으로 인공과 인민위원회의 존재를 부정했다. 여운형은 이러한 미군정의 행태를 전혀 예상치 못했다. 8월 25일, 미군보다 일찍 38선 이북에 도착한 소련군 사령부의 태도와 너무 달랐기 때문이다.

북쪽에 진주한 소련군 사령부는 일제가 갖고 있던 행정권을 한국인에게 이양했고, 점진적인 사회변화를 이끌고 있었다. 당시 소련은 미국과 영국을 '진보적 민주주의 국가'로 규정하고, 얄타와 포츠담에서의 합의사항을 존중하는 국제협조노선을 걷고 있었다. 소련군은 한반도에서 38선을 마주 대하게 된 미군과도 우호적인 관계를 유지하려고 했다.

〈소련군 치스차코프 포고문(1945년 8월 25일)〉

"조선 인민들이여! 붉은 군대와 연합국 군대들은 조선에서 일본 약탈자들을 몰아냈다.

조선은 자유국이 되었다. 그러나 이것은 오직 신조선 역사의 첫 페이지가 될 뿐이다.

조선 인민들이여! 기억하라! 행복은 여러분들 수중에 있다.

붉은 군대는 조선 인민이 자유롭게 창조적 노력에 착수할 만한 모든 조건을 만들어 놓았다.

조선 인민은 반드시 스스로 **자기 행복을 창조하는 자가 되어야 할 것이다.**

해방된 조선 인민 만세!"

한편 소련보다 늦게 남한에 들어온 미군정의 포고령은 이것과 많이 달랐다. 미국은 제2차 세계대전이 끝나자마자 소련을 견제하였고, 소련의 세력 확장을 저지하기 위해 한반도 남쪽에서만이라도 반소 반공 정부를 수립하려는 입장이었다. 1945년 9월 9일 공포된 맥아더 포고령 1호는 이런 내용이었다.

"태평양 미군 육군부대 총사령관으로서 나는 다음과 같이 포고한다.

일본군 정부의 연합국에 대한 무조건 항복으로 우리 편 여러 나라 군대의 오랜 무력투쟁이 끝났다.

일왕의 명령에 따라서 그가 대표하는 정부와 대본영이 서명한 항복 문서의 조항에 의하여 본관이 지휘하는 전승군은 금일 북위 38도 이남의 조선 지역을 점령했다.

본관은 조선 인민이 오랫동안 노예처럼 지내온 사실과 적당한 시기에 조선을 해방 독립시키려는 연합국의 결정을 명심하고 있다.

이에 나는 태평양 방면 미국 육군부대 총사령관인 나에게 부여된 권한에 의하여 북위 38도 이남의 조선과 조선 주민에 대하여 다음과 같은 점령 조건을 발표한다.

(제1조) 북위 38도선 이남의 조선 영토와 조선 인민에 대한 모든 권한은 당분간 본관의 권한 하에 시행한다.

(제2조) 정부 등 모든 공공사업 기관에 종사하는 유급·무급 직원과 고용인, 그리고 기타 중요한 제반 사업에 종사하는 자는 **별도의 명령이 있을 때까지 종래의 정상 기능과 업무를 수행할 것이며, 모든 기록 및 재산을 보호 보존해야 한다.**"

"조선 인민은 자기 행복을 창조하는 자가 되어야 한다"는 소련의 축하와 "별도의 명령이 있을 때까지 종래의 정상 기능과 업무를 수행하라"는 미군정의 엄포는 뜻도 분위기도 너무 달랐다.

미군정은 맥아더 포고령 1조에 따라 1945년 10월과 12월 두 차례에 걸쳐 인공을 부인하는 성명을 발표했다. 그리고 건국준비위원회, 조선인민공화국, 지방인민위원회의 조직과 활동을 경찰의 물리력을 동원해서 탄압했다.

또한 포고령 2조에 따라 일제 식민지 통치기구에서 일했던 모든 조선인 관리들을 다시 기용했다. 경찰의 경우는 초기 경찰 간부의 82%가 일제 식민지 경찰 출신이었다. 건국준비위원회를 비롯한 항일세력이 반발할 수밖에 없었다. 미군정의 이 같은 점령정책은 일제 식민 잔재의 청산을 어렵게 만들었다.

미군이 들어온 후 인민공화국을 부정하고 인민위원회활동을 견제하자 친일파들은 재빨리 이를 간파했다. 건준에 기를 쓰고 발을 걸쳤던 이들이 서둘러 탈퇴하고, 친미 우익단체를 결성하기 시작했다. 힘의 향배에 민감하고 눈치 빠른 친일 민족반역자들이 순식간에 친미 반공주의자로 둔갑해서 기득권 유지의 기틀을 마련한 것이다.

김명시가 이런 국내 상황을 감지했는지는 확인할 수 없다. 독립동맹과 의용군이 안동에 있으면서 국내정세를 분석했다지만, 38선 이남 상황은 매우 급격히 변하고 있었다. 완전독립과 새로운 국가 건설 열기가 어느 때보다 뜨거웠지만, 미군정 관리자들은 남한의 이런 상황을 '불만 댕기면 즉각 폭발할 것 같은 화약통'으로 인식하고 그 판단을 본국에 보고했다.

김명시는 항상 위험한 선택을 하는 듯이 보였다. 모스크바 동방노력자대학에서 좀 더 편안한 학창생활을 유지하거나, 적어도 위험한 코민테른 지령을 거부할 수도 있었을 텐데, 상해 파견을 즉각 수락했다. 일신의 안일을 생각했다면 상해에서 만주로 파견 가거나, 국내 잠입을 시도하지 않았을 것이다. 신의주 감옥에서 나왔을 때도 잠시 잠적하여 쉴 수 있었지만, 바로 항일무장투쟁을 선택했다.

해방 후 정치적 유불리를 따졌다면 김명시가 어디를 선택했을까? 역사에 가정은 허용되지 않지만 다른 조선독립동맹 간부들처럼 북에 체류했다면 귀국한 지 채 4년도 되지 않아 부평경찰서에서 죽지는 않았을 것이다.

김명시 장군의 귀국

김명시는 드디어 해방된 조국에 발을 디뎠다. 해외 풍상 20년, 청춘과 열정을 오로지 원수 일본을 무찌르고 조국의 광복을 가져오는 데 이바지했다. 해방을 맞이한 김명시의 소회를 노천명은 이렇게 기록해서 전한다.

"내 땅 내 조국임에도 바람처럼 몰래몰래 다녀야 했다. 불운하게 일본의 주구에 잡히면 차디찬 감옥에다 몇 해씩 던져 놓고 철문을 채우는 것이 내 조국에 돌아오면 받는 대접이었다. 달 밝은 밤, 별 쏟아지는 새벽 조국의 태극기를 부둥켜안고 동지들끼리 엉키어 운 적이 몇 번이었던고? 오늘 해방이 되어 떳떳이 내 땅에 발을 들여 놓게 되니 감격의 눈물이 하염없이 흐를 뿐이다."[13]

김명시가 서울로 내려오자 모든 언론은 김명시를 '연안에서 돌아온 혁명 투사', '조선독립동맹의 영수'로 소개하고, 항일전에 무훈을 세운 영웅으로 칭송했다. 그리고 『중앙신문』, 『동아일보』, 『조선일보』 등 모든 언론이 '김명시 여장군'이란 칭호를 사용했다. 당시 여성 혁명가 뒤에 붙는 호칭은 대개가 여사였다.

오직 한 사람, 김명시만이 여장군으로 불리었다. '일군하에 비밀 활약-독립동맹의 여장군 김명시 여사담',[14] '조선의 잔다르크, 현대의 부랑인 연안에서 온 김명시 여장군담'[15] 같은 기사 제목만 봐도 그가 얼마나 열광적으로 환영받았는지 알 수 있다. 김명시를 여기저기서 불렀고 신문은 연일 그에 관한 기사를 쏟아냈다. 서울에 당도한 며칠 내에 있던 김명시의 공식 일정만 보더라도 이것을 확인할 수 있다.

---

13 노천명이 김명시와 인터뷰하여 작성한 「팔로군에 종군했던 김명시 여장군의 반생기」(『신천지』 1946년 3월호)에서 김명시가 해방을 맞이한 감격을 이렇게 썼다.

14 『중앙신문』, 1945년 12월 22일.

15 『동아일보』, 1945년 12월 23일.

日軍下에 秘密活躍

獨立同盟의 女將軍金命時女史談

「일군하에 비밀활약 – 독립동맹의 여장군 김명시 여사담」,
『중앙신문』, 1945년 12월 22일

1945년

- 12월 23일 조선부녀총동맹 결성대회
- 12월 27일 조선국군준비대 전국대표자대회
- 12월 28일 「해외 여성투사 맞아 시국강연회 개최」[16] 연사

---

16 1945년 12월 26일 『신조선보』(그 외에도 12월 26일 『자유신문』, 12월 28일 『조선일보』에 게재). "「해외 여성투사 맞아 시국 강연회 개최」/시일: 12월 28일 오후 3시/장소: 종로기청 강당/김명시-중국여성의 애국운동/박진홍-연안의 조선 여성/허하백-여성의 당면임무/이경란-협동조합과 조선여성/황운-현단계의 정치적 비판/이호제-혁명과 청년의 진로/백원흠-파쇼를 배격하다"

김명시의 연설 보도에 기자들은 빠짐없이 '이채(異彩) 띄운'이란 수식어를 붙였다. "연안에서 돌아온 여장군 김명시 여사의 화북방면에서 분투하던 피로 기록한 항일혁명사의 일단을 피력하여 장내에 많은 감격을 주었다"[17]고 보도할 정도로 김명시의 연설은 모든 청중을 감동시켰다.

> "女將의 몸으로 남자에 못지않게 일찍이 해외에 망명하여 상해방면을 거쳐 중국공산당의 지구에 들어가 연안에서 혁명단체인 독립동맹원으로, 또 중국공산당의 팔로군으로 활약하다 최근 천진에서 조선 청년들을 규합하여 항일전선에 활약하다 얼마 전에 입국한 여장군 김명시 여사는 다음과 같은 발언을 하여 주목을 끌었다."[18]

해방 직후 신문에 보도된 김명시의 활동은 일본 점령지에서 적후공작과 선전사업에서 단련된 그의 이력을 유감없이 보여주었다. 김명시 연설에는 동포와 조국에 대한 사랑이 절절히 담겨 있었다. 그 진정성이 피의 역사로 증명되었기에 사람들은 그의 연설을 귀 기울여 들었고 감동했다. 당시의 진취적이고 진보적인 여성들 사이에서 김명시는 영웅이고 최고의 롤모델이었다.

---

17 『조선일보』, 1945년 12월 24일.

18 『조선일보』, 1945년 12월 25일.

친일파나 민족반역자를 제외하고는 모두 한 뭉치가 되어야 한다

1945년 12월 23일 『동아일보』는 「獨立同盟(독립동맹)은 臨政(임정)과 協調(협조)」라는 제목으로 朝鮮(조선)의 '짠타크' 김명시가 밝힌 조선독립동맹의 노선을 보도한다.

"조선 사람은 친일파나 민족반역자를 제외하고 다 통일전선에 참가하여 한 뭉치가 되어야 한다. 獨立同盟(독립동맹) 측에서도 특별히 모나게 활동하려는 것이 아니다. 그동안 중경에 있던 임정과의 연결은 張建相(장건상)이 하였고 또 우리가 金九(김구)주석을 초청한 일도 있었다. 일군 투항이 예상외로 빨랐기 때문에 그 후에는 연락이 두절되었다. 獨立同盟(독립동맹) 제3차 대회를 열게 되었더라면 臨時政府(임시정부)에 대한 협조 결의까지 표명되었을 것이다."

조선독립동맹 2차대회장에 김구 사진이 걸려 있었을 정도로 조선독립동맹은 임시정부와의 연합전선에 힘을 쏟았다. 1942년부터 임시정부 김구와 독립동맹 김두봉이 연락을 취해왔고 민족혁명당 출신 장건상은 임시정부와 독립동맹의 연결을 담당했다. 김명시는 '친일파와 민족반역자를 제외하고' 조선 사람이라면 모두 통일전선에 참가하여 '한 뭉치가 되어야 함'을 강조했다. 해방정국의 첫 과제가 일본 제국주의 잔재의 청산이었기 때문이다.

12월 22일자 『중앙신문』 「일군(日軍)하에 비밀활약-독립동맹의

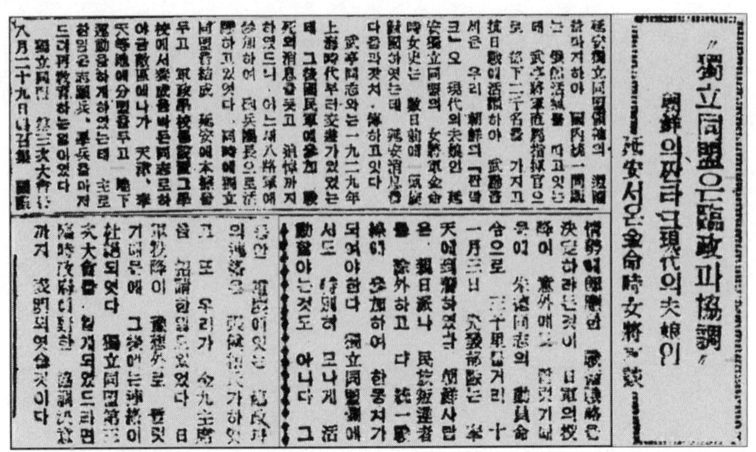

"獨立同盟은臨政과協調"

朝鮮의짠타크現代의夫娘인

延安서온金命時女將談

「"독립동맹은 임정과 협조"-조선의 짠타크 현대의 夫娘인 연안서 온 김명시 여장군담」, 『동아일보』, 1945년 12월 23일

여장군 김명시 여사담」에 보도된 통일전선 주장은 좀 더 강경하다.

"그러나 우리의 뭉침에는 어디까지나 신성한 것이며 민족반역자나 친일파 등 불순분자는 용납할 수 없는 것이다. 이 신성한 통일전선 결성에는 친일파와 민족반역자를 배제하지 않고는 성사될 수 없는 것이다"라고 말하는 김명시의 얼굴에는 투지가 끓어 넘치고 있었다[19]고 기자는 전한다.

친일파의 부활을 목도하는 김명시의 심경이 어땠는지 짐작하게 하는 대목이다. 국가보훈처는 '광복 후 행적 불분명'이라고 포상 신청을 번번이 반려했다. 그러나 이 기사만으로도 광복 후 김명시의 행보를 분명히 알 수 있다. 그는 민족반역자나 친일파 불순분자가 준동하는 해방정국에서 조선의 완전독립과 민주주의 국가 건설을

19 「해외투쟁의 혈극사-중국에서 환국한 여장군 김명시와 그의 독립투쟁사(1)」, 『국민보』, 1946년 7월 17일.

위해 싸워야 했다. 그것이 죄가 되었고 73년간 역사에 묻혀야 할 이유가 된 것이다.

건국부녀동맹

婦女運動強化에
全國婦女團體代表大會

「부녀운동 강화에 전국부녀단체 대표대회」, 『조선일보』, 1945년 12월 10일

1945년 12월 10일, 아직 평양에도 오지 않은 '김명시'의 이름이 '조선부녀단체 대표회의' 소집 준비위원 명단에 올라가 있다.[20] 기사에는 건국부녀동맹이 '정치적 사회적 해방과 자주독립 건설'에 힘이 되고자 '전국부녀단체 대표자회의'를 소집했다고 나온다. 김명시가 중국 국경도시 안동에 체류하며 귀국을 준비하는 동안 벌써 김명시와 국내의 연락이 취해졌고, '조선부녀총동맹'에서 활동하기로 논의가 오간 것으로 추정할 수 있다.

전국 각지에서 민주주의 국가 건설을 위한 여성단체들의 활동이 활발히 전개되었다. 마산에서도 1945년 12월 18일 해방 후 최초 여성운동단체인 〈부녀동맹 마산지부〉 결성대회가 공락관(지금의 시민극장)에서 열렸다. 결성식에서는 "이승만이가 마산부녀동맹의 지지를 받고 싶거든 사리사욕을 버리고 3천만 민족의 행복을 위한 민주

20 「부녀운동 강화에 전국부녀단체 대표대회」, 『조선일보』, 1945년 12월 10일.

주의국가 건설에 협력하라. (…) 기만적 모략과 책동으로 민족을 분열시켜 그 틈을 타서 민족반역자의 정권을 세우려는 반동 거두들을 절대로 배척한다"는 성명이 발표되었다.[21]

1945년 12월 서울 거리 곳곳의 벽돌 담장에는 조선부녀총동맹 결성대회 광고가 붙어 있었다. 그 광고에는 이런 구호가 쓰여 있었다.

- 여자는 남자와 동등한 권리를 가져야 한다.
- 여자도 선거권과 피선거권을 가져야 한다.
- 동일노동에 동일임금을 받아야 한다.
- 여자도 남자와 꼭 같이 배울 권리를 가져야 한다.
- 일부다처제를 폐지해야 한다.
- 공창제를 없애야 한다.

조선부녀총동맹(부총)의 구호는 뜨거운 지지를 받았다. 지금은 너무도 당연한 요구와 권리이고, 적어도 형식적으로는 모든 여성이 큰 어려움 없이 이를 보장받는 세상이 되었다.[22] 하지만 일제강점기 여성들은 꿈도 꿀 수 없는 목표였다. 남존여비라는 봉건 잔재가 세상의 절반인 여성을 옭아매고 있었다. 게다가 식민지 조선인은 투표권 없는 납세로 약탈당하고, 악명 높은 치안유지법으로 정치적 무권리만을 강요받았다. 여성들은 이중 삼중의 차별과 억압에 시달렸던 것이다. 부녀총동맹 결성식이 유독 뜨겁고 성황리에 개최된 것

21 김주완, 『토호세력의 뿌리』, 불휘, 2005, 21쪽.

22 물론 법이나 제도로 보장된 것과 달리, 실제로는 아직 멀었다는 지적이 있고, 이는 전적으로 타당하다.

은 끓어오르는 여성들의 요구가 있었기 때문이다. 그리고 일제강점기에 해외, 공장, 감옥에서 단련된 여성 활동가들이 해방정국에 쏟아져 나왔기 때문이었다.

전국부녀단체 대표자대회[23]

전국부녀단체 대표자대회는 애초 12월 22~23일 이틀간 개최 예정이었으나, 하루 더 연기되어 3박 4일이 될 정도로 그 열기가 뜨거웠다. 장소도 12월 22일은 풍문여고 강당, 12월 23일은 안국동 휘문소학교에서 열렸다. 장소가 협소해 규모가 더 큰 학교 강당으로 옮겼을 만큼 수천 명의 청중이 몰려들었다.

이북에서 온 함북 대표 이간난(李間蘭)과 강원 대표 이정순(李貞順)도 참석하였다. 당시만 해도 남북 왕래가 불법이지만 비공식적으로는 어느 정도 가능하던 때였다. 이렇게 전국부녀단체 대표자대회는 남북한과 좌우익 할 것 없이 각계 사회단체 대표가 참석하여 성황리에 개최되었다. 유영준의 개회사로 대회가 시작됐다.

"여성들은 맑은 양심을 가졌기에 판단이 정확하다.

부총(부녀총동맹)이 여성의 사회적 해방과 경제적 해방, 성스러운

23 『서울신문』, 『자유신문』, 『조선일보』는 '부총 결성식' 기사를 두 차례 연달아 보도하였다. 「이채 띄운 김여사 보고-전국부녀총동맹결성식 제2일」란 기사의 제목에서 알 수 있듯이 김명시 장군의 연설은 이목을 끌었다. 『조선일보』는 아예 「먼저 의무 완수의 정신을-이것이 지금 조선 여성의 나아갈 길」이란 제목을 뽑고 연설 전문을 실었다.

異彩띄운金女史報告

全國婦女總同盟結成式第二日

「이채 띄운 김여사 보고 – 전국부녀총동맹결성식 제2일」,
『자유신문』, 1945년 12월 24일

건국사업에 이바지하여야 한다.

그리고 다시 전쟁이 일어나지 않도록 여성의 헌신적 투쟁을 약속하자."

연설에서 전쟁을 경고했던 유영준은 1948년 남북연석회의에 참가하기 위해 남쪽에 딸을 남겨두고 북에 갔다가 다시 내려오지 못했다. 그리고 죽는 날까지 남쪽 하늘을 쳐다보며 두고 온 딸을 그리워했다.[24]

24 성혜랑(김정일의 처형), 『등나무집』, 지식나라, 2000.

다음은 임시정부 김구 주석의 비서 안미생[25]이 축사를 했다.

"그동안 얼마나 고생을 하셨습니까?

아버지가 감옥에서 죽고 남편이 왜놈에게 실갱이를 당하는 일 등 가족이 분산될 때

여러분은 국내에서 얼마나 쓰라린 경험을 하셨습니까?

그러나 우리는 저 태양 아래 이제 3천만 민족이 자유스럽게 살 수 있게 되었습니다.

청년이 건국의 초석이라면 여성은 건국의 기둥입니다.

우리 모두 아름답고 성스러운 새 나라를 세웁시다."

모스크바 3상회의 결과발표 직전이었지만, 이때만 해도 좌우가 힘을 합쳐 새로운 조국 건설에 매진하자는 열기가 대회장을 가득 채웠다. 대회 중 한 대의원의 긴급동의로 연합국에 감사 메시지를 전했다. 연합군을 파쇼세력으로부터 진보적 민주주의를 지킨 해방군으로 인정했기 때문이다. 또한 만장일치로 인민공화국에 대한 적극 지지를 결의했다. 그러나 얼마 안 있어 미군정이 부총을 불법단체로 규정하여 탄압하고, 여성단체도 좌익과 우익으로 분열하고 말았다.

25 안미생은 안중근 지사의 조카이자 김구 주석의 며느리이기도 했다.

조선부녀총동맹의 간부들

부녀총동맹은 이렇게 건국부녀동맹을 모체로 전국부녀단체 대표자대회를 통해 결성되었다. 맹원수가 약 80여만 명에 달하는 당시 여성운동 최대의 결집체였다. 총재 유영준, 부총재 정칠성 · 허하백이 선출되었고, "조선인민공화국 사수와 민주주의민족전선[26]에 참여하는 길만이 조선 여성의 진정한 해방의 길"이라는 선언이 있었다. 1946년 11월 『독립신보』에 연재된 '여류혁명가를 찾아서'에는 김명시와 더불어 부총 간부들의 인터뷰가 실려 있다.

부총 위원장인 유영준(1892~?)은 여성동우회와 근우회를 거친 독립운동가 1세대이며, 당시 57살로 조직의 맏언니였다. 동경여자의학전문학교를 나온 의사로서, 종묘 앞에 '유영준 산원'을 열어 가난한 여성들의 출산을 도왔다. "조선 여성 해방운동을 진두지휘하는 여류 투사의 모습이라기보다 후덕한 할머니 같은 인상을 주면서도 부드러운 가운데 칼날 같은 판단성을 보였고 여사의 어조는 날카로웠다"고 『독립신보』 기자는 전한다.

부위원장인 정칠성(1897~1958)은 권번(券番)[27] 출신 여성 운동가였다. 사람들은 그녀를 '고통받는 여성들의 말을 알아듣는 꽃'이라며 사상기생으로 불렀다. 기생 신분으로 3.1운동에 가담했다가 연행되고, 석방된 후에는 만세운동을 계기로 "기름에 젖은 머리를 탁 비워던지고" 사회운동가가 되었다고 할 정도로 글솜씨가 돋보였다. 일

---

26 민주주의민족전선은 1946년 1월 19일 발기되어 2월 19일 결성을 본 모든 남한의 좌익계 정당 및 사회단체의 총결집체이다.

27 일제강점기 만들어진 기생조합이다.

제강점기 사회주의 계열의 독립운동에 참여했다.

허하백(1909~1950)은 교사 출신으로 김명시와 함께 순회강연을 자주 다녔다. 『독립신보』 기자는 허하백과 인터뷰한 뒤 "명성학교 교장 선생님이요, 국학대학 교수인 허하백이 소녀 같다면 실례일는지 몰라도 천진난만해 보인다"고 인상평을 적었다. 인터뷰 기사 제목이 「내게 독점되기 전에 그이는 민족의 애인」이다. 여기서 '민족의 애인'은 조각가면서 혁명가인 그녀의 남편 김복진(1901~1940)이다. 김복진은 1928년 투옥되어 6년 수형을 마치고 시름시름 앓다가 1940년 요절했다. 1943년 이후에는 교사이던 허하백이 친일단체에서 활동한 경력이 있다. 그는 한국전쟁 시기 서울이 수복되자 부총과 여맹 등 좌익활동 이력으로 경찰에 체포되어 처형당했다고 한다.

한편 부총은 "임영신과 박인덕은 조선여성 대표가 아니다"라는 제목으로 성명서를 냈다. 당시 임영신은 〈UN총회〉에서, 박인덕은 〈만국기독교대회〉와 〈만국여성대회〉에서 조선부녀대표로 연설했다. 만국여성대회는 지금으로 치면 세계여성대회였다. 이승만의 측근 임영신과 박인덕은 미국 유학 이력으로 미군정의 호감을 샀고, 반탁운동에 합류하면서 미국과 이승만과 밀착하여 여성 대표로 국제무대에 설 수 있었다. 그러나 두 사람의 1940년대 친일행각은 명백한 사실이었다.

임영신(1899~1977)은 친일단체인 조선임전보국단에 중앙보육학교 대표로 참가했고 김활란, 박순천, 박마리아 등과 함께 지도위원으로 활약했다. 해방 후에는 이승만과의 인연을 앞세워 중앙여자대학을 종합대학으로 승격시키는 영향력을 발휘했다. 이어 1949년 제헌 국회의원 보궐선거에 당선되고 초대 상공부장관, 제2대 민의원으로 출세 가도를 달렸다. 이승만 정권이 붕괴되자 발 빠르게 박정희 군사쿠데타를 지지해 중앙대 학장까지 역임했다.

박인덕(1897~1980)은 친일인명사전에 학계 부문 친일반민족행위자로 등재되어 있다. 이화학당 출신으로 3.1운동 때 희생된 유관순의 선배이기도 하다. 해방되고 나자, 이화학당 출신이란 것 말고는 알려진 정보가 거의 없던 무명의 유관순을 대표적인 여성독립운동가로 자리매김하는 데 노력했다. 그러면서 자신의 친일 경력을 덮고, 유관순에게 항일의식을 북돋운 교사로 신분 세탁을 할 수 있었다. 1947년 미군정이 후원하는 한국인 문화사절단의 일원으로 미국을 방문한 후에도 대한민국을 국제사회에 널리 알리는 활동을 했다. 이런 경력으로 인덕대학과 인덕공업고등학교의 설립자가 되기도 했다. 일제강점기 "노래 잘하는 박인덕/인물 잘난 박인덕/연설 잘하는 박인덕"이란 동요가 퍼졌을 정도로 유명한 신여성이었고, 1930년대 이혼과 염문 등으로 '조선의 노라'로 불리며 당시 언론에 자주 등장했다.

일제강점기 치열하게 항일운동에 참여했던 부총 간부들과 달리, 친일 경력이 뚜렷한 임영신과 박인덕이 조선 여성의 대표가 될 수 없다는 부총의 주장은 지극히 타당했다.

부총은 당면과제로 일제 잔재 및 봉건 잔재 청산과 진보적 민주주의 국가 건설을 제시했다. 강령은 "조선 여성의 정치, 경제, 사회적 완전 해방을 위해 진보적 민주주의 국가건설과 발전에 적극 참가하고 활동한다./조선 여성의 국제적 제휴를 도모하고 세계평화와 문화향상에 노력한다."와 같은 내용을 담고 있었다.

부총은 노동자, 농민, 소시민 부녀, 지식인 여성 등 광범한 여성의 참여와 지지 속에 일상활동과 정치활동을 펼쳤다. 그러다 미군정의 좌익 탄압이 시작되자 1947년 2월 '남조선민주여성동맹'으로 개편하여 대중적 합법투쟁을 모색했다. 그러나 탄압이 심해지면서 점차 그 세력이 약해졌고, 남한의 다른 여성운동은 사실상 관제, 어용화의 길을 걸었다. 남한 단독정부 수립 후 과거 좌익활동에 참여했던 인사들은 모두 '국민보도연맹' 가입 대상이 되어, 전쟁 직후 군경에 의해 조직적으로 학살당했다. 이 과정에서 수많은 여성운동 지도자들이 이름도 남기지 못한 채 역사 속으로 사라졌다.

부총 대회에서의 김명시 연설

김명시는 휘문소학교 강당에서 열린 부총 결성식 이튿날 행사에 연안서 온 혁명투사로 소개되었다.[28] 그의 연설은 『조선일보』가 「부총 결성대회 席上, 김명시 여사의 절규」라고 제목을 뽑을 정도로 청중들의 이목을 집중시켰다. 김명시의 연설은 쉽고 간결하면서도 절규로 들릴 만큼 호소력이 강했다.

"왜적들의 악착한 압제하에 덧없는 이역의 혈투 생활을 더듬어 보니 앞서는 것은 눈물뿐이요, 기하는 것은 다만 민족의 자유 해방이요. 동시에 전 조국 여성의 자주 해방이라는 것이었다."

---

28 1945년 12월 25일 『조선일보』는 「부총 결성대회 席上, 김명시 여사의 절규」라며 김명시 연설 전문을 실었다.

「먼저 의무완수의 정신을 – 이것이 지금 조선여성의 나아갈 길」,
『조선일보』, 1945년 12월 25일

김명시는 위의 말로 연설을 시작했다.

농민과 노동자도 인간답게 대접받고 행복하게 살아야 한다는 김명시의 소원은 몸소 체험한 뜨거운 동포애에서 출발했다. 조선의용군이 동으로 남으로 일본군의 간담을 서늘하게 만들었지만, 군대의 대오를 갖추기 위해서는 물적 토대가 필요했다. 무기가 있어야 하고, 군인들을 먹이고 재워야 했다. 조국 해방의 날을 기다리며 조선의용대는 장개석 국민군의 지원을 받았고, 국민군이 일제와 싸우지 않자 중국공산당이 지도하는 팔로군 근거지로 들어갔다. 팔로군은 일본군에 맞서기 위해 우수한 자질을 갖춘 조선의용군이 필요했지만, 의용군도 팔로군의 도움이 절실했다.

'그런데', 연설 중간 부분에 김명시는 이 접속사를 사용하며 의외의 말을 한다.

"그런데 내가 고국에 돌아와 더욱 말하고 싶은 것은 우리가 부르짖는 해방이란 결코 제멋대로 하는 방종을 말하는 것이 아니라는 것이다. 흔히 여러 여성 동무들께서 남녀평등이니 부인 참정권이니 하는 기세 높게 외치는 것을 귀에 멍이 들도록 들어 왔지만 내 생각으로는 그러한 부르짖음은 이 땅에서는 아직 시기가 이르지 않은가 싶다. 왜냐하면 여자는 결국 여자다."

그 자리가 부녀총동맹 결성대회였다. 귀에 멍이 들도록 남녀평등과 부인 참정권을 이야기했을 당사자들 바로 앞에서 그런 부르짖음이 이르다고 못을 박는다. 『조선일보』는 김명시 연설 전문을 싣고 제목을 「먼저 의무완수의 정신을, 이것이 지금 조선 여성의 나아갈 길」이라고 뽑았다. 즉석연설이었기 때문에 제목은 기자가 임의로 잡은 것이다. 김명시는 자신이 비록 미약하나마 남자들도 놀랄 만한 일을 해왔지만, 여자들만으로는 힘에 한도가 있다며 '여자는 결국 여자다'라는 말도 덧붙인다.

'현 단계의 역사적 책무'는 농민과 근로대중에 기초한 민족해방이며, 새로운 진보적 민주주의 국가 건설이라고 했다. 그리고 여성의 참정권이나 평등권 획득을 앞세우기보다는, 전체 민중과 국가 차원의 사명을 완수해야 여성의 자유와 해방도 가져올 수 있다고 절규했다.

그러나 "건국사업에 신명을 바치고 있는 아버지와 남편에 후고의 염려가 없도록 하는 것이 자신의 소원"이라던 김명시의 우려는 불행히도 곧 현실이 되었다. 부총 결성식에 참석한 여성들의 아버지, 남편, 아들들이 얼마 지나지 않아서 줄줄이 체포, 구속, 수배당했다. 마찬가지로 부총 간부들 또한 일제강점기보다 더 혹독한 탄압을 받게 되었다.

김명시는 좀 더 현실적인 정세분석을 하고 있었다. 1927년 상해에 도착할 당시 길거리에 즐비한 시체들을 보았고, 중국에서 두 번에 걸친 국공합작 과정을 지켜보았던 김명시였기에 다른 이들이 모르는 불안과 위기의 기운을 온몸으로 느낀 것이다.

조선국군준비대 전국대표자대회

1945년 12월 26일 오전 10시 서울 중앙중학교 강당에서는 '조선국군준비대 전국대표자대회'가 열렸다. 서울사령부원과 남한의 8개 사령부 대표가 참석한 이 대회는 이틀 동안 계속되었다. 교통 관계로 출석하지 못한 38선 이북 지방대표를 제외하고 경기도, 충남 · 북도, 전라남 · 북도, 경상남 · 북도, 제주도의 8개 사령부 대표자들이 모여 국군창설을 논의한 것이다.

학병에 나갔던 병사들을 중심으로 한 '귀환장병대'가 1945년 9월 7일에 국군준비대[29]로 이름을 바꾸었다. 미군정의 국방경비대(나중에 한국 육군의 전신이 된다)보다 먼저 결성된 자주적 군사단체였다. 당시 학병동맹, 해방병단 등 크고 작은 군사단체가 여럿 있었지만[30]

29 〈한국민족문화대백과사전〉.

30 1978년 『경향신문』의 집계로는 당시 96개에 달하는 군사단체가 있었다고 한다.

「새조선국방의 전위-26일, 국군준비대전국대회 개막」, 『조선일보』, 1945년 12월 27일

국군준비대는 상비군 1만 7천, 예비군 7만 명으로 가장 크고 압도적인 규모였다. 『조선일보』가 국군준비대를 "새 조선 국방의 전위"라 부를 정도로 언론이 주목했지만, 그 수명은 매우 짧았다. 전국을 순회하며 '대표자회의'를 확대한 전국대회를 개최하려고 노력하던 중에 1946년 1월 8일 미군정의 해산명령을 통보받았다.

이유는 허가받지 않았고, 치안 문란의 위험이 있다는 것이었다. 그러나 미군정은 이들이 구체적으로 어떻게 치안을 어지럽히는지 밝히지 않았다. 당시 광복군을 비롯한 수십 개의 군사단체가 있었지만, 미군정은 국군준비대만 가혹하게 탄압했다.[31] 사령관이던 이혁기가 "불법 경찰권을 행사하고 군사행동을 취했다"는 혐의로 미군정에 잡혀가면서 준비대는 와해의 길로 접어들었다. 관련자들이 갖고 있던 폭탄 등 무기가 압수되고, 간부 50여 명이 검거되었다.[32] 이혁기가 포고령 위반으로 3년 형을 선고받고 1년 반 만에 겨우 석방되었으니, 미군정이 얼마나 혹독하게 이들을 대했는지 알 수 있다.

1946년 1월 15일 미군정에 의해 대한민국 육군의 전신인 조선국방경비대가 창설되면서 조선국군준비대는 역사에서 사라졌다. 미군정이 세운 국방경비대에 독립운동의 정통성이 있었는가 하면, 불행히도 그렇지 않았다. 오히려 일본군 대위였던 이형근[33]과 일제하의 만주군 장교, 또는 간도 특설대 출신인 정일권 · 백선엽[34] · 김백일 등이 군사영어학교를 거치고, 박정희는 국방경비사관학교를 거치면서 우리 군의 지휘관이 되었다.

일본군에서 탈출한 조선 학병과 독립투사들이 주도한 조선국군준비대가 목표한바 친일청산을 이루지 못하고, 오히려 외세에 의존한 친일 · 친미세력이 군 수뇌부를 차지했다. 다시 그들이 한국전쟁과 5.16쿠데타를 거치면서 승승장구했기 때문에, 대한민국은 장기 군사독재의 어두운 세월을 보내야 했다.

---

31 『조선일보』, 1946년 1월 11일; 『동아일보』 1946년 1월 11일; 『중앙신문』 1946년 1월 12일 .

32 『대구시보』, 1946년 1월 21일; 『대동신문』, 1946년 1월 20일.

33 후에 육군참모총장을 지냈다.

34 후에 육군참모총장을 지냈다.

국군준비대 전국대표자대회에서의 김명시 연설

〈조선국군준비대 전국대표자대회〉에는 김구 주석, 김원봉 장군, 안재홍 민정장관 등 쟁쟁한 독립운동 인사들이 모두 참석했다. 김명시는 유일한 여성 연사였다. 김구를 비롯한 여러 인사의 축사와 격려사가 있었지만 신문은 김명시 연설만 전문을 실었다. 「異彩(이채) 띤 金命時 여장군의 축사」라는 제목에 '벼락 같은 축사'라고 보도할 정도로 연설은 강한 인상을 남겼다. 김명시의 축사는 이렇게 시작한다.

"연안에서 고국까지 7천 리를 걸어온 꿋꿋하고 씩씩한 여러 오빠, 동생을 만나 보니 반가움을 무어라 형용할 수 없습니다.

우리國土를守護하자
要人들激勵에滿堂感奮
朝鮮國軍準備隊全國代表大會

완전히우리국토에서나가야만된다 그러면미소양군은언제나 나가느냐 그는 우리국방군이 완전히 편성될때이다 금후 우리군은 특수계급을 보호하며 그노예가 되는군대가되여서는 안된다 나는군사훈련에잇서서 정치 체격 기술의 훈련이 삼위일체가되여야 한다고 밋는다 여러분이 잘알다십이 의용군과광복군은모도다 조선을위한 군대다 여러분은독립자유민주의삼대정신아래신속히인민의군대를세워주기바란다고말을마추고 임시정부국무위원成周寔씨와 이날 석상에서 가장 이채를띄고잇든 延安서 직접총을메고 피의투쟁을 하야온 여장군 金命時여사로부터 별항과가튼 축사와 安在鴻씨이하 여러단체 대표의 축사가잇슨후 대회 제일일을맛첫다

(사진은 대회장)

「우리국토를 수호하자-요인들 격려에 모두 감격」, 『자유신문』, 1945년 12월 27일

여러분께서는 조선의 국군이 되려고 댁에서 나올 때 여러분의 어머님과 누님께서는 반드시 여러분의 손을 잡고 부탁함이 있었을 것입니다.

이는 우리가 총을 메고 일선에 나갈 때에 받은 부탁과 같을 것입니다.

그는 바로 '인민을 구하라! 나라를 지켜라!'는 부탁입니다."

김명시는 그 자리에 누가 와 있는지 정확히 파악하고 있었다. 일본군에 끌려갔다가 중국에서 탈출해 온 학병들을 알아보고, 자신과 그들의 동질감을 표시했다. 조선의용군이 총을 메고 독립운동에 나선 것과 새 나라 국군이 되고자 이 자리에 온 젊은이들의 같은 입장이라는 것이다. 어머니와 누이로부터 "인민을 구하라! 나라를 지켜라!"하는 같은 부탁을 들었기 때문이다. 여장군으로 항일무장투쟁의 험한 역경을 헤쳐 온 김명시만이 할 수 있는 연설이었다.

"해외의 우리 동지가 적탄을 맞고 조선을 부르며 죽을 적엔 반드시 '조선의 오빠여! 동무여! 앞으로는 이런 일이 없게 하여 주기 바라오' 하고 감기 어려운 눈을 감았습니다. 혁명은 피 없이 아니 됩니다. 혁명에는 타협이 없습니다. 혁명에는 적과 나밖에는 없습니다."

이렇게 일본군과 싸우다 조선을 부르며 죽어갔던 동지의 유언을 전하며 청중의 가슴을 후벼 팠다. 나라를 빼앗겨 피지도 못하고 산화해간 젊은 넋들의 소원은 앞으로 이역만리에서 적탄에 맞아 죽는 일이 없게 해달라는 것이었다. 그러고 난 뒤 "혁명은 피 없이 아니 됩니다. 혁명에는 타협이 없습니다"라고 했다. 그리고 다음 말로 뜨겁게 마무리했다.

> "동무들이여 남에게 의뢰 말고 우리 피로 조선을 찾읍시다. 권력을 찾읍시다."

인기 강연자이자 토론자 김명시

1945년 12월 28일 종로 기독교청년회관 강당에서 열린 〈해외 여성투사 맞아 시국강연회〉에도 김명시가 연사로 참석했다. 이 시국강연회는 "연안을 중심으로 총검 잡고 피비린내 나는 항전을 하다 해방된 조국에 귀환한 여성 혁명 투사 김명시와 박진홍 두 사람을 맞이하여 조선여론사에서 개최한 것"이다. 김명시는 '중국여성의 애국운동', 박진홍(1914~?)은 '연안의 조선여성'이란 주제로 강연했다.

海外女性鬪士마저
時局講演大會開催

민족해방을위하야 연안(延安)을중심으로 총검을잡고 피비린내나는항전을 계속하다가 해방된조국에 개선귀환한 여성혁명투사 김명시 박진홍량씨를 맞이하야 시내황금정一정목에있는 조선여론사(朝鮮輿論社)에서는 아래와같이 시국대강연회를 [illegible]

時日 十二月卄八日午后三시
場所 鍾路基靑講堂

演士와演題
金명시 中국여性의愛국運動
朴洪진 延安의朝鮮여性
許河白 여性의當面任務
李現蘭 協同組合과朝鮮여性
黃信 現段階의政治的비判
李英濟 革명과靑年의進路
白元欽 파쇼를排擊한다

米避難者入국허可
【상海二十三일發 共立通信】 트루―만大統영은 [illegible]

『신조선보』, 1945년 12월 26일

박진홍은 '동덕고녀 개교 이래 최고의 재원'으로 불리며 1932년부터 1945년까지 4차례에 걸쳐 10여 년이나 옥살이를 한 걸출한 독립투사였다. 매번 석방되자마자 퉁퉁 부은 다리로 운동에 합류하

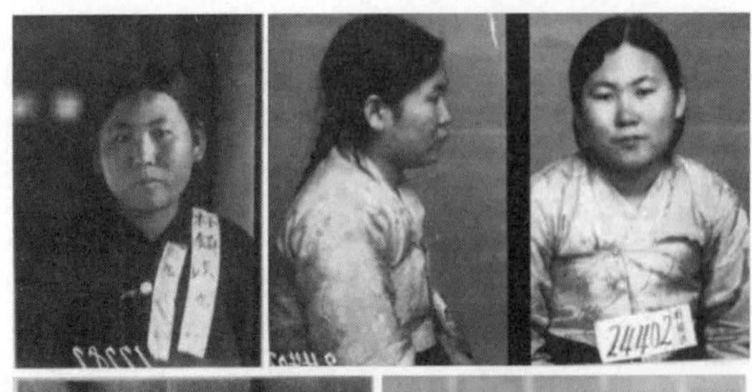

'동덕고녀 개교 이래 최고의 재원'으로 불리던 박진홍

위 왼쪽부터 1932년 3월 서대문형무소 촬영/1934년 5월 25일 경기도경찰부 형사과 촬영

아래 왼쪽부터 1935년 4월 11일 서대문형무소 촬영/1938년 4월 8일 서대문형무소 촬영

기 위해 스스로 조직을 찾아다닌 것으로도 유명한 열혈운동가였다.

1944년 10월 마지막 감옥살이가 끝나고 경성제대 교수였던 김태준과 사랑에 빠졌다. 두 사람은 출옥한 지 얼마 되지 않아 항일무장투쟁에 합류하기 위해 걸어서 연안으로 떠났다. 5개월의 악전고투 끝에 조선의용군이 있는 연안에 도착했으나, 오히려 첩자로 의심받았다. 일제의 단말마적 폭압이 극으로 치닫던 때라, 감옥에서 나온 이들이 줄줄이 전향서를 발표하고, 조선에서 왔다면 일본 밀정이라고 의심부터 당했다. 김명시는 박진홍이 활약한 경성트로이카 사건 전에 구속되어 있었으나, 같은 화요파 계열이라 이미 서로 알고 있었다. 김명시의 보증으로 박진홍이 풀려났다. 해방 후 김명시와 함께 연안에서 서울로 들어온 박진홍은 조선부녀총동맹의 문교부장 겸 서울시 부위원장으로 활동했다.

1946년, 해방 후 맞는 첫 새해 벽두부터 김명시는 종횡무진 지방 강연을 다니며 각지의 부녀동맹 조직을 지원했다. 당시 신문기사를 보면, 1월 25일 목포 평화극장에서 목포부녀동맹 주최로 연안에서 온 김명시와 허하백을 초청한 강연은 청중들을 감동시켰다고 나온다.[35] 그리고 얼마 되지 않아 "2월 10일 광주극장에서 열린 부녀동맹 전남도총지부 결성대회에도 참가했다. 목포 대의원이 김명시 여장군을 명예 의장으로 추대키로 제의하고 만장일치로 가결했다"는 기사도 발견할 수 있다. 「근로정신을 배양하여 문맹퇴치에 매진하자」는 기사 제목의 강연은 여성계몽이 주된 내용이었다. 여성의 사회적, 경제적, 정치적 해방을 위한 첫걸음이 '근로정신 배양과 문맹퇴치'라는 지극히 상식적이고 일상적인 내용이었다. 미군정은 이마저도 좌익계열의 여성운동이란 궁색한 이유를 달아서 탄압했다.

이때 전남지부 결성대회에서 결의된 사항은 다음과 같다.

- 각 지방에 강습회를 설치하여 지도자양성에 주력할 것
- 왜명을 배격할 것
- 중앙에 강연대를 조직하여 지방 계몽운동을 도울 것
- 간편한 활동복(구 몸빼)을 착용하여 재정의 일조로 공동 작업을 실시할 것[36]

---

35 『중앙신문』, 1946년 2월 10일.

36 「근로정신을 배양하여 문맹퇴치에 매진하자」, 『광주민보』, 1946년 2월 12일.

전국 각지에서 지역 부녀동맹이 활발히 조직되었다. 서울에서 반탁테러로 위축되었던 좌익 활동가들이 지방에서 열렬한 지지와 환대를 받으면서 기운을 얻었다는 기록이 있다. 그러나 미군정과 경찰의 비호 속에 성장한 우익 반공단체들은 곧 서울뿐 아니라 지방에서도 기승을 부렸다.

1946년 3월 8일 해방 후 첫 국제 여성의 날을 기념하여 부녀총동맹 주최로 서울 중앙기독교 청년회관에서 성대한 축하식이 열렸다. 위원장인 유영준의 개회사로 시작되었다.

> "여성 해방은 거스를 수 없는 세계사의 지향이다. 우리 조선 여성의 해방은 세계 민주주의화에서 이루어질 수 있고, 천오백만 여성은 조선의 민주주의를 위해 싸우자."

개회사 후 김명시는 '국제 부인의 날'의 기원과 역사에 대해 다음과 같은 내용으로 강연하였다.

> "세계 여성의 날은 1908년 미국의 시위로 시작되었습니다. 15,000명의 여성 노동자들이 열악한 근무시간 단축, 임금인상, 투표권을 요구하며 뉴욕시를 행진했습니다. 그리고 약 10년 뒤에 있었던 러시아 시위로 기념일의 의미가 다시 부상되었습니다. 1917년 3월 8일 러시아 페트로그라드 거리에서 여성 노동자들이 선두에서 '기아 전쟁 반대, 제정 타도' 시위가 3월 혁명의 도화선이 되었기 때문입니다. 그 시위는 황제 니콜라이 2세가 쫓겨난 계기가

되었고 이러한 여성들의 투쟁으로 러시아 10월 혁명 후 러시아 여성들은 평등권을 보장받게 되었습니다."

대회에서 부총은 조선의 완전독립과 부녀 해방을 위하여 전 여성의 민주주의 과업 완수를 다시 한번 강조했다. 그리고 미곡수집과 배급을 인민의 손에 넘기라는 식량 대책과 여성을 성노예화하는 공·사창 제도 폐지 요구문을 통과시켰다. 공장 여직공들이 기념식장의 과반수를 차지했다. 이들을 위한 음악 동맹의 촌극이 끝나자 정칠성의 폐회사로 기념식이 마무리되었다.[37]

김명시는 부총을 대표하여 모든 집회에 불려 다니는 인기 연사였을 뿐 아니라 토론자로서도 탁월했다. 부총 주최로 〈공창 폐지와 사회 대책 좌담회〉가 열렸을 때는 토론자로 참여했다. 공창과 사창 제도는 조선 시대 기생제도와 또 다르게, 성매매를 노골적으로 인정하는 여성착취제도로서, 일제가 남겨주고 간 잔재이자 사회적 죄악이었다. 궁핍한 여성들의 경제적 자립을 보장하지 못하는 상태로는 완전 철폐가 불가능하다는 주장도 있었다. 그러나 토론자로 나선 김명시는 "미군정법령 70호는 인신매매는 폐지하되 공창제도가(는) 존속시킨다는 것이다. 이것은 아주 모순된 법령"이라고 주장했다. 그리고 "공창문제의 해결 없이는 여성이 어찌 전선에 나갈 수 있습니까?" 하고 지적하며 사회단체에 관심과 성의를 촉구했다.

37 『자유신문』, 1946년 3월 9일.

〈호접〉 공연과 '백마 탄 여장군'

"무정이 장군과 그 부관인 김명시 장군이 뒷다리 쭉 빠지고 훨씬 키 높은 백마를 타고 종로통 거리를 지나가는데 모두들 손바닥이 터지라고 손뼉을 쳤어요. 그러면서 목이 터지라고 외쳤지. 무정 장군 만세! 김명시 장군 만세!"[38]

최근 타계한 소설가 김성동(1947~2022)이 고등학교 중퇴 후 출가한 1960년 끝 무렵에 '구빨치'인 늙은 스님에게 들었다는 이야기다. 그 스님은 한국전쟁 전에 입산한 남로당 간부였다. 김성동 역시 전국농민동맹 충남위원장이던 아버지 김봉한이 1948년 11월 체포되어 전쟁 중 대전교도소에서 처형된 아픈 가족사가 있었다. 무정이 해방 후에 남쪽에 내려왔다는 공식 기록은 없지만, '백마 탄 여장군' 김명시의 기억이 강렬했던 것은 분명하다.

소설가 김성동뿐 아니라 마지막 빨치산이던 정순덕(1933~2004)도 '백마 탄 김명시 장군'이 대단했다고 인터뷰했다. 산청 출신 정순덕이 서울 종로통의 김명시를 직접 본 것은 아닐 듯하다. 그녀도 전해서 들은 이야기일 것이다. 그렇다면 어떻게 김명시가 백마를 타고 종로를 행진했을까?

지금의 종로 단성사에서 연극 〈호접〉 공연이 끝난 직후였다. 〈호접〉은 김명시와 함께 연안에서 활동하던 김사량의 귀국 후 첫 작품이었다. 작가 김사량은 일제 학도병 위문단원으로 북경에 파견되었다가 연안으로 탈출했다. 조선의용군에 입대하고, 각종 희곡과 르

38 김성동, 『꽃다발도 무덤도 없는 혁명가들』, 박종철출판사, 2014, 261쪽.

포를 쓰며 선전활동에 참여하다가 해방되고 귀국했다. 〈호접〉은 일명 '호가장 전투', 원제목은 '조선독립군'으로 1941년 실제 있었던 전투를 그린 연극이다.[39] 1945년 12월 김사량 귀국 후 바로 〈호접〉 공연이 가능했던 데에는 중국에서 이미 의용군 선전 활동으로 공연한 대본이 있었을 것으로 추정된다.

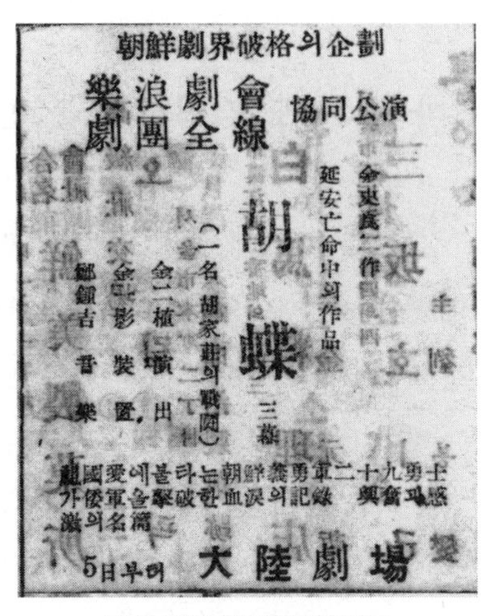

당시 연극 〈호접〉 공연 광고

이 공연에 김명시가 초청받은 것은 당연하다. 불과 4년 전 태항산중에서 펼쳐진 호가장 전투를 연극으로 본 관중들의 감격은 컸을 것이다. 더구나 조선의용군 지휘관, 그것도 저명한 여장군이 그 자리에 있었다면 관객들 속에서 환호와 만세 소리가 터질 수밖에 없었을 것이다.

태평양전쟁 말기 철저한 언론통제 때문에 해방 직후 사람들은 실제 독립군의 전투 상황을 정확히 알지 못했다. 만주 허허벌판에서 백마를 타고 일본군과 싸웠다고 상상했을지도 모른다. 죽음을 비껴간다고 믿어서 장군들이 타고 다녔다는 백마는, 극단 '전선'이 이역만리 혈투를 뚫고 돌아온 영웅을 위해 준비한 이벤트가 아니었을까. 김명시가 백마를 타고 종로 거리를 활보한 것은 그때였을 것이다.

39 『해방일보』, 1945년 12월 21일.

마산에서도 김명시 장군 만세

김명시 사촌 동생 고 김형도 씨는 마산 사람들이 "김명시 장군 만세"를 외쳤다고 증언했다. 그는 사람에 둘러싸여 있는 사촌 누나와 말할 기회도 없었다. "너가 형도구나" 하고 어깨를 살짝 두드려 준 것이 돌아온 영웅과 짧은 만남 전부였다. 김명시가 마산에 올 이유야 여러 가지 있었지만, 적어도 한 번은 〈호접〉 공연 때문에 왔을 것이다. 그 증거가 신문기사에 있다.

연극 〈호접〉은 일찍부터 인기가 높았다. 서울 공연 소식을 듣자 경남인민위원회가 극단 '전선'에 먼저 연락해서, 다음 해 5월 중순 경남 일대 각 도시에 〈호접〉 순회공연이 결정되었다.[40] 당시 마산인민위원회 위원장은 김명규, 부위원장은 이정찬이었고, 둘 다 김명시의 여자야학 교사였다. 그들은 어린 여동생을 업고 야학을 다녔던 김명시를 알고 있었다. 그 제자가 죽을 고비를 몇 번씩 넘기고 여장군으로 돌아왔다면 예전 선생님들이 놓쳤을 리 없다. 마산에서 〈호접〉이 공연되었을 때도 사람들은 자연스럽게 '김명시 장군 만세'를 외쳤을 것이다.

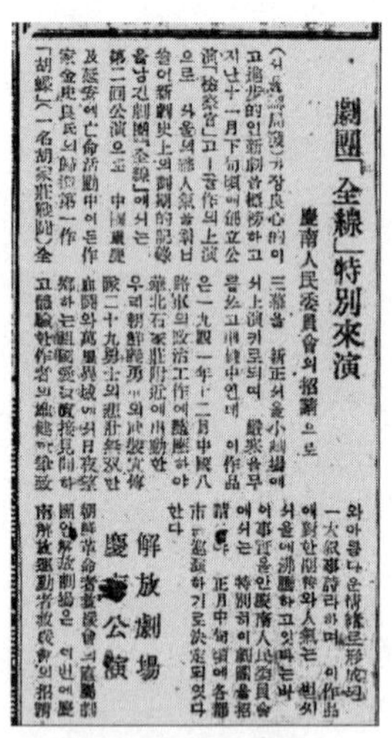
劇團「全線」特別來演

慶南人民委員會의 招請으로

『민주중보』, 1945년 12월 25일, 〈호접〉 기사

이역만리에서 영웅적인 투쟁을 마치고 돌아온 제자와 스승이 만나고, 그것을 감

40 『민주중보』(1945년 12월 25일) 기사 내용 참조.

개무량하게 지켜보던 친지와 동료, 가까운 고향 사람들은 다 어디로 갔을까? 김명시의 외사촌 동생 김재두(1932년생)의 증언에 따르면, 김명시는 해방 후 마산에 두 번 정도 와서 외가인 자기 집을 찾았고, 이때 김명시와 함께 왔던 청년 두 명은 북으로 갔다고 한다.

고향에서 백마 타고 환호받던 해방의 기쁨도 잠시, 분단과 전쟁의 참화 속에 김명시를 기억하는 사람들은 북으로 가거나, 또는 보도연맹사건으로 괭이 바다와 이름 모를 골짜기에서 죽었다. 참혹한 역사를 경험한 친지들은 김명시 이름을 잊은 것이 아니라 피눈물로 가슴에 묻어 기억에서 지워야 했다. 희망연대가 김명시 장군 서훈 사업으로 대대적인 친족 찾기 운동을 벌이지 않았다면, 이런 증언들도 세상에 알려지지 않았을 것이다.

1946년 5월 1일 해방 후 첫 노동절 행사

1946년 5월 1일, 김명시는 20만 명의 노동자가 운집한 서울운동장 야구장(동대문운동장)에서 부녀총동맹 대표로 노동절 축사를 했다.[41] 해방 후 처음 맞는 노동절 행사가 조선노동조합전국평의회(전평)[42] 주최로 성대하게 거행된 것이다. 노동자의 권리와 요구를 쓴 20여 폭의 깃발과 펼침막이 하늘을 덮고, 이른 아침부터 밀려드는 노동자 대열과 이를 환영하는 만세 소리로 땅이 흔들렸다.

운동장은 바늘 하나 세울 틈 없이 노동자로 가득 찼다. 영등포,

41 『중앙신문』; 『현대일보』; 『전국노동자신문』, 1946년 5월 3일.

42 1945년 11월 결성되었다.

二十万名이 雲集

反動輩大韓勞聯의 謀略을 粉碎

京城

五월一일 전조선 곳곳에서 기념행사가 잇섯을것이나 서울에서는 전평조선공산당 경평의 공동주최로 서울운동장(야구장)에서 二十만의 노동자가 참가하야 「메ー데ー」 六十주년 기념식을 성대히 거행하엿는데 회장주위에는 노동자의 권리와 요구를 주장하는 표어를 쓴 二十여폭의 종기(縱旗)가 둘러싸고 이른아침부터 밀려드는 노동자의 대렬(隊列)을 환영하는 만세소리는 담하나 전너 여극을 꾸미고 잇는 소위 「H

한노총」 반동배들의 혼을 일케하엿다 정오가까히 박헌영동무 ·여운형선생 허헌씨등 지도자들의 입장이 마이크를통하야 알려지자 환영의 박수소리는 땅이 또한 개여질듯하엿스며 오정 좀넘어 기빨은 하날을덥고 장내는 노동자로 바늘하나 세울틈업시 가득차자 전평부위원장 朴世榮동무 개회선언으로 기념식은 시작되여 엄숙한 국기게양 애국가우렁찬 「메데ー」가를 함께부른다음 희생동지에대한 묵상을올리고 전평위원장 許成澤동무 로부터

「이십만명이 운집-반동배 대한노련의 책략을 분쇄」, 『전국노동자신문』, 1946년 5월 3일

뚝섬 등지에서 차를 못 타고 걸어오는 노동자들을 기다리기 위해 11시 예정이던 행사가 12시 반에야 시작되었다. 개회 직전 박헌영과 여운형이 입장하자 우레와 같은 환호와 박수가 쏟아졌다. 전평 부위원장이었던 박세영의 사회로 개막되어, 국기가 게양되고, 애국가 제창, 메이데이 노래 합창과 희생 동지에 대한 묵상이 있은 다음, 전평 위원장인 허성택의 개회사가 있었다. 개회사가 끝나자 군중 속에서 메이데이가(歌)와 만세가 그칠 줄 몰랐다. 이어 스탈린, 트루먼, 레온치오(세계노련 대표), 김일성, 박헌영, 여운형, 허헌 등 7명을 명예 의장으로 추대했다. 미국 대통령인 트루먼을 이 중 한 명으로 추대했듯이, 전평은 이때도 미군정과 협조노선을 유지하고 있었다.

조선공산당 대표로 박헌영과 여운형의 축사가 있자 "조선공산당 만세, 민족의 지도자 박헌영, 여운형 만세, 조선 노동자 만세"의 환호가 연속하여 장내는 흥분과 감격에 휩싸였다. 전국농민조합총연맹 백용희, 중앙인민위원회 허헌, 민주주의민족전선 이강국, 신민당 구재수, 재일본조선인연맹 김건수, 부녀총동맹 김명시 등의 축사가 이어지자 대회 분위기는 한층 뜨거워졌다. 이날 미소공동위원회(미소공위)의 7호 성명이 발표되고, 본부로부터 그 내용이 낭독되자 긴급동의와 만장 박수로 "미쏘공동위원회 만세"와 7호 성명 지지 메시지 발송이 결의되었다. 그리고 조선 건국의 토대가 될 산업부흥에 노력한 노동조합 분회와 노동자에 대하여 전평의 표창이 있었다. 국제노동조합 연맹과, 소 · 미 · 중 · 영 4국의 노동조합연맹에 메시지 발송을 결의한 다음 오후 4시경 원만히 폐회하였다. 축하 여흥이 계속 이어져 대회 분위기가 유쾌하고 재미있었으며, 행진을 못한 것이 유감이라고 전국 노동자신문은 보도했다. 1차 미소공위가 며칠 뒤인 5월 6일, 무기한 휴회를 선언하기 직전이었다.

해방 조국에서 처음 맞이하는 노동절, 김명시는 어떤 심정이었을까? 23년 전인 1923년 5월 1일, 마산 최초의 노동절 기념식을 마치고 "8시간 노동 쟁취하자", "만국의 노동자여 단결하라"는 깃발을 들고 마산 시내를 행진할 때 김명시는 16살이었다. 당시 '경성지방법원 검사부 사상국'이 비밀리에 작성한 기록대로 김명시는 원래부터 '직공'이었다. 그는 노동자들과 함께 일제강점기 누구보다 가혹하게 탄압당했지만, 한순간도 쉬지 않고 가장 용감하게 싸웠다. 그가 한 노동운동은 임금인상이나 처우개선에서 머무르지 않고, 빼앗긴 나라와 주권을 찾기 위한 목숨 건 항일투쟁으로 폭과 깊이를 더하며 발전해왔다.

전평과 대한노총

1946년 5월 1일 우익세력이 주최한 노동절 기념행사가 동대문운동장과 멀지 않은 곳에서 별도로 열렸다. 20만여 명이 모인 전평 쪽에 비하면 초라한 규모인 1,000여 명이 참석했다. 이 행사를 주최한 〈대한독립촉성노동총연맹〉은 애초부터 노동자를 기반으로 한 조직이 아니고, 이승만 총재, 김구 부총재로 반탁과 전평 타도를 위해 우익 반공 청년단체들이 출범시킨 단체였다. 과거 권위주의 정부 시절에는 이 단체의 창립일인 1946년 3월 10일을 '근로자의 날'로 기념하여, 노동자의 국제 연대를 상징하는 메이데이 전통을 물타기한 적도 있다. 대한독립촉성노동총연맹은 이후 〈대한노동총연맹〉으로 재발족하여, 우익 선봉대 역할을 하는 어용노조의 대표 조직이 되었고, 우여곡절을 겪으면서 지금 한국노총의 전신이 되었다.

해방되자 일본인 자본가들은 기계를 부수고 원료를 팔거나 공장에 불을 질렀다. 공장 문을 닫고 시설을 처분해 일본으로 도망가려고 한 것이다. 그때 막아선 것이 노동자들이었다. 생산을 못 하면 바로 굶어야 했기에, 노동자들은 스스로 공장을 운영하며 노동자자주관리운동을 전개했다. 그들은 미군정을 해방군으로 보고, 조선의 독립과 노동자의 민주적 권리가 보장될 것으로 기대했다. 그러나 소련의 영향력이 38선 이남으로 확산하는 것을 막는 데 급급한 미군정에게 노동자의 민주적 요구 실현은 뒷전이었다. 오히려 일제에 부역했던 과거 친일파들을 동원해서 강압적으로 치안과 질서 유지에 몰두했다.

노동자들에게는 자신의 요구를 관철할 조직이 필요했다. 1945년 11월, 전국노동자대표 515명이 모인 가운데 조선노동조합전국평의회가 결성되었다. 초기에는 212만 전체 노동자의 약 10%인 21만 명이 참가했으나, 1946년 2월에 조합원이 이미 57만여 명으로 늘어난 상태였다. 전평은 짧은 기간 내에 16개의 전국 산업별 노조 체계를 갖추었고, 47년 6월에는 8개의 도 평의회를 설치해서 지역별 실행조직을 정비하였다.

전평은 자본과 국가에 예속되지 않은 자주적이고 독립적인 조직으로 조합비와 노동자들의 의연금으로 운영되었다. 반면 대한노총의 활동자금은 한민당과 기업가, 군정청 관리로부터 지원되었고, 조합비를 걷지 않았다. 우익 청년단은 좌익세력에 대한 테러와 전평 파괴로 보답했다. 대한노총은 오랜 기간 '이름만 노총'이고, 실상은 반노동자 행위를 일삼는 어용 관제 조직에 지나지 않았다.

전평이 당시 목표했던 최저임금, 8시간 노동, 유급휴가, 완전고용, 사회보험, 단체계약권, 언론 · 출판 · 집회 · 시위 · 파업의 자유 등은 지금 우리 헌법에 보장된 기본권에 해당한다. 당시 쟁점이던 노동자의 자주적 공장관리는 해방되면서 일본인이 두고 간 공장, 소유권만 국가에 귀속된 주인 없는 자산을 노동자들이 스스로 운영하면서 제기된 요구였다. 그들은 노농동맹, 인민공화국[43] 지지, 자주독립, 노동자 계급의 국제적 연대를 요구했다. 전평은 1946년과 47년 두 번의 파업을 거치면서 미군정하의 경찰력과 우익 청년단, 대

---

43 여기서 인민공화국은 나중에 한반도 북쪽에 들어선 단독정부인 '조선민주주의인민공화국'이 아니라 여운형이 주도한 건국준비위원회가 연합군 진주를 앞두고 수립한 자치정부인 '조선인민공화국'을 의미한다.

한노총의 집중 공격을 받아 결국 와해되었다.

당시 신문에 실린 노동절에 부쳐진 시에는 새 나라 건설의 기대가 담겨 있다.

메이데이의 노래[44]

김상훈

보람이 기(旗)폭처럼 펄럭이는
5월의 첫날은 노동자의 명절
우렁차게 익혀온 노래를 부르자
뭉쳐서 걸어가면 地心(지심)도 울리는 발굽

함마 쥔 손에 기름 묻은 그대로
타고 결어[45] 억울함을 참아온 얼굴들이
우리도 여덟 시간만 일하고 살자고
에미랑 자식들 굶겨서 죽이지 말자고

들으라! 외치는 소리 사무쳐
바람에도 흩어지지 않는 동족의 소리
삼천만인분의 식사를 혼자 하려는 정객
간상배 주구들 무릎 꿇어 빌어야 할 날이라

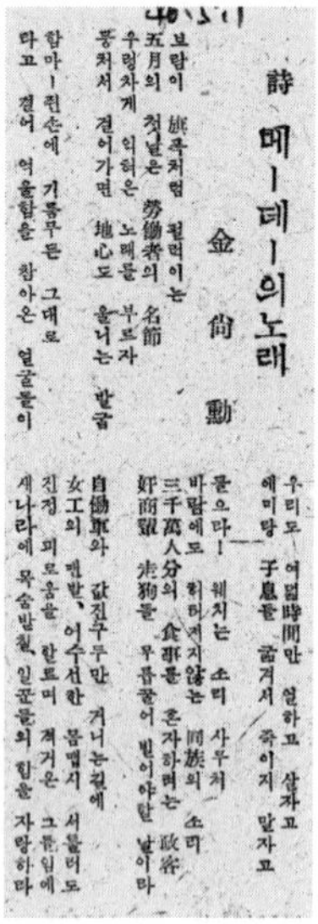

44 5월 1일자 『자유신문』에 실린 시다. 김상훈은 거창 출신의 문학가로 월북했다.

45 나무나 돌, 살갗 등에서 조직의 굳고 무른 부분이 모여 일정하게 켜를 지으면서 짜인 바탕의 상태나 무늬. 문맥상 '결어'는 '주름져'로 읽힌다.

자동차와 값진 구두만 거니는 길에
여공의 맨발, 어수선한 몸맵시 서툴러도
진정 괴로움을 핥으며 겪어 온 그들임에
새나라에 목숨 바칠 일꾼들의 힘을 자랑하라

모스크바 3상회의

김명시가 귀국하고 왕성하게 활동을 개시할 무렵, 가짜 뉴스 하나가 해방정국을 강타했다. 바로 1945년 12월 27일 『동아일보』 1면 톱에 실린 〈모스크바 3상회의〉 기사다. 회담 결과가 왜곡된 기사로 전해지면서 첨예한 이념 갈등의 도가니가 되었다. 김명시의 비극은 이때부터 시작되었다 해도 과언이 아니다. 또한, 우리 민족을 식민통치에 이어 전쟁과 분단이라는 더 큰 비극과 불행으로 몰고 간 계기였다는 면에서 최악의 오보였다.

"외상 회담에 논의된 조선 독립문제, 소련은 신탁통치 주장, 미국은 즉시 독립 주장, 소련의 구실은 38선 분할 점령"

東亞日報

外相會議에論議
朝鮮獨立問題

蘇聯은信託統治主張
蘇聯의口實은三八線分割占領
米國은即時獨立主張

朝鮮의分占은不當

『동아일보』, 1945년 12월 27일
신문의 신탁통치 오보

사실은 오히려 소련이 즉시

독립을 주장했고, 신탁통치안은 미국의 기본 입장이었다. 당시 한반도 전역에서 좌익진영의 정치역량이 상대적으로 우월했기 때문에, 소련으로서는 굳이 조선에 신탁통치로 개입할 필요가 없었다. 반면 미국은 소련의 영향력 확대를 저지하기 위해 즉각적인 독립보다는 강대국들이 30년간 공동관리하자는 신탁통치를 제안했다. 소련이 반대하자 5년으로 기간을 절충하여 미 · 영 · 소 3국이 여기에 합의한 것이다. 모스크바회의에서 결정된 실제 합의사항은 다음과 같았다.

- 한국의 독립국가 건설을 위한 임시정부를 수립한다.
- 이를 준비하기 위하여 미소공동위원회를 설치한다.
- 임시정부를 통해 미국, 영국, 소련, 중국의 4개국이 최장 5년간 신탁통치를 한다.
- 총선거를 실시하여 완전한 독립국가를 수립한다.

『동아일보』 기사는 '조선 임시정부 수립'이란 핵심 내용도 의도적으로 누락시켰다. 미국 루스벨트 대통령이 처음 구상하고 제시한 한반도 신탁통치안은 어느 한쪽 강대국의 일방적인 지배를 견제하기 위한 절충안이었다. 또 제2차 세계대전이 끝나고 패전국으로부터 분리한 과거 식민지역을 유엔이 관리하기 위해 폭넓게 적용하던 외교수단이기도 했다. 당시 유엔의 신탁통치령이 적용되던 여러 지역이 나중에 대부분 독립을 달성했기 때문에, 비교적 성공적인 제도였다는 평가도 가능하다.

그러나 기사는 신탁통치가 외세에 의한 식민지화와 다를 바 없다는 식으로 보도했고, 결국 독립의 열망으로 끓는 기름처럼 달아오르던 조선인의 가슴에 격한 찬·반탁 논쟁의 불씨를 던져 넣은 꼴이 되었다. 처음에는 좌우익 모두가 반탁을 선언했다가, 회담의 세부 내용을 알게 된 좌익은 곧 '모스크바 3상회의 지지'라는 신중한 입장으로 돌아섰다. 반면, 우익과 미군정은 외세 억압에 반대하는 대중들의 격한 분노를 반탁운동으로 유도하여 정국주도권을 만회하는 용도에 십분 활용했다. 오보로 시작된 격렬한 반탁운동의 결과로, 한반도에 평화적이고 합리적인 방법으로 통일정부를 수립할 기회가 사라지게 되었다.

지금은 교과서에 당시 『동아일보』 기사가 '잘못된 보도'[46]였다는 설명이 실리고, 월간 『신동아』에서 "그 시대 한국 정치인들이 3상회의 합의 내용의 구체적 내용에 대한 정보와 이해 없이 맹목적이고도 감정적으로 대처하였다"[47]고 반성했지만, 역사에서 한번 지나간 기회는 다시 오지 않았다. 게다가 마지막 냉전유물인 분단 상태가 유지되는 한반도에서는 이 논쟁이 아직도 지루하게 이어지고 있다. 김명시가 스티코프 대장 등 미소공동위원회 소련 대표단을 환영하며 꽃다발을 전달한 것이 대한민국 건국을 반대하고 북한 정권을 지지한 근거라는 『문화일보』 보도가 그 예이다.[48]

해방 후 신문기사 어디에도 김명시가 신탁통치안에 대해 구체적

---

46 7차 교육과정 교과서 『한국근현대사』(금성출판사, 258쪽)에 "소련이 삼팔선 분할을 구실로 신탁통치를 주장한 반면, 미국은 즉시 독립을 주장하였다는 잘못된 보도였다"는 설명이 나온다.

47 김주완, 『토호세력의 뿌리』, 불휘, 2005.

48 정충신, 「'김일성 추종, 북정권 지지' 김명시 건국훈장 추서에 보훈단체 반발 확산」, 『문화일보』, 2022년 8월 29일.

으로 언급한 내용이 없다. 당시 좌익단체도 '5년간의 신탁통치'안을 받아들인 것이 아니라, '독립국가 건설'에 합의한 모스크바회의를 지지하며, '임시민주정부 수립'을 위해 조속한 미소공동위원회를 열라고 촉구했을 뿐이다. 그것만이 분단을 막는 유일한 방법이라고 판단했기 때문이다. 좌우대립과 갈등은 결국 단독정부 수립, 분단과 전쟁으로 이어졌다. 그리고 지금까지 한반도의 모든 불행과 허약한 민주주의의 근본 원인이 되었다.

찬탁과 반탁의 소용돌이

우익진영은 모스크바회의 결과를 지지한 좌익을 맹렬히 비난했다. 권력욕 때문에 소련에 나라를 팔아먹는 매국노라 낙인찍었다. 우익진영이 반탁운동을 제2의 독립운동이자 애국운동이라고 주장하면서, 친일파와 매국노들까지 여기 합세하여 애국세력으로의 변신을 시도하게 된다.

당시 좌익진영은 해방 후 건국준비위원회, 인민공화국, 인민위원회로 정국의 주도권을 잡고 있었다. 미군정이 실시한 여론조사에 따르면 해방 후 조선 사람들 70% 이상이 사회주의에 우호적이었다고 한다. 일제 말기 가장 치열하게 싸운 이들 중에는 대중적 지지와 존경을 받는 사회주의자들이 많았다. 사회주의자가 독립운동가는 아니지만, 독립운동가는 사회주의자라고 할 정도였다.

반면 우익진영의 대중적 기반은 취약했다. 친일부역세력은 해방 후에도 미군정에 협력하며 치안, 행정 업무에 종사하고 있었으나,

해방정국에서 정치적 주도권을 잡을 수는 없었다. 그 와중에 독립촉성회로 모여든 우익진영이 반탁운동으로 기사회생하여, 애국자로 행세하며 과거 자신들의 약점을 지워내고, 반공을 앞세워 좌익진영 제거에 나설 수 있었다.

아이러니하게도 찬탁과 반탁 갈등의 첫 희생자는 우익정치인 송진우였다. 모스크바회의 결과가 발표되고 며칠 안 된 12월 30일, 우익정당을 대표하는 한민당 간부 송진우가 암살되었다. 암살범의 배후는 밝혀지지 않았다. 그러나 체포된 암살범 한현우는 송진우의 찬탁을 문제 삼았다. 미군정에 협조적이던 송진우는 모스크바회의의 결정 내용을 제대로 알고 있었다.

강원룡 목사의 회고담에 의하면 송진우는 이렇게 말했다.

"3상회의 결의문도 읽지 않고 방송만 듣고 떠들어서는 안 된다. 길어야 5년 이내에 끝나는 신탁통치를 하고 결국엔 한국의 정당, 사회단체들과 의논해 민주주의적인 통일정부를 세운다고 하는데, 이대로라면 우리가 5년을 왜 못 견디냐?"

강원룡 목사는 "그때만 해도 저 사람이 무슨 저따위 소리를 하냐며 분통을 터뜨렸지만 오래지 않아 역시 송진우 선생이 맞았어요."[49]라고 말했다.

우익이면서 합리적인 송진우의 생각은 테러의 명분이 되었다. 그

---

49 박태균 · 정창현, 『암살』, 역사인, 2016, 54쪽.

의 암살은 시작에 불과했다. 여운형, 장덕수, 김구가 차례차례 암살되었다. 결국 찬·반탁문제는 좌익 탄압의 빌미가 되었다. 우익진영은 좌익을 폭력세력·테러집단, 나라 팔아먹는 매국노라고 매도하며 자신들의 테러를 정당화했다. 미군정의 행정력은 좌익에게는 가혹했으나 우익 폭력은 묵인, 방치하다 비호했다. 해방을 맞이한 지 몇 달 만에 동포들끼리 서로 증오하고 죽고 죽이게 된다. 김명시가 꿈에도 그리던 해방이었건만 조국의 상황은 참혹했다.

민주주의민족전선

1946년 2월 1일, 우익진영이 결집한 비상국민회의가 명동성당에서 열렸다. 김구의 중경 임시정부 계열이 주도한 이 모임은 자주적 과도정부 수립을 목표로 내걸고, 반탁운동으로 해방정국의 주도권을 잡고자 했다. 2주일 뒤에는 이와 별도로 미군정이 요청한 대한국민민주의원(민주의원)이 발족된다. 민주의원은 미군정 자문기구이자 해방 후 최초의 입법기구 성격이 있었다. 의장에 이승만, 부의장에 김구와 김규식을 선출했고, 좌익계를 제외한 인사들이 총망라되었다. 그러나 참여 인사들의 기대나 의도와 달리 어떤 결정권도 갖지 못한 미군정 자문기관에 그치고 말았다. 미군정은 미소공동위원회 개최를 앞두고 임시정부 조직사업에 참여할 우익지도부를 구성해서 좌익진영을 견제하고자 한 것이다.

좌익진영도 과도적인 임시국회로 기능하며, 정부 수립에 참여할 대응 조직이 필요했다. 민주의원 발족 바로 다음 날, 조선공산당, 조선인민당, 남조선신민당, 조선민족혁명당, 전평, 전국농민종합평의회(전농), 부녀총동맹 등 좌익계 외곽단체들이 총망라되어 민주주의 민족전선(민전)을 결성했다. 임시정부 국무위원이었던 김원봉, 장건상, 성주식, 김성숙과 중도우파인 이극로, 천도교 간부 오지영도 여기 참여했다. 김명시는 오빠 김형선과 함께 민전 결성식에 참석했다.

공동의장단으로 여운형, 박헌영, 허헌, 백남운, 김원봉 등이 선출되어 모스크바 3상회의 지지를 표방한 단체들이 모두 결집했다. 민전 강령은 "조선의 민주와 독립을 보장하는 3상회의 결정을 전면적으로 지지함으로써 미소공동위원회의 속개 촉진운동을 전개하여 남북통일의 민주주의 임시정부 수립에 매진하여 북조선 민주주의 민족전선과 직접 회담하여 전국적 행동 통일을 기함"이었다. 그 결정사항은 다음과 같았다.

- 토지개혁(무상몰수, 무상분배), 중요산업 국유화, 민주주의 노동법령 및 정치적 자유를 위시한 민주주의 기본 과업에 매진할 것.
- 친일파, 민족반역자, 친파쇼 반동거두들을 완전히 배제하고 테러를 철저히 박멸하여 검거 투옥된 민주주의 애국지사의 즉시 석방을 실현하여 민주주의 정치운동을 활발히 전개할 것.
- 남조선에 있어서도 정권을 군정으로부터 인민의 자주 기관인 인민위원회에 즉시 이양할 것.
- 군정 고문 기관 혹은 입법 기관 창설에 반대할 것.

민전은 특히 친일파의 범위를 구체적으로 규정해서, 민전 산하에 친일파 민족반역자 심사위원회를 구성했다. 해방 후 처음 맞게 되는 삼일절 기념일을 보름 앞둔 시점이었다. 27주년 삼일절 기념식은 해방 조국에서 맞는 가장 중요한 행사였지만, 좌와 우가 각각 남산과 종로 보신각에서 별도 개최할 정도로 갈등이 고조되었다.

기념식이 끝난 후 행진하던 시위 대열이 남대문에서 마주쳐 충돌했다. 어린 시절 3.1운동에 감화되어 독립운동을 시작한 김명시로서는 참으로 난감하고 받아들이기 어려운 상황이었다. 그는 한 줌도 안 되는 일제 하수인들을 제외하고는, 완전독립국가 건설을 위해 한 뭉치가 될 것을 주장했다. 김명시의 민전활동은 그 주장의 연장선에 있었다. 그러나 광기 어린 역사의 소용돌이 속에서 모두 '한 뭉치'가 되는 통일전선은 갈피 없이 표류했다.

제1차 미소공동위원회

모스크바 3상회의 결정에 따라 미소공동위원회 1차 회담이 1946년 3월 20일 덕수궁 석조전에서 개최되었다. 반탁운동이 거세지만 모스크바회의 결정 내용은 유효했다. 국제정세와 당시 국내상황을 고려할 때 민주통일정부를 수립할 유일한 길이기도 했다. 민전은 미소공동위원회 진행 기간 내내 미국에 우호적인 태도를 보여주고자 했다. 4월 12일에는 민전 주최로 서울 국제극장에서 루스벨트 대통령 1주기 추도식이 거행됐다. 미군정 하지 중장과 미소공위 대표들이 초대되었고 조선공산당과 조선인민당도 참석했다. 추도식에서는 세계평화와 자유 민주국가를 지키려던 루스벨트의 노력을 기리고, 우리 민족해방의 은인으로서 감사를 표시했다. 민전은 우익이 결집한 미군정 자문기관인 민주의원을 비난하면서도, 미국과의 관계 자체를 훼손하고 싶지는 않던 것이다.

바로 다음 날인 13~14일, 장곡천정 조선연구관에서 민전 서울시지부 결성대회가 열려 김명시가 지부 의장단 8명의 일원으로 선출되었다. 여기에는 40여 단체 대표, 지역 대표 등 1,000여 명이 참석했다고 한다.[50] 신민당이 긴급 건의하여 토의한 사항을 보면 다음과 같다.

1. 시의 자치제 확립에 관한 건
2. 생산 부흥과 실업책에 관한 건
3. 시민 식량에 관한 건
4. 시민 주택에 관한 건
5. 경찰 민주화에 관한 건
6. 민주주의 민족문화 및 교육실시에 관한 건
7. 재정방침에 관한 건

민전 서울시지부는 시민들의 식량 최저배급량을 1인당 4홉으로 정하고, 배급이 끊어지지 않도록 쌀을 모을 것을 결의하고, 이것을 민전 대회 이름으로 군정청과 시청에 건의하자고 결정했다. 민주주의 단체와 개인에 대한 비민주적 중상과 탄압을 막아달라는 진정문도 발표했다. 반탁우익진영의 폭력테러가 점점 기승을 더하고 있었음을 알 수 있는 대목이다.

---

50 『조선일보』, 1946년 4월 14일. 같은 날 『자유신문』은 24개 단체 1,500명 출석으로 보도.

미소공동위원회에 참가하는 정당, 사회단체가 임시민주정부를 구성하는 산파역을 맡게 되었다. 그러므로 미소공위의 핵심문제는 '어떤 정당과 사회단체'를 협의 대상으로 할 것인가였다. 제1차 미소공위에서 소련 측은 "모스크바 3상회의 협정을 지지한 세력만 통일 임시정부에 참여할 자격을 주자"고 주장했다. 신탁통치를 결사반대하는 이승만의 한민당이나 김구의 한독당은 여기 참여할 수 없다는 것이었다. 그러나 미군정은 이 주장대로 우익을 배제한 임시정부를 만들 생각이 없었다. 4월 18일 소련의 양보로 "반탁운동을 했으나 지금부터라도 3상회의를 지지한다면 참여시키겠다"는 미소공위 공동성명 5호를 발표했다. 그러나 한민당과 한독당은 신탁통치반대운동을 멈추지 않았고, 협상장에서 다시 미국 측 대표는 표현의 자유를 들먹이며 모든 정치세력이 통일 임시정부에 참여할 자격을 주자고 주장했다. 미국과 소련이 팽팽히 맞서다가 이견을 좁히지 못하고, 1차 미소공위는 5월 6일 무기 휴회에 들어갔다.

정판사 위조지폐 사건

미소공위 결렬 직후인 5월 14일, 미군정은 엄청난 사건을 발표했다. 박헌영이 이끄는 조선공산당이 당비 조달 목적으로 위조지폐를 만들어 유통시켰다는 정판사 위조지폐 사건[51]이 그것이다. 미군정

51 해방 직후 ML계 공산당 재건파들은 일제가 조선은행권을 인쇄하던 근택빌딩을 (당시 금액으로) 20만 원에 사들여 조직 근거지로 삼고자 했다. 건물 이름을 사설 인쇄소 겸 출판사인 조선정판사로 바꾸고, 여기에서 조선공산당 기관지 『해방일보』를 인쇄했다. 건물에는 일제가 패망하면서 퇴각자금을 동원하려고 사설 인쇄소

은 일제 패망 시 조선총독부가 퇴각자금을 마련하기 위해 불법적으로 마구 찍어낸 화폐의 가치를 인정했다. 그 결과 인플레이션이 발생하고, 시중에는 위조지폐가 넘쳐나서 대중의 불만이 고조되었다. 미군정으로서는 적당한 희생양이 필요했고, 마침 남한에 반공정권을 수립하기 위해서는 사회주의세력을 억누를 필요가 있었다.

정판사 위조지폐 사건으로 이재유 그룹(경성트로이카) 출신 독립운동가 이관술과 6.10만세운동 지도자인 권오설의 동생 권오직, 3차 조선공산당 출신이자 김철수의 동지 독립운동가 박낙종, 송언필이 체포되었다. 이관술은 일제강점기 친일파 고문 기술자 노덕술에게 수차례 잔혹하게 고문당했다. 해방 후에도 노덕술은 건재할 뿐 아니라 수도경찰청 수사과장으로 승진까지 했다. 하필이면 노덕술이 정판사 사건 수사를 지휘했다. 악연이 해방 후에도 이어진 것이다. 노덕술의 고문에 걸려들면 전부 고백하든가, 아니면 죽는 두 가지 길밖에 없었다고 한다. 그러나 이관술은 고백하지도 죽지도 않았다. 노덕술은 자기의 고문기술 기록을 이관술이 깼다고 이를 갈았다. 이관술이 두 번째 체포되자 노덕술은 죽도록 고문했다. 이번에도 이관술은 끝까지 버텨 기적적으로 살아났다. 독립운동가들 사이에서 이관술은 불사조 같은 존재였다.

에서까지 불법 지폐를 마구 찍어낼 때 사용하던 지폐원판이 남아 있었다. 오래 일해 온 기술자 몇 명이 그것을 알고 원판을 빼돌려 외부에 팔아넘기려다가 발각되었다. 미군정은 여기에 조선공산당 최고 지도부 이관술을 엮어 넣어 공산당이 조직적으로 감행한 대형범죄로 몰아갔다. 그러나 피의자 진술 과정에서 가혹한 고문이 있었고, 그나마 검찰이 주장한 바 여기서 소량의 위조지폐를 인쇄했다는 정황마저 앞뒤 안 맞게 허술하게 구성되었다는 의문이 최근에 본격 제기되었다. 미군정이 좌익세력 탄압을 위해 고문까지 동원해가며 의도적으로 조작한 사건은 아닌지 진실화해위원회에 조사 의뢰된 상태이다.

정판사 사건으로 노덕술과 이관술은 세 번째 만나게 되었다. 둘 다 울산 출신이었고, 이관술이 살아 있으면 언젠가 자신의 악행이 되돌아온다고 생각했는지 노덕술은 이관술 체포와 고문에 다른 피의자보다 훨씬 공을 들였다. 조선공산당 재정부장이던 이관술은 정판사에 출근한 적도 없었으나, 고문으로 조작되어 사건의 주범이 되었다. 재판이 열리던 날, 청년들이 수없이 법원으로 몰려와 미군정의 조작극이라고 항의하며 대대적인 시위를 벌였다. 미군정은 이를 강경하게 진압했다. 이날 경찰 발포로 시위대 중 한 명이 사망하고 50여 명이 검거되었다. 이를 계기로 미군정은 공산당 간부에 대한 체포령을 내리는 한편, 공산당 활동을 전면 불법화했다.

당시 경찰 집계에 따르면 1946년 5월부터 1년 동안 경찰이 검거한 좌익은 12만 명, 사상자는 750명에 달했다. 이때부터 좌익은 지하활동으로 전환했고, 그해 9월 말에는 박헌영이 미군정의 체포령을 피해 월북했다. 거물 독립운동가 이관술이 맥없이 당한 정판사 사건을 목격한 친일경찰은 사회주의 계열 독립운동가라면 탄압해도 된다는 자신감을 얻었다. 연구자들은 정판사 사건을 항일독립운동가에 대한 친일파의 승리라고 평가한다. 사건에서 피고인 절반이 독립운동가였고, 경찰, 검사, 판사는 모두 친일파였다. 민전은 1946년 7월 22일 독립운동가인 이관술을 이구범 · 최난수 · 노덕술과 같은 친일경찰이 검거한 것은 민족해방운동에 대한 모독이라는 담화를 발표했다. 김철수의 동생 김광수도 글을 발표했다.

"구적 일본과 가장 과감하게 그리고 집요하게 싸워온 애국 투사에게 해방 조선의 영예가 주어져야 할 것은 너무도 당연한 일이다.

그런데 최대의 영예를 보내야 할 애국 투사에게 최대의 모욕과 박해를 가하며 그도 다름 아닌 구적 일본 제국주의의 주구들 손에서 가해지고 있다."

이관술과 관련자들에게 무거운 형벌인 무기징역이 선고되자 법정에서는 통곡이 터져 나왔다. 이관술은 침착하게 수난을 감내하고 대전형무소에 수감되었다. 그리고 전쟁이 발발하자 대전 골령골에서 제일 먼저 학살되었다. 해방되었지만 친일파에 의해 항일독립운동가가 청산된 최초의 사건은 이렇게 종결되었다. 친일경찰은 그 후에도 수많은 애국지사를 검거했다. 김명시를 추적하고 체포하고 고문했던 이도 바로 그들이었다. 또 그들이 전쟁 때 수많은 민간인 학살을 주도한 장본인이기도 했다.

이승만의 정읍 발언

한편 미소공위 결렬 후 남한만의 단독정부 수립 가능성이 솔솔 새어 나왔다. 회의 과정에서 미·소 양국의 대립은 더욱 분명히 드러났고, 좌우익 갈등은 돌이킬 수 없는 지경으로 격화되었다. 그러던 차에 이승만 정읍 발언이 터졌다. 이승만은 1946년 전국 순회 강연 도중 6월 3일 정읍에서 단독정부의 가능성을 언급했다. 여기서 이승만의 발언은 반소·반공의식을 여지없이 드러냈다. "무기 휴회된 미소공위가 재개될 기색도 보이지 않는다. 우리는 통일정부를 고대하나 이제 여의케 되지 않았다. 우리는 남한만이라도 임시정부 혹은 위원회 같은 것을 조직하여 38선 이북에서 소련이 철퇴하도록 세계 공론에 호소하여야 될 것이다."라고 말했다.

한민당을 제외한 모든 정치세력은 "남한만의 단독정부는 분단과 전쟁을 예고한다"고 이승만을 비판했다. 이승만과 함께 반탁운동을 주도했던 김구 역시 단독정부 수립은 반대했다. 1946년 6월 당시의 미국은 국제적으로 여전히 모스크바회의 결정을 준수할 의무가 있었다. 미국이 한반도문제의 주도권을 유지하기 위해서는, 반탁만을 고집하는 김구나 이승만 등 극우세력 편들기만 할 수는 없었다. 하지 중장이 중도파인 김규식과 여운형의 좌우합작 운동을 강력하게 지원하자, 이승만과 미군정의 관계는 틀어졌다. 남북분단에 대한 위기감이 높아지자 중도세력을 중심으로 좌우합작운동이 결집하고 있었다.

그러나 좌우합작운동에 반발한 이승만은 1946년 12월부터 다음 해 4월까지 미국으로 건너가, 남한 단독정부 수립을 촉구하는 외교 활동을 벌였다. 하지 중장은 이승만의 언론 플레이에 혀를 내두를 정도라고 했다. 이승만은 하지 중장보다 미국이 진정 원하는 바를 잘 알았다. 파쇼와 군국주의라는 공동의 적에 같이 맞섰던 미국과 소련의 협조 시대가 끝나고, 냉전이 시작된다는 것을 이승만이 감지했기 때문이다. 1947년 3월 13일 미국은 공산주의의 확장을 막기 위해 자유진영에 군사와 경제원조를 제공하겠다는 트루먼 독트린을 발표하여 동서냉전의 서막을 알렸다. 당시 이 차가운 기운이 38선을 가르는 한반도 분단으로까지 이어진다고 예상하기는 어려웠다. 그러나 이승만의 정읍 발언은 반도 전체에 서늘한 공포감을 전해주었고, 분단의 위기감을 현실로 느낀 민족진영 내에서 좌우합작운동이 활성화되는 계기가 되었다.

우익 원정 폭력단

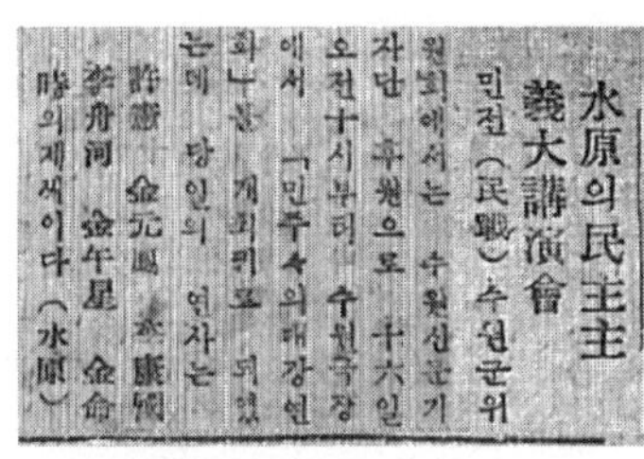

水原의民主主義大講演會

민전(民戰)수원군위원회에서는 수원신문기자단 후원으로 十六일 오전十시부터 수원극장에서 「민주주의대강연회」를 개최키로 되었는데 당일의 연사는 許憲 金元鳳 李康國 李舟河 金午星 金命時의 제씨이다(水原)

『독립신보』, 1946년 6월 14일

1946년 6월 16일 수원극장에서 수원 민전 주최로 〈민주주의 대강연회〉가 열렸다. 연사는 부녀총동맹 위원장 유영준, 재일본 조선인연맹 김정홍, 민전 서기국장 이강국, 조선공산당 중앙위원 이현상, 부총 중앙위원 김명시였다. 이 대회는 청중 4,000명이 몰려들 정도로 인기가 있었다. 그러나 불청객이 있었다. 서울에서 온 원정폭력단이 강연 방해를 위해 들이닥친 것이다. 트럭 7대에 나눠 탄 150여 명의 폭도가 대회장에 난입했다. 이현상이 강연하던 도중에 폭력배들이 소동을 일으키자 지방에서 올라온 인사들이 연단을 둘러싸 보호하였고, 경찰 제지로 강연은 무사히 끝마칠 수 있었다. 그러나 당시 신문에는 검거한 20명 중 단 3명만이 취조받고, 나머지는 모두 석방되었으며 그 3명도 풀려났을 가능성이 크다는 기사만 실렸다.[52]

이런 일이 다반사였다. 경찰은 정판사 위조지폐 사건처럼 좌익세력에 대해서는 증거 없이 고문 · 조작 · 날조로 탄압하면서도, 명백한 우익폭력단 사건은 제대로 수사조차 하지 않았다. 우익단체들은 원정폭력단과 트럭 여러 대를 동원할 수 있는 자금력을 갖추고, 경

52 『중앙신문』, 1946년 6월 18일, 수원발 기사.

찰의 비호와 미군정의 방조 속에 꾸준히 성장했다. 수원 민전 강연회에서는 지역에서 올라온 인사들의 기세로 끝까지 행사를 치렀으나, 민전 등 좌익계 인사들에 대한 우익테러의 폭력성은 날로 기승을 더했다.

9월총파업과 10월항쟁

1946년 조선 민중의 삶은 폭발 일보 직전이었다. 경제 사정이 매우 심각했고, 식량부족문제로 9월총파업과 10월항쟁이 촉발되었다. 미군정청은 생산비에도 못 미치는 턱없는 가격으로 미곡을 수집해서 생산 농가의 반발을 샀고, 미곡이 잘 수집되지 않는 와중에 자유 반입마저 금지하여 도시의 식량 사정이 극도로 나빠졌다. 그 틈에 미군정 관료와 결탁한 모리배들은 쌀값을 마음대로 조작해서 대중의 분노는 하늘을 찔렀다.

도시 서민들은 생필품 절대 부족과 엄청난 물가고에 시달렸다. 광복 7개월 만에 도매물가는 5배, 소매 물가는 30배 이상 폭등했다. 당시 공무원 월급이 425원인데, 쌀 한 말이 695원, 달걀 한 줄이 50원, 밀가루 22kg 1포대는 1,235원이나 되었다. 공무원 한 달 월급으로 쌀 한 말 못 사고, 보통 사람이 달걀 하나 먹을 엄두를 낼 수도 없었다. 식량 사정이 이렇게 절박해지자 '쌀을 주는 정부를 세우자'는 벽보까지 나타났다.

해방되었지만 친일경찰과 부일세력이 득세했고, 미군정의 탄압은 독립운동가와 좌익만을 대상으로 했다. 1946년 7월부터 전평과 전농을 중심으로 미군정에 대한 강경투쟁이 시작된다. 전평은 기존의 온건 노선을 버리고 소속 조직들에 "쌀 배급"과 "임금인상", "해고 반대", "노동운동 자유", "민주인사 석방"을 요구하며 총파업에 들어갈 것을 지시했다. 9월 24일 부산지역 철도노동자 파업으로 시작된 총파업은 순식간에 전국으로 번져나갔다. 9월 30일 총파업 거점인 서울철도파업단에 미군정 탱크와 기관총으로 무장한 경관 2천 명이 투입되었고, 대한노총 등 반공 우파 청년단 1천 명도 여기 가세하여 마치 전쟁하듯 파업을 진압했다.

그러나 10월 1일 대구역 앞 전평 계열 노동자시위에서, 경찰 발포로 사망자가 발생하자 항쟁은 다시 뜨겁게 가열되었다. 심각한 식량난 속에 강압적인 식량 공출 정책을 시행한 것이 투쟁의 발단이었으나, 친일 관리의 횡포와 토지개혁 지연에 대한 불만도 여기 더해져 함께 폭발했다. 시위대는 6명의 시체를 둘러매고 "미군정 물러가라", "매국 반동 괴뢰집단 이승만과 한민당을 박살 내자"며 대구부청과 대구경찰서를 포위하였다. 미군정청은 계엄령을 선포하고 미 전술군 병력을 동원해서 가까스로 대구를 진압했다. 그러나 10월 3일부터 성주, 칠곡, 영천을 비롯한 경북지역과 통영을 시작으로 진주, 마산 등 경남지역에서 빠른 속도로 대규모 항쟁이 번져가는 것을 막지는 못했다.

항쟁이 일어난 원인을 규명하려고 미군정과 중도세력의 대표가 모여 한미공동회담을 열었다. 각계 대표들은 항쟁의 원인으로 경찰에 대한 민중의 적대감, 군정 내부의 친일파 존재, 일부 한국인 관리 부패, 남한의 최대 복리를 방해하는 선동 등을 거론했다. 미군정 내부의 친일파 처단을 권고하기도 했으나 받아들여지지 않았다. 오히려 경찰과 우파세력은 더욱 격렬하게 좌익에 대한 테러로 보복했다.

21년간 투쟁생활, 태중에도 감옥사리

『독립신보』는 1946년 11월 13일부터 '여류혁명가를 찾아서'라는 인터뷰를 연재한다. 첫 인터뷰는 민전 의장단 중 한 사람이며 부총위원장인 유영준이었다. 유영준이 1889년 출생이니 연장자부터 시작된 셈이다. 김명시 인터뷰 기사는 같은 달 21일자 신문에 실렸다. 앞서 언급한 노천명의 글과 내용이 비슷하나 분위기는 사뭇 달랐다. 그때만 해도 좌우대립이 본격화되기 전인 1945년 12월이었다. 해방정국에서는 1년도 안 되는 기간에 여러 가지 일들이 너무 많이 일어났다.

『독립신보』 기자가 본 김명시다.

> "크지 않은 키, 검은 얼골, 끝을 매섭게 맺는 말씨, 항시 무엇을 주시하는 눈매, 온몸이 혁명에 젖었고 혁명 그것인 듯 대담해 보였다."

그러나 삽화 속 김명시 얼굴은 매우 지치고 슬퍼 보인다. 39세 김명시는 조국으로 돌아온 후 일 년도 채 되지 못한 사이에 폭삭 늙은 듯하다. 1년 전 노천명이 묘사한 바 '옥루몽의 일지련 부럽지 않은 개선장군'으로 귀국했던 김명시의 모습은 찾을 수 없다.

투쟁하신 이야기 좀 들려달라는 기자의 질문에 "열아홉 살 때부터 오늘까지 21년간의 나의 투쟁이란 나 혼자로선 눈물겨운 적도 있습니다마는 결국 돌아보면 아무 얻은 것 하나 없이 빈약하기 짝이 없는 기억뿐입니다"라 하며 이런 겸사의 말을 잊어버리지 않았다.

女流革命家를 찾어서

廿一年間鬪爭生活

胎中에도監獄사리

◎……金命時女史篇

'여류혁명가를 찾아서' 「김명시 여사편」, 『독립신보』, 1946년 11월 21일

'얻은 것 하나 없는 빈약하기 짝이 없는 기억뿐'이라는 구절이 겸사만이었을까. 21년간 해온 투쟁이 무색하게 해방 조국은 갈등과 대립의 극한 상황으로 치닫고 있었다. 김명시가 짊어진 책임감과 고뇌는 무게가 남달랐을 것이다. 기자도 그것을 알았다.

아니 아직도 민주 과업이 착란하고 막연한 채로 남아 있는 오늘의 남조선을 통분히 여겨 마지않는 여사로서는 앞만을 바라보는 타는 듯한 정열이 오히려 지난 일을 이렇게 과소평가하게 되는지도 모른다.

김명시가 '통분히 여겨 마지않는 오늘의 남조선 상황'이 어땠기에 '지난 일을 과소평가하게' 만들 정도였을까? 인터뷰 한 달 전, 해를 넘긴 10월항쟁은 경찰서를 불 지르고 경관을 죽이는 폭동으로 이어졌다.[53] 항쟁이 격렬했던 만큼 진압도 잔인했다. 이때 민전 선산지부 사무국장이었던 박정희의 형, 박상희도 경찰에 의해 죽임을 당했고, 이는 박정희가 남로당에 가입하는 동기가 되었다. 항쟁 후 각 지역의 농민조합과 인민위원회를 비롯한 대중운동단체 지도자들이 체포되거나 피신해야 했다.

그 다음 연안 독립동맹에 들어가서 천진 북경 등 적 지구에서 싸우던 이야기, 그중에서도 임신 중에 체포되어 매를 맞어서 유산하던 이야기, 밤에 수심도 넓이도 모르는 강물을 허덕이며 건너가던 이야기 등은 소설이기엔 너무도 심각하다. 싸움이란 혁명에 앞장서 싸우는 것이란 진실로 저렇게 비참하고도 신명 나는 일이라고 고개를 숙이며 일어나서 나왔다.

노천명이 김명시의 이야기에 앞서 소설보다 더 소설 같은 실화를 들어보자고 했을 때는 김명시의 영웅 서사를 언급한 것이었다. 『독립신보』 기자는 김명시 이야기를 들으며 소설이라기엔 너무 심각하다고 했다. 두 인터뷰가 있던 1945년 12월과 1946년 11월의 약 1년 사이에 정치 상황이 급변했기 때문이다. 모스크바회의 후 반탁시위, 우익테러, 1차 미소공위 결렬, 미군정의 좌익세력 탄압, 9월총파업, 10월항쟁이 이어지며 해방정국은 걷잡을 수 없는 파국으로 치닫고 있었다. 기자는 혁명가의 삶은 진실로 저렇게 비참하고도 신명 나

53 2010년 3월 진실·화해를위한과거사정리위원회가 밝힌 「대구 10월사건 관련 진실규명결정서」.

는 일이라고 고개를 숙이며 일어나 나왔다고 썼다.

제2차 미소공위의 재개와 좌우합작운동

제2차 미소공동위원회가 1년 만에 다시 열리자 민전과 산하단체들은 임시민주정부 수립의 기대감에 새로운 활기를 띤다. 소련 대표 스티코프가 1947년 5월 20일 서울에 도착했다. 김명시는 민전 산하단체인 남로당, 민혁당 등 각 단체 대표 15명과 함께 여맹 대표 자격으로 소련영사관에 가서 소련대표단 입경을 환영하고 꽃다발도 증정했다. 그때는 인사차 방문이었으나, 6월 2일 덕수궁으로 찾아갈 때는 뚜렷한 목적이 있었다. 여맹을 대표하는 김명시, 홍종희, 김원주는 덕수궁으로 미국과 소련 대표를 방문하고 진정서를 제출했다. 그 내용은 다음과 같았다.

1. 정권 형태는 인민위원회로 할 것
2. 한국민주당과 한국독립당을 협상 대상에서 제외할 것
3. 민주 애국자의 일체 석방과 체포령을 취소할 것
4. 민전의 선거 강령을 실천할 것

1946년 미소공위 무기 휴회 이후, 인민위원회와 좌익활동을 탄압한 미군정에 대한 항의이자 앞으로의 요구를 담은 진정서였다. 한국민주당과 한국독립당은 여전히 신탁통치를 강력히 반대하고 있었고, 그것은 모스크바 3상회의 결정을 인정하지 않는다는 의미였

蘇聯代表團에 民戰서 꽃다발

民戰傘下各團體代表 蘇代表에 꽃다발 贈呈

二千萬圓事件에 朝興銀行側談

왼쪽 위는 1947년 5월 22일자 『자유신문』,
아래는 1947년 6월 3일자 『중앙신문』,
오른쪽은 1947년 5월 22일자 『경향신문』 기사이다.

다. 그러므로 미소공위에 참가할 단체 대상에서 제외해야 한다는 여맹과 민전의 주장은 일면 타당했다. 또한 1946년 정판사 위조지폐 사건, 9월총파업, 10월항쟁으로 구속된 '민주 애국자'를 석방하고 관련자의 체포령을 취소해달라는 요구는 좌익의 존망 여부가 달린 문제였다.

제2차 미소공위가 처음에는 순조롭게 진행되어 위원회에 참가할 정당, 사회단체 대상을 구체적으로 논의하기 시작한다. 6월 10일에는 서울과 평양에서 각각 "정당과 사회단체 대표 합동회의를 개최한다"는 공동성명까지 발표할 정도였다. 모스크바 3상회의 합의 사항을 미국이 일방적으로 파기하기는 어려웠으므로, 미군정 하지 중장은 신탁통치에 반대하는 이승만, 김구와 일정 선을 긋고 김규식, 여운형 같은 중도세력을 통해 임시민주정부 수립에 응할 계획이었다. 그러나 미군정 자문기관이던 입법의원은 신탁통치안 반대 결의안을 가결시켰다. 출발부터 반탁세력이 다수를 차지했기 때문이다. 이에 입법의원 의장이던 김규식이 사퇴하자 미군정은 독립협회 창

1947년 6월 2일 여맹 대표들과 미소공위 소련대표 스티코프 중장
스티코프 왼쪽은 김명시, 양장 입은 여성은 여맹 문화부장 김원주[54]

립자 서재필을 급히 귀국시켜 의장직을 수행하게 했다. 우익진영의 이런 혼란 속에 좌우를 망라하는 여운형이 유력한 지도자로 부상하고 있었으나, 불과 한 달 뒤 그가 암살되었다.

테러를 방임하는 미군정

한편 미소공위 재개 전후로 지방 곳곳에서 테러 사건이 자주 일

54 김원주는 김정일의 두 번째 처 성혜림의 어머니다. 빈농의 딸로 태어나 개벽사 기자, 총독부 기관지였던 『매일신보』 기자를 하다 창녕의 부호였던 성유경과 결혼했다. 해방 후 자발적으로 부녀총동맹에 가입해 박진홍으로부터 마르크스주의와 여성문제를 배웠다. 1948년 남북연석회의에 참석했다가 북에 체류했다. 딸 성혜랑이 쓴 『등나무집』 제1편에는 어머니의 수기(김원주의 수기)가 실려 있다.

어났고, 전남과 전북에서 가장 극심하게 나타났다. 민전에서는 전남·북 일대의 테러 피해를 조사하고 대응책을 수립하기 위해 약 2주 예정으로 조사단을 파견했다. 6월 6일 서울을 출발한 조사단 일행은

조사단 단장: 오영(민전), 오재수(남로당)

조사단 단원: 송성철(민전), 김정한(재일조선인연맹), 권의철(인민공화당), 최일숙(전농), 박봉환(전평), 윤용환(변호사), 오충석(변호사), 김명시(여맹), 김문술(민전)

등이었고, 민전기자단도 동행 취재에 나섰다. 그러나 경찰 정보를 이용한 폭력배들이 조사단마저 피습했다. 조사단원들은 2~4주간 입원 치료를 받을 정도로 중상을 입었다. 당시 6월 18일 『대중신보』에 의하면 조사단은 6월 10일 군산여관에서 폭도들의 피습으로 중상을 입었다. 귀경한 다음 날인 17일에 김정홍이 머리를 붕대로 동인 채 민전 회관에 나타나 당시 상황을 보고했다. 그 내용은 다음과 같다.

조사단이 전주역에 내리자 10여 명의 테러단이 폭행과 폭언을 시작하였는데 그들은 경찰서로 가자고 하는 것이라든지, 파출소 근방에서 공공연히 폭력을 행사하는 것, 경찰에 인도해도 처벌하지 않는 것 등으로 미루어 테러단은 경찰과 긴밀한 연락을 하고 있다는 것을 알았다.

하여 파출소에서는 이 사건에 대한 보고에서 사실을 반대로 왜

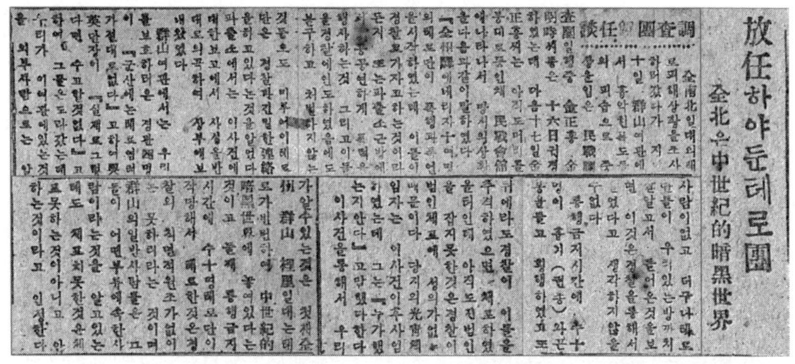

放任하야둔테로團

全北은中世紀的暗黑世界

「방임하여 둔 테러단, 전북은 중세기적 암흑세계」, 『대중신보』, 1947년 6월 18일

곡하여 상부에 보냈다. 군산 여관에서는 우리를 보호하러 온 경관 4명이 "군산에는 테러 염려가 절대로 없다"고 하여 오영 단장이 "실제로 그렇다면 수고할 것 없다" 하여 그들은 돌아갔는데 우리가 이 여관에 있는 것을 외부 사람으로는 알 사람이 없고 더구나 테러단이 우리가 있는 방까지 잘 알고서 들어온 것을 보면 이것은 경찰을 통해서 알았다고 생각하지 않을 수 없다.

통행금지 시간에 수십 명이 권총과 곤봉을 들고 횡행하였고 또 뒤에라도 경찰이 추격하였으면 체포하였을 터인데 아직도 진범을 잡지 못한 것은 경찰의 범인 체포에 성의가 없는 때문이다. 당시의 책임자는 이 사건 이후 사임하였는데 그는 "누가 했는지 안다"고 말했다 한다.

이 사건을 통해 우리가 알 수 있는 것은 첫째 전주, 군산, 이리 일대는 테러행위가 빈발하여 중세기적 암흑세계에 놓여 있다는 것이고, 둘째 통행 금지 시간에 수십 명의 테러단이 작당해 테러한 것은 경찰의 측면적 원조가 없이 불가능하며 군산의 일반 사람들도 폭력배들이 어떤 부류 사람이라는 것을 알고 있음에도 체포하지 못한 것은 못 하는 것이 아니고 안 하는 것이다.

미소공위를 파괴하려는 반탁시위에 항의하다

"미소공동위원회를 미워하고, 공위를 파괴하자는 것이 테러 사건의 의도다."

비슷한 시기 『공업신보(工業新聞)』는 우익테러의 의도를 이렇게 보도했다. 6월 13일 『공업신보』 기자의 취재 당시에 부상자들은 도립병원에 입원하고 있었다. 그들은 머리와 팔목에 흰 붕대를 감고 있을 정도로 상당히 크게 다쳤으나 원기왕성했다. 전국에서 위문단이 올라와 연맹과 소년단의 위문이 끊이지 않는다고 했다. 그리고 '여맹 김명시 여사'는 환자의 시중을 들고 있었는데 마치 '야전병원 간호부장' 격이었다고 한다. "질서 있는 문명사회에서는 있을 수 없는 총기 휴대한 30명 테러단의 작당 래습이란 상상을 초월한 일이 아닐 수 없다. 민주 경찰은 대체 어디서 무엇을 하고 있었는지"라고 기사에서 물었다.

6월 25일 김명시는 민주여성동맹(民主女性同盟) 대표들과 함께 안재홍 민정장관을 방문하여 미소공위 파괴를 책동하는 반동배 일당 처벌을 강력히 요구했고, 안 장관은 잘 처리하겠다고 약속했다고 한다. 이어 6월 26일에는 민전 산하 각 단체로 구성된 연합 항의단 대표 정건화, 이순음, 박성진, 이성백, 서신원 등이 하지 중장을 방문하고, 며칠 전 23일에 있었던 반탁시위에 대한 항의서를 제출했다. 대표단은 그길로 조병옥 경무부장을 방문하여 반탁데모에 대한 당국의 부당한 조치를 엄중히 항의했다. 이에 조 경무부장은 사과를 표명하고 다음과 같이 약속했다.

1. 경찰에서 사전 방지에 노력하였으나 건국을 방해한 여사한(비슷한) 불상사가 수도에서 공공연히 발생하게 된 데에 경찰 수뇌부 책임자로서 일반 인민에게 깊이 사과하는 바이다.
2. 금번 반탁 사건 주모자 및 관계자는 철저히 조사하여 처벌하겠다.
3. 앞으로도 미소공위 사업에 대한 방해 파괴 및 일체 모략에 대해서는 밝히고 철저히 책임지고 취체할 것이다. (1947년 6월 28일자 『독립신보』)

27일 전농에서도 1천 4백만 농민대표 백용희 명의로 된 장문의 항의문을 하지 중장에게 전달하였다. 이렇게 반탁시위에 대한 대중조직의 항의가 이어지며, 국내뿐 아니라 해외에서도 테러를 동반한 반탁운동의 귀추가 자못 주목되고 있었다. 그러나 테러와 폭력은 이미 전국적인 현상이었고, 그 광기는 아까운 민족 지도자 여럿을 희생시키고도 멈추지 않았다.

1947년 7월 서울역

전평 부위원장 이인과 서기장 한철은 1947년 6월 4일 프라하에서 개최된 세계노련이사회에 참가하고 다음 달인 7월 13일 서울역에 도착했다. 김명시와 오빠 김형선은 그 환영 행사가 열리는 서울역에 나타났다. 며칠 뒤 7월 15일 『독립신보』 기사는 다음과 같이 전한다.

> "가진 악조건을 과감히 무찌르고 민주 조선 건설에 위대한 공헌을 하고 있는 남조선 근로대중의 혁혁한 사업 성과와 노도와 같은 반동의 진상을 세계노련 산하 구천만 노동자에 보고하고자 6월 4일 프라-그(프라하)에서 개최된 세계노련 이사회에 참가하였던 전평 부위원장 이인, 동서기장 한철 양씨는 지난 13일 그 사명을 남김없이 다하고 서울에 당당히 개선하였다.
>
> 이날 오후 2시 서울 역두에는 구재수, 김형선, 정칠성, 김명시, 오영, 문훈, 문일 씨 등을 비롯하여 전평 원(員) 수천 명이 마중을 나와 우뢰와 같은 박수와 환호로 양 대표를 환영하였으며 계속하여 전평 회관에서는 조금도 피로한 기색이 없는 양 대표를 맞이하여 간소한 환영식을 거행하였는데 양 대표와 참석한 전평 원(員)들은 반동과의 투쟁에 더욱더 결속할 것을 맹세한 다음 동 4시경 폐회하였다."

그때까지만 해도 전평이 세계노련 이사회에 참가하고, 수천 명이 환영행사에 참가할 정도로 합법적이고 대표적인 노동단체였다. 김명시와 김형선 남매는 노동자 출신 선배 노동운동가로 갖은 미군정 탄압 속에서도 민주 조선 건설에 신명을 다 바치는 후배 노동자의 투쟁을 격려했을 것이다. 김명시가 잠적하기 불과 한 달 전의 일이었다.

잠적하기 직전까지 김명시는 민주여맹을 대표해 공개적이고 합법적으로 활동했다. 그러나 1946년 11월 인터뷰 당시 김명시가 통분해 마지않던 "민주 과업이 착란하고 막연한 채로 남아 있는 오늘의 남조선" 상황은 1947년 7월에도 계속되고 있었다. 7월 19일 오후 1시 반 서울 시내 한복판에서 여운형이 한 청년에게 피살되었다. 당시에는 단독범행으로 알려졌으나, 수십 년이 지나서 결국 극우테러 집단의 조직적이고 계획적인 범행이었음이 밝혀졌다.[55]

여운형의 죽음으로 좌우합작운동은 구심점을 잃었다. 미국도 중도합작으로는 한반도문제를 해결할 수 없다는 결론에 도달하게 된다. 그러나 '미소공위를 통한 임시민주정부 수립'이라는 모스크바 회의 결정사항은 국제적으로 여전히 유효했다. 민전은 7월 27일 남산공원에서 〈미소공위 재개 경축 및 임시정부 수립 촉진 인민대회〉를 개최했다. 대회 이름대로 민전은 '임시정부 수립'에 총력을 기울였다. 20만 명 가까운 군중이 운집하여 기세를 과시했으나 별 소요 없이 지나갔다. 민전은 미소공위가 성공적으로 진행되기를 열망했다. 임시민주정부 수립만이 분단을 막을 수 있는 유일한 길이었기 때문이다. 이날 대회에는 미소공위 소련 측 대표와 함께 미국 측 대

55 여운형 암살 관련자 4명은 1974년 신문지상에서 자신들이 테러 실행범인 한지근 등과 함께 송진우 암살 사건의 주범인 한현우 집에서 수시로 만나 테러 대상을 물색하고 무기를 공급받았다고 밝혔다. 공소시효가 지나서 더 이상의 처벌이 불가능해진 후였다.

표인 브라운 소장도 참석하여 축하했다. 그 대회가 남한에서 좌파 세력이 합법적으로 진행한 '최후의 군중 집회'가 되리라고는 아무도 상상하지 못했다.

8.15폭동음모사건

1947년 7월 27일 하지 사령부의 미군 대변인은 8.15해방 기념일을 앞두고 민중 소요 조짐이 있어서 경계하고 있다고 밝혔다. ① 7월 27일 민전 주최의 인민대회가 개최될 때, ② 8월 3일 여운형의 장례식이 거행될 때, ③ 8월 15일 해방 기념일 등에 조직적인 폭동이 계획되고 있다는 구체적인 증거가 있어서 대비 중이라고 했다. 민전 주최의 인민대회는 20만 군중이 모였으나 아무 소요 없이 끝났다. 그러나 여운형의 죽음에 분노한 대중들의 위세는 미군정을 불안하게 만들었을 것이다. 8월 3일 거행된 여운형 장례식에는 광복 이후 최대 인파인 60만이 모였다. 서울을 하얗게 덮은 추모행렬이 여운형의 죽음을 애도했다.

장례식을 진행하던 아나운서는 슬퍼하며 말했다.

"왜정의 감옥도 그의 기개를 꺾지 못했고 일왕의 헌병도 감히 그의 생명을 무찌르지 못했던 민족해방운동의 위대한 지도자 몽양 여운형 선생은 서울 한복판에서 약속 많은 생명을 빼기고 말았다."

손기정을 비롯한 청년 112명이 그의 시신을 운구할 정도로 남로당과 민전이 주도한 장례식은 성대했다. 하지 중장과 미소공위 대표들도 참석했으나 조직적인 폭동 기운을 느낄 수 없을 정도로 엄숙하게 거행되었다.

미군정은 해방정국의 남한을 "성냥을 댕기기만 하면 폭발할 것 같은 화약통"이자 "화산의 가장자리를 걷는 것과 같은 상황"이라고 표현했다. 민전의 인민대회와 여운형의 장례식에 모인 군중 수와 열기는 미군정의 불안감을 고조시켰다. 무엇보다 여운형 사망으로 좌우합작의 성공 가능성이 없어졌다. 남한에서만이라도 미국에 우호적인 정권을 수립해야 했다.

남한 단독정부 수립이 시급해진 미국으로서는 이제 최대 걸림돌이 민전과 남로당이었다. 그동안 합법적 활동을 허용해온 남로당을 불법화해야 한다는 결론에 도달했다. 미군정 하지는 갑자기 입장을 반대로 바꿔 우익과의 관계 개선을 도모하며, 얼마 전까지 골칫거리 취급하던 이승만과 우익진영을 '공산주의에 대한 방파제'라고 본국에 보고하였다. 그리고 좌익에 대한 대대적인 검거에 돌입했다. 미국의 2차 미소공위 결렬은 이미 예정된 수순이었다.

1947년 8월 12일 새벽, 군정 경찰은 민전과 남로당 중앙본부 사무실을 급습하여 일제 수색하고 관계 서류를 압수하는 한편, 간부들을 무더기로 검거했다. 남로당 중앙기관지 『노력인민』과 『우리신문』 등 좌파신문의 허가를 취소했다. 서울에서만 민전, 남로당, 전평, 전농, 근로인민당, 조선문화총연맹 등 좌파정당 · 단체 간부 1,300명이 경찰에 투옥되었다. 그리고 이 검거 선풍은 전국적으로 확산되었다. 광복 후 최대 규모의 검거였다. 미군정 당국은 좌파세력이 8.15 광복절을 계기로 전국적인 폭동을 일으키려는 '8.15폭동음모'가 탐지되어 관련자들에 대한 예비검속에 나섰다고 했다. 그러나 민전을 비롯한 좌파 단체나 정당에서는 "폭동음모 운운은 군정당국에 의해 순전히 날조된 것이며 대중들로부터 절대적 지지를 받는 민전의 역량을 차단하기 위한 모략"이라고 주장하며 반발했다.

김명시의 잠적

1947년 8월 13일 민전 회관이 폐쇄되었다. 남로당의 이기석(남로당 부위원장), 최원택(崔元澤, 남로당 중앙위원이자 감찰위원장)을 비롯한 전평, 전농, 근로인민당, 민전, 조선문화단체총연맹, 천도교청우당, 협동조합 등 각급 조직의 간부급 피검자만 60명에 달했다. 미군정이 축소해 발표한 것을 보더라도 이때 죽은 사람 28명, 검거 · 투옥된 사람 13,769명, 중상을 입은 사람이 21,000여 명에 달했다.

이제 남한 내 좌익진영의 모든 정치 · 사회운동은 사실상 불법화되었다. 이에 따라 민전 산하단체인 남로당, 전평, 전농, 부총은 '지하비밀활동'으로 전환했다. 남로당 본부 역시 지하본부로 대중단체들을 지도했다. 그리고 체포되지 않은 중요 간부들은 속속 38도선을 넘어 북한으로 탈출해야 했다.[56]

'해방 후 최대 규모의 검거'였음에도 8.15폭동 피의자들은 별다른 혐의가 밝혀지지 않은 채 불기소 처분으로 석방되었다. 민전의 주장대로 허위 날조 · 조작된 사건이었을 가능성이 컸다. 체포되지 않은 사람은 소재지 불명으로 기소중지되었고, 그 명단에 김명시, 김

56 『국사관논총』 제103집, 국사편찬위원회, 2003.

원봉, 홍남표, 정칠성 등이 있었다. 김명시는 졸지에 수배자 신세가 되었다. 이 와중에 김원봉, 홍남표, 정칠성 등이 모두 월북했다. 호가장 전투에 참가한 조선의용군 마지막 분대장 김학철도 친일경찰과 모리배들의 등쌀에 살 수 없어서, '월북'이 아니라 '남한 탈출'을 했다고 한다. 그러나 김명시는 마지막까지 남쪽에 남았다.

5장

김명시가 잠적한 2년 3개월

지하 잠적 ~ 사망

1947년 8월부터 부평경찰서에서 사망한 1949년 10월 10일까지 2년 3개월 동안, 김명시의 흔적은 어디서도 찾을 수 없다. 김명시가 어떤 선택을 했고 누구와 무슨 활동을 했는지 기록도, 증언도 남지 않았다. 그 2년 3개월 한반도의 운명은 파국으로 치닫고 있었다. 우리 역사상 가장 비극적인 사건들이 많이 일어났다. 국가보훈처가 김명시 포상신청서를 번번이 반려한 사유인 '해방 후 행적 및 사망 경위 불분명'이 바로 이 시기에 해당된다. 그러나 우리는 '과연 누가 역사의 죄인인가'를 묻지 않을 수 없었다.

미소공위 결렬과 단독정부 수립

1947년 8월 15일 해방 두 돌맞이 기념식이 서울운동장에서 열렸다. 며칠 전 있던 미군정의 좌익세력 일제 검거로 우익인사들만 이 행사에 대거 참석했다. 미소공동위원회가 여전히 참가단체문제로 난항을 겪고 있었지만, 이날 행사에는 소련 대표 스티코프와 미국 대표 브라운이 나란히 참석했다. 스티코프는 불편한 심기를 누르고 있었다. 좌익에 대한 미군정의 탄압이 노골화되자 소련 측이 강력히 항의하던 중이었다. 소련은 모스크바 결정과 미소공위 업무를 지지해온 좌익을 탄압하는 것은 미소공위를 방해하는 처사라고 비난했고, 이에 미군정은 남한 내정에 대한 간섭이라고 반박했다.

1947년 10월 소련 측 대표가 철수하면서 미소공위는 완전히 결렬되었다. 미소 냉전이 한반도에서 가장 먼저 시작되었다. 미소공위가 교착 상태에 빠지자 미국은 한반도문제를 유엔에 이관했다. 유엔은 소련이 반대했음에도 불구하고 '유엔 감시하에 선거가 가능한 38도 이남만의 총선거'를 결정했다. 유엔으로의 이관은 남한만의 단독선거와 단독정부 수립을 의미했다. 이승만과 한민당을 제외한 모든 정치세력은 이 결정을 반대했다. 그러나 1948년 5월 10일 남한만의 단독선거가 강행되었다.

1948년 2월 김구는 "통일된 조국을 건설하려다 38선을 베고 쓰러질지언정 일신에 구차한 안일을 취하여 단독정부를 세우는 데는 협력하지 아니하겠다"고 발표한다.[1] 2월 16일 김구와 김규식이 북한의 김일성과 김두봉에게 '통일정부 수립을 위한 남북협상'을 제안하자, 3월 25일 북한 쪽에서 남북연석회의를 역제안했다. 남쪽의 좌익과 중도단체는 이 제안을 지지하며 4월 19일 평양 모란봉극장에서 열리는 '남북제정당사회단체 연석회의'에 참석하였다. 이 연석회의에는 남북 46개 단체와 대표 545명이 참여했고, 민족분단의 위기 앞에 평생 반공주의자이던 김구가 주변의 반대를 무릅쓰고 38선을 넘었다. 김규식도 그 뒤를 따랐다.

1948년 4월 20일 평양에 도착한 김구는 "조국이 없으면 민족이 없고 민족이 없으면 무슨 당, 무슨 주의, 무슨 단체는 존재할 수 있겠습니까?"라는 요지의 축사를 했다. 4월 26일과 30일 '4김회담(김구, 김규식, 김두봉, 김일성)'에서 "총선거를 통한 통일정부 수립"을 합

1 김구, 「삼천만 동포에게 읍고함」.

의했으나 별 성과를 거두지는 못했다. 그러나 이 회의는 남북 지도자들이 모여 분단을 막고 민주독립국가 건설을 위해 노력한 마지막 시도였다. 한반도에는 그로부터 52년이 지난 2000년 6월에서야 남북정상회담이 열렸다. 1948년 남북연석회의는 긴 여정을 감내해 온 통일운동의 씨앗이자 출발점이 되었다.

단선단정 반대운동

단독선거는 남한만의 단독정부 수립을 의미하는 것이었고, 남북분단이 공식화되는 것이었다. 긴 역사를 함께해온 단일민족의 억지 분단은 전쟁 가능성을 예고한 것이기도 했다. 5월 10일로 남한 단독 총선거 일정이 정해지자 김명시가 중앙위원이던 민전은 1월 15일 성명을 발표했다. 미국을 제국주의로 규정하며, 강력한 반대 투쟁을 벌이겠다고 선언했다. 남로당은 2월 7일부터 단독선거를 저지하려는 2.7구국투쟁에 돌입했다. 전평 산하 노조는 총파업을, 학생들은 동맹휴업을 전개했다. 전국 각지 경찰서와 투표소를 습격해 단독선거 추진을 방해했다. 2월 7일부터 5월 14일까지 좌우와 민관을 합쳐 선거 관련으로 452명의 사망자가 발생했다.[2]

단선단정(단독선거 단독정부) 반대투쟁이 제주에서도 진행되어 큰 비극을 낳았다. 4.3항쟁의 도화선은 1947년 3월 1일 제주도에서 발

2 『노력인민』, 1948년 3월 26일. 남로당 측 집계에 따르면 2월 7일부터 9일까지 3일간 투쟁에 총 147만여 명이 참가하고, 400여만 장의 삐라 · 벽보 · 벽서 등이 선전물로 뿌려졌다. 그 결과 37명이 사망하고, 146명이 부상했으며, 1만 845명이 검거됐다.

생한 '삼일절 발포사건'이었다. 경찰 발포로 주민 6명이 사망했고, 제주도민은 이에 항의해서 도청 공무원까지 가담한 총파업을 단행했다. 그러나 미군정은 이것을 과도하게 폭력으로 진압했고, 제주도로 파견된 육지 경찰과 서북청년회는 무자비한 만행을 일삼았다. 제주도민들 사이에서 미군정과 함께 온 '외부인'들의 야만적 횡포를 더는 참을 수 없다는 불만이 폭발 직전으로 커지고 있었다.

다음 해인 1948년 '2.7 단선단정 반대투쟁'은 제주도민의 큰 호응을 얻었다. 어떻게든 분단은 막아야 한다고 믿은 도민들은 김구와 김규식의 북행을 열렬히 성원했다. 그러나 미군정은 당시 반미 감정이 높던 제주도에 더욱 집중 공격을 퍼부었다. 마침내 1948년 4월 3일 새벽 2시를 전후해서 한라산 오름마다 무장봉기를 알리는 봉화가 타올랐다. 약 350명의 무장대는 제주도 내 24개 경찰지서 중 12개를 일제 공격하고 우익청년단을 습격했다. 남로당 제주도지부는 "매국 단선단정을 결사적으로 반대하고 조국의 통일독립과 완전한 민족해방을 위하여" 궐기했다고 제주도민에게 선포했다. 그해 6월 미군정의 검찰총장 이인조차 "고름이 제대로 든 것을 좌익 계열에서 바늘로 터뜨린 것이 제주도 사태의 진상"이라고 지적했다.

제주 항쟁을 잠재우기 위한 토벌대 증파가 결정되자 민주여성연맹은 짧은 성명서를 발표했다.

"우리는 동족상잔의 죄악을 절대 용인할 수 없다. 우리는 전 여성의 이름으로 이를 단연 배격하여 제주도의 '토벌' 즉시 중지를 강경히 요구한다. 우리 인민들은 외군을 철퇴케 하여 조국의 통일독립과 자유를 쟁취함으로써 멸족적 동족상잔을 막아내야 할 것이다."

당시 민주여성연맹 간부들은 이미 하루하루 절망적인 지하투쟁을 벌이고 있을 때였다. 그러나 무자비한 토벌로 제주도민들의 항쟁은 진압되었고, '멸족적 동족상잔을 막아내고자' 한 민주여성연맹의 노력도 무위로 돌아갔다. 그리고 해방 후 채 몇 년도 되지 않아 동포가 동포의 손에 살육되는 참혹한 전쟁의 지옥문이 열리게 되었다.

제헌의회와 반민특위

제주도민들의 외롭고 처절한 항쟁 와중에도, 5월 10일 예정된 남한만의 단독선거가 치러졌다. 최초로 보통, 평등, 비밀선거를 통해 국회의원을 선출했다. 정원 200석 중 4.3봉기로 선거가 무산된 제주도 2석을 제외한 198명 의원으로 제헌의회가 출범했다. 미군정하에서 세도가 당당했던 한민당은 겨우 29석, 독립촉성회(독촉)도 55석에 지나지 않았다. 반면 무소속 당선자가 85명이나 되었다. 우익세력이 주도하여 명분 없는 단독선거를 억지로 치렀으나, 국민들은 투표로 엄정하게 심판했던 것이다. 김규식과 김구를 비롯한 좌우합작과 남북협상을 추진한 세력이 5.10선거에 공식적으로는 불참했으나, 일부는 개별적으로 출마하여 제헌국회로 진출했다. 그들은 남북협상과 미군 철수 등을 주장하며 반민특위(반민족행위특별조사위원회)나 농지개혁 등의 당면과제를 적극적으로 제기했다.

5월 31일 제헌국회가 열려 의장에는 압도적인 득표로 이승만을 선출했고, 부의장은 독립촉성회의 신익희와 한민당의 김동원이 선출되었다. 제헌국회는 빠른 속도로 헌법을 심의하여 국호를 대한민국으로 정했다. 정부 형태가 처음에는 내각책임제였으나 이승만의 고집과 반대로 대통령제로 바뀌었다. 헌법 전문에는 "모든 영역에서 각인의 기회를 균등히" 하고, 지하자원을 국유화하며, 운수·통신·금융·전기 등 공공성을 가진 기업은 공영이라는 내용이 명시되었다. 경제 관련 조항은 좌익 계열인 민전이 작성했던 헌법 초안과 많은 부분 일치했다. 일제강점하에서 모든 독립운동세력은 억압 없는, 자유와 수탈 없는 평등을 갈구했다. 해방 직후는 좌우대립만 있었던 게 아니라, 봉건제와 식민 잔재에서 벗어나 근대적 민주국가를 건설하기 위한 혁명의 시대였다. 제헌국회에도 이런 분위기는 엄연히 살아 있었고, 제헌헌법은 이런 혁명적 요구를 어느 정도는 반영한 결과물이었다.

7월 17일 헌법을 제정·공포하고, 7월 20일 제헌국회 의원들의 간접선거로 초대 대통령 이승만과 부통령 이시영을 선출했다. 8월 15일에 대한민국 정부 수립이 공포되고, 바로 다음 날 국회에서 민족정기 바로 세우기와 친일파 척결을 위한 '반민족행위 처벌' 법안이 상정되어 9월 7일 통과되었다. 제헌의회는 반민특위 법을 신속히 처리해 〈반민족행위특별조사위원회〉(반민특위)를 설치했다. 반민특위 설치 목적은 일제강점기에 일본제국과 협조한 자를 조사하여 국권강탈에 적극 협력한 자, 일제 치하의 독립운동가나 그 가족을 악의로 살상, 박해한 자 등을 처벌하는 것이었다. 그러나 1년도 되지 않아 경찰이 반민특위 사무실을 습격하고, 특위에 관여한 의원들을 국회 프락치 사건으로 검거하여, 특위 활동을 좌초시켰다.

해방 직후 친일파 청산은 독립국가 건설의 최우선과제였다. 그러나 미군정은 남한에 반공국가를 수립하기 위해 공산세력과 맞서 싸울 세력으로 친일파를 주목했다. 미군정은 일제 통치기구를 부활시키고 친일파를 대거 등용했다. 친일파는 이승만의 정권 장악과 유지에 큰 역할을 했고, 이승만 역시 친일파 처벌이 민심을 혼란에 빠뜨린다며 반민특위법에 반대했다. 결국 이승만은 친일파와 손잡고 반민특위의 활동을 방해하여 무력화시키는 데 성공했다.

제주 4.3항쟁과 여순사건

대한민국 정부가 수립된 후에도 저항세력의 씨를 말리려는 토벌작전은 더욱 강경해졌다. 1948년 10월 17일 제주 해안 5km 바깥 지역에 통행금지령이 내려져 해안이 봉쇄되고, 18일에는 여수 주둔 14연대 병력 일부를 제주도로 증파하라는 명령이 떨어졌다. 그러나 바로 다음 날인 19일, 14연대 병사들은 동포를 학살할 수 없다는 보도문을 발표하며, 제주도 출병을 거부하고 반란을 일으켰다. 읍내로 진격한 반란군은 새벽에 여수를 점령하고 곧이어 순천을 점령했다. 반란군과 합세한 좌익세력은 광양, 승주, 구례, 보성, 곡성 등을 일시 장악했고 여수, 순천 등지에는 순식간에 인민위원회가 세워졌다. 그러나 미군 지원을 받은 정부 진압군이 23일 순천을 탈환하고, 포사격을 앞세운 이틀간의 시가전 끝에 27일에는 여수를 완전히 장악했다.

이 사건으로 반란군에 의해 경찰 74명 포함 약 150명의 민간인이 살해되었고, 정부 측 진압 군경에 의해 다시 2,500여 명의 민간인이 살해당했다. 이승만은 "남녀 아동까지도 일일이 조사해 불순분자는 다 제거하라"는 담화를 발표했고, 동료와 가족의 처참한 피해를 접하며 분노한 진압 군경들은 가담자와 협조자를 색출한다면서 무고한 민간인들까지 마구 처형하였다. 체포되지 않은 반군은 지리산과 백운산 등지로 피신하여 빨치산 활동에 들어갔다. 군경의 토벌 작전이 계속되면서 지리산 주변 민간인들이 다시 대거 희생, 학살되었다. 이렇게 사건 초기부터 한국전쟁 직전까지 여순사건으로 희생된 민간인은 모두 1만여 명에 이른다.[3]

이승만 정부는 이 사건을 계기로 강력한 반공체제를 구축하였다. 군 내부적으로는 공산주의자들을 숙청하는 '숙군작업'을 벌였다. 그리고 1948년 12월 1일에 「국가보안법」을 제정하여, 사회 전반에서 대대적으로 좌익세력을 색출하고 처벌에 나섰다. 숙군 과정에서 당시 소령이었던 박정희가 1948년 11월 11일 체포된다. 남로당에 연루된 박정희는 1949년 2월 8일 군사재판 1심에서 무기징역을 선고받고 후에 징역 15년으로 감형되었다. 박정희는 적극적으로 수사에 협조했고, 재심사 때 백선엽과 김창룡이 보증하여 형집행정지로 풀려났다.

1948년 11월 21일 제주도 전역에 계엄령이 선포된 후 중산간 지대는 초토화되었다. 진압군의 중산간 마을 공격에 앞서 주민들에게는 흩어지라는 명령이 내려졌으나, 제대로 전달되기도 전에 진압군이 들이닥쳐, 집에 불을 지르고 남녀노소를 가리지 않고 집단학살

3 임영태, 『한국에서의 학살』, 통일뉴스, 2017, 85-86쪽.

했다. 4.3사건으로 희생된 사람만 모두 3만여 명,[4] 당시 제주 인구는 채 30만이 되지 않았다.

1949년 6월공세

1949년 6월 5일 과거 좌익활동을 했으나 전향한 사람들을 보호한다는 명목으로 '국민보도연맹'이 만들어졌다. 그러나 전쟁이 일어나자 보도연맹원들이 예비검속에 끌려가 집단학살당했고, 그 피해자가 최소 10만여 명에 이른다고 추정되고 있다. 보도연맹이 만들어진 다음 날 반민특위가 경찰 습격을 받았다. 반민특위 해체는 해방 후 최대 과제였던 친일파 척결을 좌절시켰다. 6월 20일부터 국회 소장파 핵심의원들이 국회 프락치 사건으로 줄줄이 체포되었다. 의회민주주의는 극우반공주의에 무릎을 꿇었다. 그리고 6월 26일 김구가 육군 장교 안두희에게 살해되었다. 이로써 분단이 전쟁으로 비화하는 것을 막으려던 통일운동의 마지막 보루마저 사라지게 되었다.

1949년 6월에 일어난 이 모든 일이 우연이었을까? 치밀하게 준비해왔던 모종의 계획이 그때 순서대로 진행된 것은 아닐까? 반민특위 사건, 국회 프락치 사건, 김구 살해 사건에 한결같이 적용된 논리는 모두 반공이었고, 민주적 법과 질서를 완전히 파괴하는 쿠데타적 폭력행위였다. 1949년 6월 이후 이승만은 반공 공세를 한층

4 제주4 · 3사건진상규명및희생자명예회복위원회, 「제주4 · 3사건진상조사보고서」, 2003, 363-367쪽.

강화하고, 아무 데서나 북진통일을 외쳐댔다. 1950년 전쟁 이전부터 한국은 벌써 내전 상태였다. 감옥이 죄수들로 넘쳐나고, 지리산과 제주도에서 빨치산 투쟁이 벌어졌으며, 전국 각지에서는 테러와 무고한 민간인학살이 자행되었다.

일제강점기 동안 남북 합해서 1만 2천 명의 죄수가 수감되었다. 그러나 미군정 시기 남한에만 죄수 정원이 1만 8천 명으로 늘어났다. 1949년 6월에는 법무부장관이 2만 2천 명이라고 보고했다. 그것이 7월 말에는 3만 명으로 늘더니 10월 초에는 3만 6천 명으로 또 늘었다. 죄수의 8할은 좌익이었다. 광복 후 남한에는 죄수가 3배 이상 증가한 셈이다.

김명시가 잠적한 2년 3개월, 이렇게 엄청난 일이 일어났다. 체포된 남로당, 민전 간부들의 전향 발표도 이어졌다. 그러나 김명시 이름은 그 어디에도 나오지 않았다. 김명시와 함께 활동했던 이들은 좌익에 대한 탄압을 피해 북으로 갔다. 부총에서 함께 활동했던 유영준, 정칠성, 김원주, 박진홍은 1948년 4월 〈남북연석회의〉에 참가했다가 북에 체류했다. 그들 대부분은 1948년 8월 21일 해주에서 열린 〈남조선인민대표자회의〉에서 남조선 최고인민회의 의원으로 선출되었다. 그때 선출된 의원 명단 360명에도 김명시는 없었다.

'조선의 잔다르크' 김명시의 죽음

그러던 어느 날 신문들이 일제히 김명시의 부고를 전했다. 천하의 여걸, 여장군 칭호를 가진 유일한 여성 혁명가 김명시가 부평경찰서 유치장에서 목을 매고 자살했다는 것이다. 충격적인 소식이었다.

> "일제 시 연안 독립동맹원으로서 18년 동안 독립운동을 했으며 해방 직후에는 부녀동맹 간부로 있었으며 현재 북로당 정치위원인 김명시(43)는 수일 전 국가보안법 위반으로 부평경찰서에 구속되었었다 하는데 유치된 지 이틀 만에 철창 속에서 목을 매 자살을 하였다고 한다.
>
> 즉 그는 구속되자 독방에 구류되었었는데 간수의 눈을 피하여 유치장 벽을 통한 수도 파이프에 자기의 치마를 찢어서 걸어놓고 목을 걸고 앉은 채로 자살한 것이라 한다. 이 급보를 접한 서울지검에서는 오제도, 선우종원 양 검사가 현장을 검증하였는데 자살로 판명되었다 한다."(1949년 10월 11일자 『경향신문』)

『경향신문』뿐 아니라 모든 언론이 김명시 사망을 보도했다. 그러나 김명시의 피검 날짜, 피검 사유, 자살 방법, 사망 시간은 각기 달랐다.

1. 『자유신문』: 북로당 정치위원, 9월 3일 피검, 치마로, 10월 2일 사망
2. 『동아일보』: 북로당 정치위원, 수일 전 피검, 치마로, 10월 3일 하오 사망
3. 『한성일보』: 북로당 정치위원, 10월 1일 부평서에 체포, 치마로, 10월 3일 사망
4. 『경향신문』: 북로당 정치위원, 수일 전 국가보안법위반, 치마

로, 유치된 지 이틀 만에 사망

5. 『조선일보』: 9월 16일 국가보안법 위반, 서울시 경찰국 검거되어 부평서에 유치, 웃저고리, 10월 5일 오전 5시40분 사망
6. 『경향신문』: 9월 29일 국가보안법 위반 서울시 경찰국에서 부평경찰서에 유치 의뢰, 상의로, 10월 10일 오전 5시 40분경

신문에 보도된 김명시의 죽음은 의혹투성이였다. 1949년 10월 13일 내무부장관 김효석이 김명시 죽음에 관한 기자회견을 한 것은 이례적이다. 김명시 자살 사건의 진상을 묻는 기자에게 김효석은 이렇게 답했다.

"본적을 경남 마산시 만동 189번지에 두고 현주소 서울시 종로구 유상동 16번지에 사는 무직 김명시(42)라는 여자로, 그는 국가보안법 위반으로 지난 9월 29일 서울시 경찰국에서 부평경찰서에 유치 의뢰한 것으로 지난 10일 오전 5시 40분경 자기의 상의를 찢어서 유치장 내에 있는 약 3척 높이 되는 수도관에 목을 매고 죽은 것이다."[5]

4년 전 '조선의 잔다르크'도 부족해 '현대의 부낭(夫娘)'으로 추앙받던 김명시는 온데간데없고 '무직 김명시(42)라는 여자'로 소개되었다. 신문 보도와 내무부장관 답변을 종합하면 김명시는 1949년 9월 3일 서울경찰청에 검거되어 9월 29일 국가보안법 위반으로 부평서로 송치되었고, 10월 10일 오전 5시 40분경 상의를 찢어서 유

5 『경향신문』, 1949년 10월 14일.

치장 수도관에 목을 매어 자살했다는 것이다. 김명시는 한 달 넘게 서울시 경찰국과 부평경찰서에 갇힌 상태로 조사를 받았다.

김명시가 어떻게 검거됐는지, 어떤 조사를 받았는지, 왜 서울경찰청에서 부평경찰서로 넘겨졌는지는 전혀 알려지지 않았다. 다만 남로당 출신의 전향 경찰관 양한모가 『조선일보』에 연재한 「전환기의 내막」에 김명시에 대한 간단한 언급이 있었다. 양한모는 1949년 10월 중순 북한에서 남파된 정백을 체포하는 과정에서 고명자도 검거했는데, 이 무렵 김명시도 군 수사기관에 의해 체포됐다고 밝혔다.[6]

그러나 고명자는 김명시보다 늦게 1950년 1월 '남한의 중간정당에 침투한 남조선노동당 특수부 사건'에 연루되어 체포되었다. 1949년 국회 프락치 사건과 마찬가지로 조작되었을 가능성이 크다. 이승만 정권에 동조하지 않고 남한에 체류한 이들의 생명은 이렇게 위험했다.

김명시는 군 수사기관인 특무대(CIC)에 의해 체포되었다. 서울경찰청으로 넘겨졌다가 다시 부평경찰서로 넘겨져 조사받는 과정에서 사망했다. 김명시가 박종철처럼 경찰의 고문을 받은 것은 확실하다. 그러나 그 죽음의 진상은 여전히 확인되지 않는 '의문사'로 남아 있다.

내무부장관의 답변은 의혹을 해소하기는커녕 더 많은 의문을 낳았다. 오제도, 선우종원 검사가 현장을 검증해 자살로 판명했다고 발표했다. 그러나 사람들은 그 발표를 믿지 않았다. 그의 손에서 김수임 간첩 사건, 국회 프락치 사건이 탄생했다. 정부 발표를 믿지 못하는 또 다른 이유는 그 대상이 김명시였기 때문이다.

---

6 『조선일보』, 1981년 4월 10일.

지금도 친족들은 김명시가 그리 쉽게 무너졌을 리가 없다고 한다. "3척동자란 말이 있듯이 3척 높이의 수도관은 아이 키에 불과하다. 앉아서 자살이 가능한가?"[7] 하는 의문이 제기된다. 해방 후 경찰의 조사를 받아본 이들의 공통된 증언은 "일제강점기보다 해방 후 경찰 고문이 더 잔혹하고 야만적이었다"[8]는 것이다.

김명시는 이렇게 비극적으로 생을 마감했다. 9월 3일 무슨 혐의로 체포되어 10월 10일까지 어떤 고초를 겪었는지 알 수 없다. 그러나 더 기막힌 상황은 누가 김명시의 시신을 수습하고 인수했는지, 또 어디에 묻혔는지 알 수 없다는 사실이다. 그뿐만 아니라 어머니를 비롯해 김명시 언니, 오빠. 남동생, 여동생 등 누구의 무덤도 찾을 수 없다. 독립운동이 죄가 되는 나라도 있단 말인가? 대체 우리 독립운동사의 자랑인 '백마 탄 여장군'은 어디로 갔을까?

---

7 김명시 여장군 독립운동 서훈 과정에 앞장섰던 〈희망연대〉 김영만 고문의 진술이다.

8 안재성, 『이관술 1902-1950』, 사회평론, 2006, 253쪽.

6장

김명시 장군, 고향의 품으로 돌아오다

건국훈장 애국장

2022년 광복 77주년을 맞아 국가보훈처는 김명시 장군에게 건국훈장 애국장(4등급)을 추서했다. 마산의 시민단체인 〈열린사회희망연대〉(상임대표 백남해 신부)가 독립유공 포상을 신청한 지 3년 7개월, 포상 신청에서 2번 탈락하고 3번째 심사 끝에 국가로부터 독립유공자로 인정받았다. 김명시가 1949년 10월 부평경찰서에서 비극적인 삶을 마감한 지 73년 만이다.

〈희망연대〉는 만시지탄의 소회를 이렇게 밝혔다.

> "일제강점기 빼앗긴 조국을 되찾기 위해 21년간 일제와 목숨 걸고 싸운 독립운동가에게 국가가 해야 할 당연하고 당연한 예우다. 그러나 너무 늦었다고 말하지 않을 수 없다."(〈열린사회희망연대〉의 「김명시 장군 독립유공자 서훈 추서를 환영하며」 중에서)

고향의 후손인 마산 · 창원시민과 시민단체도 환호했다. 김명시의 서훈 소식이 알려지자 모두가 자기 일인 양 기뻐했다.

자발적으로 모금하여 현수막을 달자는 의견이 오고 갔다. 며칠 뒤 광복절에는 마산, 창원, 진해 곳곳에 시민들의 눈길이 닿는 곳마다 현수막이 펼쳐졌다.

2022년 8월 15일을 맞아 마산 시내 곳곳에 내걸린 플래카드

"마산의 딸, '조선의 잔다르크' 김명시 장군의 건국훈장 애국장을 축하합니다."

서훈 포상을 받은 지 단 3일 만의 일이다. 〈희망연대〉 회원인 청우기획 서명호 사장과 직원들이 광복절 휴가도 반납하고, 100장 넘는 현수막을 인쇄해서 시민 눈길 닿는 지역 곳곳마다 달았다. 귀환 장병을 환영했던 노란 손수건처럼 큰 현수막이 펄럭였다. 18살에 떠나고 살아생전에는 편히 찾아올 수 없던 고향에서 김 장군의 아주 늦은 귀환을 환영했다.

열린사회희망연대

희망연대 상임대표 백남해 신부는 1992년 '정의구현사제단'의 일원으로 자신이 살아가는 지역에서 신부로서 어떤 삶을 살 것인가를 고민했다. 신부의 삶이란 하느님과 사람을 이어주는 다리 역할이고, 그 사이 이곳저곳에 스며 있어야 한다고 생각했다. 1999년 김주열 열사 묘소를 다녀오면서, 동 · 서 화합의 필요성과 지역사회에서 토착세력이 누리는 기득권의 부조리함에 눈뜨게 되었다. 〈열린사회희망연대〉 준비위원장을 맡으면서 김영만과 함께 〈희망연대〉를 창립한 주역이 되었다. 그리고 20년 넘도록 힘을 합해 이 단체를 이끌었다.

백남해 신부는 김명시 서훈 소식을 듣자 김영만에게 감사 인사를 전했다.

"의장님! 수고하셨습니다. 서훈사업을 처음 제안하던 날, 의장님[1]이 피를 토하듯 이야기하시던 것이 생생합니다."

독립유공자 서훈을 신청하기 전부터 김영만은 "김명시 장군을 어떻게 알릴 것인가?" 고민해왔다. 친일이 항일을 청산하고, 매국이 애국을 고문하고 학살한 전형적 사례가 김명시 일가다. 오랜 세월 잊혀온 그 이름을 더욱 당당하고 자랑스럽게 부활시켜, 국가로부터 합당하게 예우받도록 해야 맞았다. 그것이 고향 땅에 뿌리내리고

1 지역 사람들은 〈희망연대〉 김영만을 의장님이라 부른다. 김영만은 1993~98년 민주주의민족통일 경남연합 의장이었으며, 그후에도 각종 민주화운동 연대단체 대표를 도맡아 왔다.

제1회 민족화해상 수상자 김영만 고문(중앙)과 마산교구 하춘수 신부(우), 백남해 신부(좌)

사는 후대의 도리요, 의무였다.

〈희망연대〉에 우리가 그 일에 앞장서자고 제안할 때 김영만은 정말 피를 토하고 싶은 심정이었다. 1999년 창립한 이래 〈희망연대〉는 우리 안에 깊이 뿌리박힌 친일과 친독재의 잔재를 뽑아내기 위해 20년 이상 싸웠다. 우여곡절도 많았다.

예를 들자면 이은상문학관 개관을 저지하느라 오랜 세월 싸워왔다. 그가 이승만 독재 정권의 나팔수였으며, 이후 군부독재에 협력함으로써 한 시대를 기회주의로 일관했기 때문이다. 그러나 그의 문학관 건립은 여전히 추진되고 있다. 열심히 투쟁해도 친일세력이 사라지지 않고 잠시 고개를 숙였다가, 다시 기세등등하게 지역 기득권세력으로 나타나곤 하기 때문이다.

국민애창곡이던 노래 〈선구자〉가 대국민 사기극[2]임을 밝혀, 어

2 노래의 작곡가인 조두남은 일제하 만주지역에서 친일음악활동을 했다. 〈선구자〉는

느 순간 사라지게 만든 주인공이 〈희망연대〉다. 친일행적이 분명한 〈선구자〉의 작곡가 조두남기념관 개관을 연기해 달라는 희망연대의 진정과 시장과의 면담에도 불구하고 창원시는 불시에 개관식을 감행했다. 이에 희망연대 회원들은 종이에 싼 밀가루를 던지며 항의했다. 이 사건이 그날 KBS, MBC 저녁 9시 뉴스에 톱으로 방영되면서 〈선구자〉의 진실이 널리 알려지고, 많은 국민이 지지와 격려를 보내왔다. 그러나 회원 3명이 구속되고, 7명은 천만 원가량 벌금을 물었다. 지역의 작은 시민단체로는 감내하기 힘든 심리적, 물리적, 인적 피해를 감수해야 했다.

그에 반해 지역의 항일독립운동 역사는 완전히 지워졌다. 항일운동의 한 축인 사회주의 계열 독립운동가라는 이유만으로 김명시의 이름은 고향에서도 까맣게 지워졌다. 그의 명예 회복과 함께 잃어버린 독립운동사의 큰 줄기를 되찾아야 했다. 그러나 그 일은 쉽지 않았다.

그러다가 2015년 전후에 영화 〈밀정〉, 〈암살〉 등이 천만 관객을 돌파하면서 사회주의 계열 독립운동에 대한 평가가 달라졌다. 이런 분위기가 김명시를 주변에 알리는 데에 큰 힘이 되었다. 〈암살〉 영화 속에 "밀양 사람 김원봉이요"라는 대사가 있다. 독립운동가 김명시 이름 앞에도 '경남 마산 출신'이라는 말이 붙어 다녔는데, 그렇다면 우선 고향 마산에서부터 그 첫 단추가 될 만한 움직임을 만들고 나서야 했다.

표절곡일 뿐 아니라 '선구자'라는 단어도 일제의 침략전쟁과 식민정책을 모범적으로 수행한 유공자에게 붙여준 호칭이었다. 일반 인식과는 정반대로 '선구자'는 독립군의 적이었다.

김명시 장군의 흉상 건립

김명시를 알리는 〈희망연대〉의 첫 사업은 "명도석 선생과 김명시 장군의 흉상을 건립하자"는 기자회견(2018년 12월 4일)이었다.

김명시 생가터가 있는 오동동 문화광장에 이 지역 출신 항일독립운동가 명도석 선생과 김명시 장군의 흉상을 건립하자고 창원시에 제안했다. 1990년 건국훈장 애국장이 추서된 명도석(1885~1954)[3]에 비해 김명시는 고향의 기자들에게도 생소했다. 마침 명도석의 생가도 문화광장에서 걸어서 5분 거리에 있었다.

마산 한가운데 구도심 지역인 오동동 문화광장은 마산 개항과 함께 시작된 항일운동과 민주화운동의 족적을 남긴 곳이다. 그러나 정작 조국의 독립을 위해 헌신한 독립운동가의 기념상이 하나도 없다.

〈희망연대〉 이순일 공동대표는 기자회견에서 "조국의 자주독립을 쟁취하고자 몸을 던진 선열을 기념하는 것은 우리의 의무이거니와 미래 세대를 교육하는 일"이라고 강조했다.

두 항일독립운동가가 태어나고 자란 장소에 이들을 기리는 기념물을 세우면 민주주의 거리로서 제격을 갖출 것이라는 제안에 여론은 호의적이었다. 무엇보다 김명시 장군을 공개적으로 알릴 수 있었다. 지역의 작은 시민단체에는 작은 움직임도 큰 소리로 들리도록 하는 전략이 필요했다.

---

3 "주권 잃은 나라는 주인 없는 집과 같다"며 스스로 허당(虛堂)이라 호를 지은 명도석 선생은 그 빈집에 주인을 세우겠다는 결심으로 해방까지 독립운동에 투신했고, 해방 직후에는 마산 건국준비위원장을 지내기도 했다.

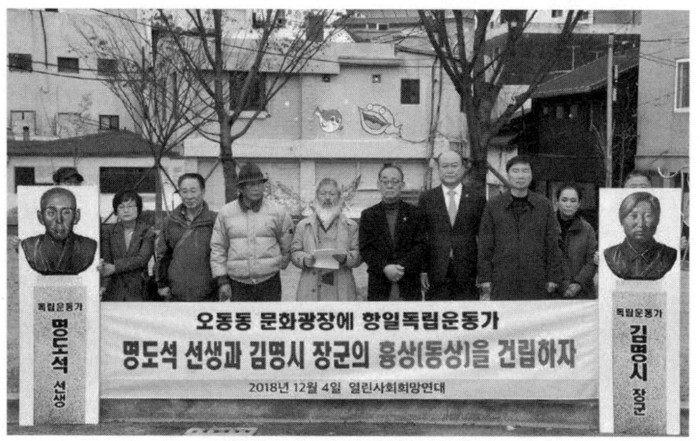

2018년 12월 흉상건립 기자회견

〈희망연대〉는 항상 그렇게 활동했다. 김영만 고문은 그날 기자들에게 "조국 광복과 민족을 위해 목숨 걸고 싸웠지만 이데올로기 때문에 기억과 역사에서 잊히고 감춰진 김명시 장군과 같은 분도 이제는 합당한 재평가"를 받아야 한다고 말했다.

김명시 장군의 독립운동 공적에 대한 서훈 추진을 선언하고 창원시에 흉상 건립을 요청했다. 시 당국은 먼저 '서훈'을 받아야 흉상도 건립할 수 있다고 답변했다. 그것이 〈희망연대〉가 김명시의 가족 · 친지도 모르는 상태에서 서훈사업을 서두른 이유이다.

독립포상 신청과 탈락

기자회견 한 달 후인 2019년 1월 〈희망연대〉는 국가보훈처에 김명시의 독립포상신청서를 제출했다. 그때까지 김명시 친족 누구와

2019년 1월 경남동부보훈지청에 김명시 장군 독립유공자 포상신청서 제출. 김영만(좌), 이순일(우)

도 연락이 닿지 않았다. '사람 찾기 광고'를 통해 친족 찾기 운동을 하고 있었지만 무작정 기다릴 수는 없었다.

김명시의 명예 회복은 참고할 만한 자료가 거의 없어서 마음만 있었지 사실 막막했다. 김명시가 마산에 남긴 흔적은 공소장의 생가터 주소와 마산공립보통학교(현 창원시 마산합포구 성호초등학교) 학적부밖에 없었다. 마산합포구청 지하에 있던 일제강점기 지적도 등본과 토지대장을 통해 정확한 생가 위치를 찾을 수 있었으나, 2011년 오동동 문화광장이 조성되면서 옛 건물 흔적이 모두 사라진 후였다.

그럼에도 김명시의 독립공훈 기록은 너무나 분명했다. 신의주형무소에서 7년의 옥고를 치렀고, 해방 후 신문에서 조선의 잔다르크라고 불릴 만큼 독립동맹과 조선의용군의 지휘관으로 잘 알려진 기록이 있기에 그것을 바탕으로 독립포상 신청서를 작성했다.

그러나 10개월 뒤에 국가보훈처로부터 받은 공문서에는 포상 심사대상에서 제외되었다고 적혀 있었다. 사유는 딱 13자.

"사망 경위 등 해방 후 행적 불분명"

한 명의 애국자라도 더 발굴해야 마땅한 국가보훈처가 '잘 모르겠다'는 이유로 심사도 못 한다고 알려온 것이다.

참으로 어처구니가 없었다. 이건 아예 신청서를 읽어보지도 않았다는 것이다. 신청서가 못 미더우면 인터넷 검색이라도 했어야 했다. 당시 언론보도를 통해 김명시의 사망 경위와 해방 후 행적이 쏟아져 나오기 때문이다.

'이것이 10개월을 마음 조아리며 기다린 결과라니….'

김영만은 치솟는 화를 억누르며 바로 국가보훈처 담당 직원에게 전화했다. 이유라도 알아야 했다. 통화하면서 심사에서 제외된 중요 이유 중 하나가 사망 당시 김명시의 직책 때문이라는 짐작이 들었다. 1949년 10월 김명시 사망을 알리는 신문들이 그의 직책을 '북로당 정치위원'으로 보도했기 때문이다.

그래도 이해할 수 없었다. 다른 사회주의 활동가의 이력에서 북로당 정치위원이라는 직책은 본 적이 없었다. 2018년 변경된 독립유공자 심사기준에는 '광복 이후 사회주의 활동에 참여한 이력이 있더라도 북한 정권 수립에 기여하거나 적극적으로 동조한 경우가 아니면 사안별로 판단해 포상을 검토'하도록 나와 있었다. 김명시는 해방되고 곧바로 남한에 내려왔고 북한 정권 수립에 기여하거나 동조한 이력은 전혀 발견할 수 없었다. 〈희망연대〉는 포기하지 않고 국가보훈처에 제출할 추가 소명자료를 하나하나 찾아보며 재심을 준비했다.

사람을 찾습니다

"사람을 찾습니다" 광고

고향인 마산 어딘가에 김 장군 일가와 관련된 이야기를 아는 사람이 있을지도 모른다, 그 일가와 관련된 사진이라도 구할 수 있을까 하는 절박한 심정으로 친족 찾기 광고를 냈다.

2018년 12월부터 2019년 1월까지 『경남도민일보』와 『오마이뉴스』에 광고를 매일 게재했다.

"'백마 탄 여장군' 김명시 장군의 형제자매, 후손(친족)을 찾습니다."

연락이 오지 않았다. 큰 기대를 안고 시작한 것은 아니었다. 친족이 있다면 좁은 지역에서 이렇게 아무 실마리도 남기지 않은 채 사라질 리가 없다고 생각했다.

『오마이뉴스』가 광고 내용을 토대로 한 기사를 전국판으로 실어

〈희망연대〉 사무실을 방문한 김필두 씨(우)

주자, 분위기가 달라지며 놀라운 일이 일어났다.

친족들의 연락이 오기 시작했다. 2월 18일 제일 먼저 외사촌 동생 김필두(1938년생) 씨가 〈희망연대〉 사무실을 방문했다. 그는 일찍부터 광고와 '김명시 흉상 건립 제안이나 독립유공 포상 신청'에 관한 기사를 보았다. 그러나 연락하기까지 한참을 망설였다고 했다. 아마 친족이 사회주의 계열 독립운동가라는 사실을 밝혔을 때 안전한지에 대해 끊임없이 물었을 것이다.

김필두 씨는 〈희망연대〉 사무실에서 택시를 타면 불과 15분도 안 걸리는 합성동에 살았다. 얼마 후 친형 김재두(1932년생) 씨와 함께 〈희망연대〉 사무실을 다시 찾아왔다. 고종사촌 누이인 김명시를 몇 번 만난 적이 있다는 김재두 씨는 친족이 아니면 할 수 없는 중요한 증언들을 꺼내놓았다.

7월 17일에는 김명시의 친가로부터도 전화를 받았다. 거제에 사

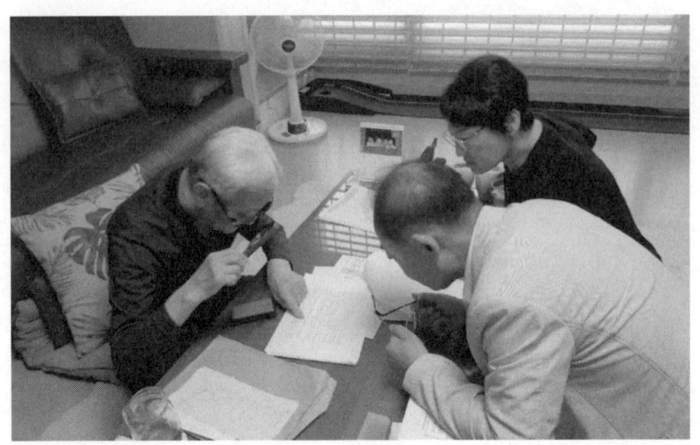

좌측부터 김형도 씨, 김영만 고문, 〈희망연대〉 김숙연 사무처장(처음 만난 날)

는 김미라 씨는 자신의 아버지가 김명시 장군의 친사촌 동생인데[4] 아직 생존해 있다고 했다. 전화를 받는 순간 김영만은 가슴이 터질 듯했다. 다음 날 당장 창원 대방동 셋째 딸 집으로 달려가 그 김형도 씨를 만났다. 8월 5일에는 김명시 친가 장손인 김남룡(재종손자 6촌) 씨도 〈희망연대〉 사무실을 방문했다. 과거의 상처가 너무 커서 친가 쪽도 연락하기를 주저했다는 것이다.

친족들은 아주 가까운 마산, 창원, 거제에 살고 있었다. 지역에 살면서도 김명시 이야기가 지역사회에 새어 나오지 않을 만큼 오랜 세월 함구해왔다. 그러나 친족 모두가 김명시 형제를 독립운동한 자랑스러운 친족으로 또렷하게 기억하고 있었다. 연좌제 때문에 친가나 외가 모두 큰 상처를 입어서 오랫동안 옥죄고 있었을 뿐이다.

---

4 고 김형도(1929~2020): 김명시 장군 친족 찾기 당시인 2019년에는 생존해 있었다.

경남도민일보

경남도민일보

2019년 8월 22일(음 7.22) 목요일

항일 김명시 장군 친족 120년 만에 만났다

사회주의 활동 탓 숨겨오다
공적 재조명 덕에 다시 모여
창원 오동동 생가터 찾은 16명
"독립운동활동에 자부심 느껴"

일제강점기 독립운동가인 김명시 장군 친가와 외가 친족들이 21일 창원시 마산합포구 오동동문화광장 뒤 김 장군 집터에서 120여 년 만에 만나고 있다. /김구연 기자 sajin@idomin.com

"김명시 누님의 영혼이 오늘 이 자리를 웃으면서 보고 계실 겁니다."

일제강점기 독립운동가로서 '백마 탄 여장군'으로 불렸던 김명시(1907~1949) 장군의 외사촌 김재두(87) 씨가 감격스러워했다. 이들 친족이 21일 창원시 마산합포구 오동동 문화광장 뒤편에 있는 김 장군 생가터에 모인 것이다.

김 장군 친족들은 사회주의 독립운동가 집안임을 밝힐 수 없던 시대에 살며 후손임을 드러내지 못했다. 지난해 정부가 여성과 사회주의 활동가에 대한 독립유공자 포상을 확대하기로 함에 따라 열린사회희망연대는 지난해 12월 11일부터 올해 1월 31일까지 <경남도민일보> 광고를 통해 '김명시 장군 친족찾기운동'을 했다.

이를 확인한 김 장군 외사촌인 김필두(81·전 마산시의원) 씨가 2월 희망연대 사무실을 방문했다. 희망연대는 김필두 씨와 친족 관계 확인 작업을 진행했고, 7월 김 장군 큰아버지의 손녀인 김미라 씨가 거제에서 연락을 주면서 친족찾기운동에 속도가 붙기 시작했다.

21일 희망연대가 주관한 '김명시 장군 친족 기자간담회'에는 김명시 장군 아버지 쪽, 어머니 쪽 친족 16명이 자리를 같이했다. 김영만 희망연대 상임고문은 "김군준(1849~1893) 씨 아들(김봉권)과 김봉욱(1858~1943) 씨 딸(김인석)이 결혼해 김 장군 등 오남매를 낳았다. 120년 만에 양가 친족이 만난 뜻깊은 날이다"고 설명했다.

친족들은 김 장군의 어릴 적 모습을 기억하고 있었다. 그러나 해방 전후 몇 번 만남이었기 때문에 남아있는 기억이 많지 않다. 그래도 윗대로부터 전해들은 이야기는 선명하게 기억하고 있었다. "어릴 때 명시 누나를 몇 번 봤던 기억이 있다. 해방 이후 마산에 왔을 때 몇 번 보았다."(친사촌 김형도(91) 씨)

"아버지로부터 명시 고모가 교도소에서 오랫동안 생활했다는 이야기를 자주 들었다. 시대가 바뀌어 이런 자리가 만들어지니 고모가 독립운동가로 활동했다는 사실에 자부심이 있다."(오촌조카 김향임(73) 씨)

"형윤(김명시 장군 동생) 형님과 부인·아이들이 외삼촌 되는 아버지를 찾아와 서울로 간다며 절을 하고 갔다. 고모·고모부(김 장군 부모)는 자식들이 독립운동을 했기 때문에 아버지가 제사를 모셨다. 해방 후 형윤 형님이 마산에 있어 3년가량 모시다 6·25전쟁 직전 서울로 올라간 것이다. 그 뒤로 내가 결혼해 제사를 모셨는데, 형윤 형님 자식들이 살아 있다면 할아버지 제사를 알고 지내고 있는지 모르겠다. 이북으로 간 뜻에 혹여나 이산가족 찾기를 해서라도 찾고 싶지만 막연하다."(외사촌 김재두 씨)

각자의 기억을 꺼낸 가운데, 김필두 씨는 1925년 김 장군이 고려공산청년회 유학생으로 선발돼 모스크바 동방노력자공산대학에 입학하려고 떠나기 전 동생 김형윤 씨와 찍은 사진을 공개했다. 김필두 씨는 여러 사진이 있었지만 김형선(김 장군 오빠·1904~1950) 선생으로 추정되는 사진과 이 사진만이 남아있다고 했다.

김 장군의 언니(김선이) 후손은 경기 이천에 거주하고 있고, 여동생(김복수) 후손은 경북 상주에 사는 것으로 확인됐다. 김 상임고문은 "사회주의 독립운동을 한 김 장군 형제로 친족들이 생활에서나 심리적으로나 피해를 많이 입었다. 김 장군 언니와 여동생 후손과는 연락이 닿았지만, 외가 이야기를 들은 적이 없고 안 만나는 것이 좋겠다고 말해 가슴 아팠다. 한 집안의 비극이자 우리 민족의 비극이다"고 말했다.

희망연대는 지난 1월 경남동부보훈지청에 김 장군의 서훈 신청을 위한 서류를 제출했고, 현재 국가보훈처 공훈발굴과에서 심의 중이다.

/이혜영 기자 lhy@idomin.com

김명시 장군은

김명시 장군은 1907년 마산부 만정(창원시 마산합포구 동성동) 189번지에서 태어났다. 김 장군 가족은 독립운동가가 많다. 어머니는 마산 3·1운동에 앞장서 만세를 부르다 부상당했다. 오 남매 중 삼 남매(김명시·오빠 김형선·남동생 김형윤)는 사회주의 계열 항일투사로 모두 옥살이를 했다.

김 장군은 중국에서 조선공산당 재건 책임자인 홍남표·조봉암과 함께 중국공산당 상해한인특별지부 조직 임무를 맡았다. 1930년 5월 하얼빈 일본영사관을 습격했다 체포돼 징역 7년을 살았고, 출옥 후 조선의용군(조선독립동맹 산하 군사조직)에 들어가 항일무장투쟁 최전선에서 여자부대를 지휘했다. 김 장군은 해방 후 북로당 정치위원이 됐고, 1949년 10월 국가보안법 위반으로 부평경찰서에 구속됐다가 유치된 지 이틀 만에 목을 매 숨졌다.

▶1월 30일 자 20면 보도

김명시(오른쪽) 장군과 동생 김형윤.

2019년 김명시 장군 친족 기자간담회 기사

독립투사 김명시 장군 친족, 120여 년 만에 만나다

〈희망연대〉 사무실 벽에는 김명시 3남매의 사진이 걸려 있다. 그들의 치열한 항일투쟁 이력을 알지 못하면 그냥 순하디순한 고향 누이와 형제들 같다. 누이의 어깨에 온몸을 기댄 남동생 김형윤의 무게마저도 정다운 양 다정다감하고 수줍은 풋풋한 김명시를 볼 수 있다. 동지들에게 별명이 소였다는 김형선도 반듯하고 선한 인상이다.

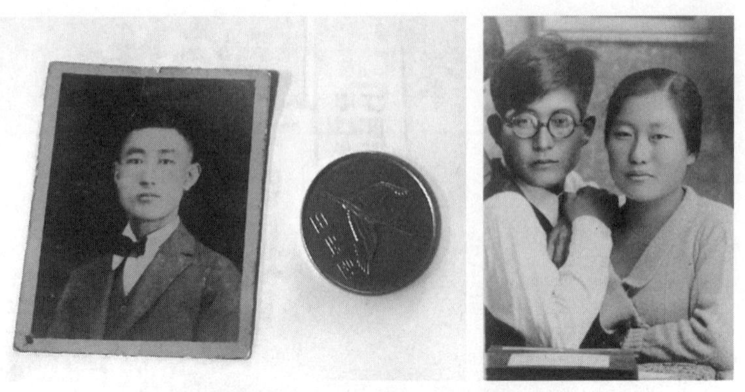

외사촌이 보관해온 동전 크기만 한 김형윤의 명함판 사진(좌)과
김명시·형윤 남매가 함께 찍은 사진(우)

다음은 지금 인터넷이나 언론자료에 많이 나오는 김형선 사진과 모스크바로 유학 가기 전 찍은 것으로 추정되는 동생 김형윤과 김명시 사진이다. 김명시의 외사촌 김필두 씨가 간직한 오래된 앨범에서 발견한 것이다. 형님인 김재두 씨가 기억하고 김필두 씨에게 그 앨범 가지고 오라고 해서 찾게 되었다. 김형선의 사진은 동전 크기만 했다. 남동생 김형윤과 찍은 사진은 김명시가 유학 가기 전 사진관에서 찍은 것으로 추정된다. 사회주의 계열의 독립운동가 사진이 별로 없는 상황에서 귀한 자료가 되었다.

2019년 8월 21일 〈희망연대〉는 오동동 문화광장에서 20여 명의 친족이 모인 가운데 '김명시 장군 친족 기자간담회'를 열었다. 친척들은 어디에서도 함부로 드러내지 않았던 집안의 '역사'를 털어놓았다.

친사촌인 고 김형도 씨는 "어른들로부터 김형선 형님에 관한 이야기를 많이 들었다. 해방 이후 누나가 마산에 왔을 때 보았던 기억이 난다. 그러나 누나와 형선, 형윤 형님이 그렇게 된 이후 공기업에 취직하려고 해도 친인척 중에 남로당 계열이 있다고 해 취직이 되지 않았다"고 했다. 그는 평생 변변한 직업을 구하지 못하고, 오랜 기간 감시 속에 살아야 했다.

외사촌 김재두 씨도 "해방 전후로 명시 누나를 몇 번 봤다. 큰형님 김형선을 본 적은 없으나 명시 누나와 작은 형님(김형윤)은 마산 양덕집으로 아버지(김명시 외삼촌)를 보러 다녀갔다. 해방 후 누나가 오면 식사는 했으나 자지는 않고 그날 떠났다"[5]고 증언했다.

김명시를 본 적이 있는 친사촌과 외사촌은 1949년 김명시의 죽음에 의혹을 제기했다. 고 김형도 씨는 "누나의 성격으로 볼 때 결코 자살할 분이 아니다"며 자살을 믿을 수 없다고 했다. 김재두 씨는 "아버님(김명시 외삼촌)은 어디선가 경찰에 체포되어 자살했다는 소식을 들었다. 누님은 왜정시대에 독립운동을 했다. '해방 후 친일 경찰에 잡힌 것을 비관해 자살했을까'라며 아버지가 지나가는 말로 한 적은 있다. 그러나 자살을 온전히 믿지는 않았다. 고문을 받아 죽었을 수도 있지 않나? 그 시대는 그랬지 않나?"라고 했다.

김명시의 오촌 조카인 김향임 씨는 "이런 시간을 갖게 해준 〈희망연대〉에 고맙다. 아버지가 살아계실 때 명시 고모 이야기를 자주 했다. 사촌 집안이 독립운동하다 감옥소에도 갔다는 말도 자주 들었다"고 했다. 친가 장손인 김남룡 씨는 "그동안 공개적으로 밝히기가 어려웠다. 한때 해외로 취업하는 데 제약을 많이 받았다"고 말했다.

친가나 외가 모두 한결같이 가지고 있던 자료나 사진마저 없앴다

---

5 윤성효, 「드디어 찾은 '백마 탄 여장군' 친족… "그동안 숨기고 살았다"」, 『오마이뉴스』, 2019년 8월 21일.

고 했다. 독립운동한 친족을 자랑하기는커녕 오히려 안전과 생명을 위협받았고, 일가 전체를 불온시하고 불이익 주던 시대를 살아야 했다.

김명시의 아버지 김성범과 어머니 김인석은 1900년 전후로 결혼했다. 친족과 외족의 만남은 그 혼사 이래 120년 만이었다. 친사촌 김형도 씨와 외사촌 김재두 씨는 서로를 얼싸안았다. 하늘에 있는 누나도 자신을 잊지 않는 양가 식구들의 만남을 기뻐할 것이라고 했다.

친족들이 기억하는 김명시 일가

외사촌 동생 김재두 씨는 정확히 언제인지는 모르겠으나 학교에 다녀오니 명시 누나가 운동화를 사 왔다고 기억했다. 1939년 신의주형무소에서 출옥해 중국으로 떠나기 전 외삼촌을 뵈러 왔을 때였던 듯하다. 1932년생 김재두 씨가 학교에 들어갈 무렵이라는 것을 기억하고 아버지와 다름없는 외삼촌 집에 오면서 사촌 동생의 운동화를 사 온 것이다.

명시 누나는 해방 후 만난 김재두 씨에게 서울로 데려가 공부시켜 주겠다고 약속했다. 독립운동하느라 해외로 망명하고 감옥에 갇힌 조카들 대신 어머니 장례식과 제사까지 도맡은 외삼촌에게 이렇게라도 보답하고 싶었던 게 아닐까. 그러나 끝내 외사촌 동생과의 약속은 지킬 수 없었다.

김재두 씨는 형님 김형윤(김명시 남동생) 집에 자주 드나들었다고

김명시 외사촌 동생 김재두 씨(좌)와 희망연대 이춘 작가

한다. 인물 좋은 진해 출신 형수님(김형윤의 처)과 1남 2녀를 두고 살던 오동동 집도 기억했다. 김형윤의 큰딸은 진해 외가에 다녀오다 배가 침몰해 죽었다. 김재두 씨의 아버지(외삼촌)는 너무도 안타까워 조카며느리인 김형윤 처에게 위로를 건넸다. 김형윤의 처는 "아버님! 죽고 사는 것은 다 운명이겠지요. 어쩌겠습니까?"라고 대꾸했다고 한다. 그 말을 들은 김재두 씨의 아버지는 "활동하는 사람이라 그런지 다르긴 다르다"며 조카며느리의 담대함을 칭찬했다.

김재두 씨 증언으로 볼 때 김형윤의 부인도 활동가였음을 알 수 있다. 한국전쟁을 몇 달 앞두고 김형윤이 외숙모에게 노란 장롱을 맡기고 이사 간 후 소식이 끊어졌다. 곧 와서 찾아가겠다고 해서 외숙모는 꽤 오랫동안 그 장롱을 보관했다. 그러나 주인은 끝내 다시 나타나지 않았다. 김재두 씨는 형님 가족마저 사라지자 고모인 김명시 어머니의 제사를 한참 동안 지냈다고 한다. 그러나 김재두 씨의 부인이 쓰러지면서 그 제사도 더 이상 지내지 못하게 되었다.

친사촌 동생인 고 김형도(1929~2020) 씨는 친족 중 최고령이었다. 자신이 직접 누나 김명시를 만나기도 했을 뿐 아니라 어른들에게서 들은 이야기도 많았다.

"형선 형님은 변장에 능했고, 소리 소문 없이 잠시 밤에 다녀갈 정도로 신출귀몰했습니다. 성정이 대범하여 일본 순사들의 불심검문에도 눈 하나 깜짝하지 않았다고 합니다. 기차에서 일본 순사와 마주치면 자신이 먼저 보따리를 풀어헤쳐 일본 순사들의 경계심을 풀었다더군요. 보는 사람이 능청스럽다 할 정도로 빠져나와 형님의 나이만큼 체포 위기를 모면했다고 집안 어른들로부터 들었습니다."

김형선은 평상시 말이 없다가도 자신의 주장을 펼칠 때면 눈에서 불이 이글거릴 정도로 열변을 토했는데, 그 눈이 무서웠다고 한다. 90의 나이로 사촌 형을 이야기하는 김형도 씨 눈에서도 뜨거움이 느껴졌다. 그만큼 오랫동안 숨겨온 친족의 독립운동 내역을 이렇게나마 밝힐 수 있어서 감격스러워했다.

"해방 후에 마산 사람들이 명시 누나보고 '김명시 장군 만세'라고 외쳤어요." 당시 16살이었던 김형도는 사람들 틈에 끼어 스치듯 지나간 명시 누나와의 짧은 만남을 여전히 자랑스레 간직했다.

국가보훈처의 성의도 영혼도 없는 답변

〈희망연대〉(상임대표 백남해)는 2021년 7월 국가보훈처(처장 황기철)에 김명시 포상 재심 신청서를 제출했다.[6] 1차 심사 탈락 후 1년 7개월 동안 '포상 제외 결정 사유'를 분석하고 '보완'하거나 '반박'해 다시 작업한 것이다.

당시 김명시 사망을 다룬 신문보도와는 달리 김명시는 북로당 정치위원이 아니었다. 1988년 〈국토통일원〉에서 발간한 「북조선로동당 창립대회 자료집」에 의하면 북로당에는 '정치위원'이라는 직책이 없었다. 심지어 1 · 2차 대회 중앙위원과 후보위원 명단 어디에도 김명시 이름 석 자를 발견할 수 없었다.

북의 정권 수립에 대한 기여도는 북이 평가하는 것이 가장 정확할 것이다. 평양 '신미리애국열사능'은 북한 정부 수립에 공훈이 인정된 사람들의 국립묘지다. 해방 직후 남쪽에서 사회주의활동을 하다 생을 마감한 활동가들도 여럿 모셔져 있다. 하지만 김명시를 비롯한 3남매의 묘는 거기도 없었다.

당시 김명시 사망에 책임 있는 관계 당국은 '북로당 정치위원'이라는 직책으로 북한 쪽 거물급 인사라는 점을 강조하고 싶었을지 모른다. 북의 지령을 받아서 숨길 것이 많아 자살했다는 여론을 유도하기 위해, 있지도 않은 직책을 부여했을 가능성이 있다.

보훈처가 제시한 '사망 경위의 불분명'이란 사유도 부당하고 불

---

6 2021년 7월 7일 김명시 장군 독립유공자 포상 재심 요청서와 독립유공 포상신청서, 그리고 새로운 소명 자료인 조선노동당대회 자료집(국토 통일원)을 함께 국가보훈처에 보냈다.

합리했다. 김명시는 1949년 9월 3일 체포되어 10월 10일 부평경찰서에서 사망했다. 사망 경위의 정보는 국가가 가지고 있어야 했다. 체포 사유, 고문의 여부, 시신의 처리 방법, 인수자, 무덤 위치에 대해서는 정보기관만이 알 수 있었다. 재심을 준비하는 1년 7개월 동안 국가기관 어딘가에 남아 있을 법한 김명시 관련 자료를 찾아 백방으로 뛰어다녔다. 김명시의 활동 동선을 따라 경기도경찰청에까지 정보공개를 요청했으나, '자료 없음' 통보를 받았을 뿐이다.

이러한 〈희망연대〉의 간절한 노력에도 불구하고 보훈처는 8월 회신을 통해 심사 보류를 통지했다. 보훈처는 "2019년 김명시 선생에 대한 공적심사에서 1925년 8월 경남 마산에서 〈고려공산청년회〉에 가입하여 1928년 6월 〈동방피압박민족반제대동맹〉을 조직하는 등의 독립운동 공적이 확인되나 광복 이후 남한으로 귀국한 뒤 1949년 사망 시까지의 행적이 구체적으로 확인되지 않아 '사망 경위 등 광복 후 행적 불분명'의 사유로 보류되었습니다"라고 밝혔다.

'포상되지 못한 사유'는 문장만 길었지 1차 때와 똑같은 단 13자였다. 재심도 하지 않겠다는 국가의 무성의하고 불친절한 관료주의에 김영만은 〈희망연대〉를 대표해서 격렬히 항의했다. 심지어 보훈처는 1차 심사 때 벌써 김명시가 북로당 정치위원이 아니라는 사실을 알고 있었다는 것이다. 〈희망연대〉는 그런 사실도 모르고 1년 넘게 자료를 찾아 헤맸다.

〈희망연대〉는 "국가보훈처의 성의도 영혼도 없는 답변을 우리는 사실로 받아들이기 어렵다. 보훈처에 대한 신뢰가 무너졌다. 과연 심사위원들이 우리가 재심 신청 때 냈던 자료를 1차 심사에서 검토했는지에 대한 사실을 확인하고자 정보공개를 요청할 예정이다."라고 성명을 발표했다.

국가보훈처와의 간담회

언론은 김명시 장군의 서훈 재심 신청 결과에 촉각을 기울이고 있었다. 국가보훈처의 태도에 대한 비판적인 여론이 조성되었다. 『오마이뉴스』 기자가 「김명시 장군 포상 신청 단체가 "보훈처 신뢰 무너졌다"고 한 까닭」이라는 제목의 기사를 전국판으로 보도하면서 보훈처의 입장은 더욱 옹색해졌다.

보훈처는 성의를 보여야 했다. 마침내 2021년 11월 8일 소속 학예사들을 마산에 내려보내 〈희망연대〉 사무실에서 김명시 후손과 면담했다. 후손들은 가슴에 묻어두었던 말을 털어놓았다.

"독립운동을 그것도 누구보다 치열하게 했던 사실은 분명하지

2021년 11월 18일, 김명시 친족과 국가보훈처 학예연구사들의 만남

않느냐?"

"국가에서 체포하고 경찰서에서 사망했다면 국가에 자료가 있어야 하지 않느냐?"

"친족들조차 연좌제로 평생 억울하게 살았다. 독립운동가로 인정받아야 한다."

김명시 오빠 김형선, 남동생 김형윤도 독립운동을 했지만, 아직 아무도 정부로부터 서훈을 받지 못하고 있는 원통한 사연도 토로하며 한목소리로 김명시의 독립 서훈을 요구했다.

김명시의 독립 공적이 뚜렷하다면 "도대체 언제 어떻게 사망 경위와 해방 후 행적을 알 수 있는가? 국가가 체포하고 경찰서에서 죽고 내무부장관이 사망을 발표했음에도 어떤 정보를 가지고 있지 않다면 독립유공자에 대해 유리하게 해석해야 하지 않는가?"라고 묻지 않을 수 없었다.

김명시 장군 서훈 추서가 확정되고 난 뒤 친족들과 〈희망연대〉 회원들

보훈처 학예사들은 "해방공간의 자료가 문서로 나오기에는 한계가 있다. 후손들의 이야기를 듣기 위해 왔다. 삼일절, 광복절, 순국선열기념일에 맞춰 공적심사를 하는데, 내년 광복절 전에 김명시 장군에 대한 공적 재심사를 하겠다."고 답했다.

친족들의 피맺힌 목소리를 직접 들은 국가보훈처 담당자들은 다시 심사하겠다고 약속하고 서울로 올라갔다.

장군이 돌아왔다

친족들과 〈희망연대〉는 가슴 졸이며 서훈 소식을 기다렸다.

그리고 마침내 2022년 8월 12일 국가보훈처로부터 감격스러운 통지를 받았다. 김명시 장군이 돌아가신 지 73년 만에 명예롭게 고향으로 귀환할 수 있게 되었다. 2번 탈락하고 3번째 재심을 통해 독립운동 공적을 인정받은 것이라 언론도 크게 주목했다. 국가보훈처는 '광복절 계기 독립유공자 포상'을 하면서 다음과 같이 포상 사유를 밝혔다.

> "정부는 일제의 국권침탈에 항거하여 민족자존의 기치를 높이 세우신 김명시 선생의 독립운동 위업을 기리어 애국장에 포상하기로 결정하였다. 일신의 안위를 버리고 조국광복을 위해 헌신하신 선생의 희생정신과 애국심은 대한민국 발전의 밑거름이 되었으며, 귀감으로서 후세에 영원히 기억될 것이다."

"김명시 선생은 1931년 상해 한인 반제동맹을 조직했고 이후 체포돼 옥고를 치렀다."

외사촌 김필두 씨는 "아버지가 돌아가시기 직전에도 '절대로 명시를 잊으면 안 된다'고 말씀하셨는데, 드디어 명시 누나 이름을 크게 부를 수 있게 됐습니다"라며 감격을 토해냈다. 친사촌인 고 김형도 씨는 사촌 형님과 누님에 대한 생생한 증언만 남겨놓고 이 기쁜 소식을 듣지 못하고 돌아가셨다.

명시 고모는 우리 영웅이었어요

김명시의 외사촌인 김재두 씨와 김필두 씨는 〈희망연대〉 사무실을 방문할 때마다 "친족으로서 우리가 한 일이 너무 없네요"라며 미안하고도 감사한 마음을 표했다. 그들은 누구보다 김명시 가족의 고초를 잘 알았다.

일찍 아버지를 여읜 김명시 남매는 외삼촌을 '아버지'라 불렀다. 3남매가 감옥을 드나들고 먼 이역에서 독립운동을 하는 동안 외삼촌이 어머니 장례며 부모님 제사를 도맡았다. 외삼촌은 해방이 되면 조카들이 활개 치고 살 줄 알았을 것이다. 그러나 실제로는 일제 시절 순사가 해방 후에 다시 경찰이 되었을 뿐이다.

김명시의 친가 쪽 사정도 다르지 않았다. 김명시 큰아버지는 아들 8명을 두었다. 둘째 아들인 김형엽 씨와 그 아들 김동규 씨는 독립운동을 했다. 그 두 사람은 한국전쟁이 발발하고 보도연맹사건으로 괭이 바다에서 학살되었다. 제적등본을 떼보니 4.19혁명 후인 1961년 아버지와 아들이 함께 사망신고가 되어 있었다.

김명시 조카 김향림 씨가 운영하는 김해 들꽃네에서(좌측부터) 김향림과 김미라, 미경 자매

친가 종손인 김남용 씨의 증언에 의하면 할아버지가 돈을 싸들고 동생을 살리려고 했다고 한다. 그러나 전향서를 쓰지 않으려고 해서 소용이 없었다. 고 김형도(1929년생) 씨의 딸 미라 씨는 여고 시절 툭하면 순경이 찾아와 "요즘 별일 없냐?"고 아버지께 묻곤 했다고 한다.

이런 고초 속에서도 고 김형도 씨는 '명시 고모'를 딸들에게 자주 이야기했다. 큰 딸인 김미라 씨가 명시 누나의 모색을 제일 많이 닮았다고 한다. 세 딸은 집 밖에서는 '김명시'란 이름을 감히 말할 수 없었지만, 집에서 명시 고모는 그들의 영웅이었다고 했다. 김명시 장군은 과연 그들에게만 영웅이었을까? 미라 씨(김명시 5촌조카)의 남편 남무혁 씨(70)는 "김 장군 이야기만 나오면 장인어른 눈이 반짝반짝 빛났다"고 기억했다.

건국훈장 추서에 보훈단체 반발

김명시에게 건국훈장 애국장을 서훈한 것에 대해 광복회와 광복

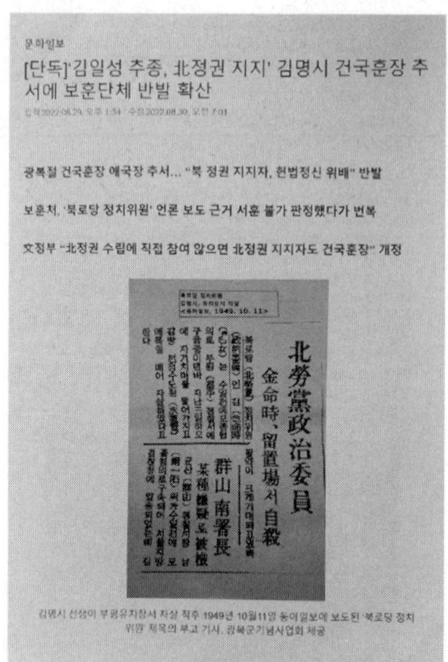
문화일보

[단독]'김일성 추종, 北정권 지지' 김명시 건국훈장 추서에 보훈단체 반발 확산

입력 2022.08.29. 오후 1:34 · 수정 2022.08.30. 오전 7:01

광복절 건국훈장 애국장 추서… "북 정권 지지자, 헌법정신 위배" 반발

보훈처, '북로당 정치위원' 언론 보도 근거 서훈 불가 판정했다가 번복

文정부 "北정권 수립에 직접 참여 않으면 北정권 지지자도 건국훈장" 개정

北勞黨政治委員

金命時, 留置場서 自殺

群山南署長

某種嫌疑로 被檢

김명시 선생이 부평유치장서 자살 직후 1949년 10월11일 동아일보에 보도된 '북로당 정치위원' 제목의 부고 기사. 광복군기념사업회 제공

『문화일보』, 2022년 8월 29일

군기념사업회 등 보훈단체가 강하게 반발하고 나섰다. 이들은 김명시가 "김일성 등을 추종하고, 북한정권 수립을 지지한 것이 명확함에도 건국훈장을 추서한 것은 헌법정신에 위배되며 국가 정통성을 거스른 '이적행위'"라고 주장했다. 1945년 12월 27일 〈조선국군준비대 전국대표자대회〉 때 김명시가 한 축사에서 무정이나 김일성을 동무라고 부르며 찬양했다는 것이다.

그러나 당시는 남·북한 어디에도 정권이 수립되지 않았던 때다. 항일무장투쟁 지휘관인 무정과 김일성, 그리고 김원봉이 국민 모두로부터 열광적으로 환영받던 시기였다. 더구나 무정과 김일성을 '동무'라 부르고 가장 나이 많은 김원봉만을 '장군'으로 호칭한 것을 '고무찬양'으로 몰아간다면, 당시 상황을 고려하지 않은 억지 주장이라 하지 않을 수 없다.

이 대회에는 임시정부 주석인 김구가 등단하여 축사로 우리 국토를 수호하자는 조선국군준비대의 열정과 성의에 감사를 표했다. 김명시가 축사하기 바로 직전에는 〈조선국군준비대〉 충북 대표의 제의로 무정과 김일성, 김원봉과 이청천을 명예의장으로 추대하고 이것이 만장일치로 가결되었다.

「우리의 피로 조선을 찾자」, 『자유신문』, 1945년 12월 27일, 김명시 연설 기사

이러한 전후 사정은 파악하지 않고, 연설의 극히 일부 몇 단어를 문제 삼아 매도하는 것은 반대를 위한 반대에 지나지 않았다.

보훈단체에 대한 국가보훈처의 답변

그래서 〈희망연대〉는 이러한 보훈단체의 반발에 일체의 대응도 하지 않았다. 역사 바로 세우기에는 진실에 근거한 뚝심이 있어야 하고, 불필요한 논쟁으로 그 노력이 방해받을 필요가 없다고 보았다.

김명시 서훈에 반발한 보훈단체들은 우리 헌법과 국가 정통성을 운운하기 전에 역사의 격랑에 휩쓸려간 항일독립운동가와 고통 속에 세월을 보낸 친족에 대한 공감과 연민을 회복해야 한다. 이제 겨우 세상 밖으로 목소리를 낼 수 있었던 김명시 친족들의 가슴에 다

시 대못을 박을 권한은 누구에게도 없다.

경직된 일부 보훈단체들의 시각이라면 김명시가 자신의 동지였던 남로당 계열과 연안파를 숙청했던 김일성을 용서했을 리가 없다. 북한 역시 김일성보다 무정과 김원봉을 앞세우는 김명시를 용인하지 않았을 것이다.

보훈처는 보훈단체들의 항의에 대해 "김명시 선생이 북조선로동당 정치위원으로 참여 활동한 자료는 확인되지 않았다. 1946년 8월 북로당 중앙위원으로 김일성, 김두봉, 주녕하, 허가이, 최창익이 피선된 것으로 확인되지만, 김 선생 이름은 확인되지 않았"고, "조선독립동맹 구성원을 주축으로 1946년 2월 북한에서 창당된 조선신민당 간부명단에서도 김 선생의 이름은 확인되지 않았다"고 해명했다. 우리는 해방 당시 신문자료를 다시 낱낱이 뒤졌으나 김명시가 북로당은커녕 남로당에 어떤 직책을 가지거나 남로당 이름으로 활동한 사실조차 발견할 수 없었다.

『오마이뉴스』 윤성효 기자

김명시 장군 서훈에 알게 모르게 동참하고 지지와 성원을 보내 준 이들이 많았다. 특히 김명시 장군의 고향에 있는 지역언론의 관심과 협조가 큰 도움이 되었다. 그중 윤성효 기자를 빼놓을 수 없다.

서훈 신청이 이런저런 고비를 맞을 때마다 〈희망연대〉의 뜻을 가장 정확하게 전달한 매체가 『오마이뉴스』였다. 실린 기사 대부분은 윤 기자 몫이었다. 이것이 전국적으로 큰 반향을 일으켜서 보훈처 학예사가 마산까지 내려와 유족들 목소리를 듣게 된 것이었다. 김영만은 윤성효 기자와 나눈 긴 인터뷰에서 그동안 쌓아온 고마움 때문인지 깊은 속내도 털어놓았다.

『오마이뉴스』 윤성효 기자가 "친족이 아님에도 서훈사업을 시작한 이유"를 묻자, 김영만 고문이 답했다.

"우리는 같은 고향 사람이다. (…) 우리 고향에서 역사적으로 업적을 남긴 인물이 있으면 자랑하고 존경하는 건 인지상정이다. 불행하게 기억하지 못하고 묻혀버린 인물을 찾아서 후배들에게 알리는 일은 보람된 일 아닌가? 그래서 우리는 이 일을 시작했다."

"오랫동안 김명시 장군을 추적하면서 드는 생각은?"이란 질문에는 이렇게 답했다.[7]

"김명시 장군이 살아 있다면 묻고 싶은 말이 있다. 명시 누나! 온 집안이 멸문의 화를 당해 온전하지 않은데 독립운동한 것을 후회하지 않느냐고 묻고 싶다."

김명시 장군의 직계가족

김명시의 직계 가족은 사실상 아무도 남지 않았다. 오빠 김형선

7 윤성효, 「'빨갱이 영웅 만드냐' 비난에도... 김명시 장군 서훈 이끈 이 사람」, 『오마이뉴스』, 2022년 8월 13일.

은 1950년 한국전쟁 중 미군 폭격으로 사망했다고 전해진다. 남동생 김형윤은 1남 2녀를 낳고 고향에 살았으나 한국전쟁 전후로 사라져 죽었다는 소문만 외삼촌이 들었을 뿐이다.

일제강점기 엄혹한 시기에 독립운동을 하느라 오빠 김형선과 김명시는 평온한 가정생활을 할 수 없었다. 나라를 위해 누구보다 치열하게 싸웠지만 김명시 3남매는 어디 묻혔는지도 모른 채 사라졌다. 그들은 자신의 선택으로 독립운동을 하느라 그랬더라도 김명시 언니 김선이와 여동생 김복수는 흔적이라도 있어야 했다. 그러나 그들의 삶도 온전하지 않았던 듯하다.

외사촌 김재두 씨는 선이 누나(김명시 언니)는 부산에 살았는데 어머니 제사 때는 반드시 오곤 했다고 한다. 그러나 전쟁 후 연락이 뚝 끊겼다. 김복수는 결혼하고 난 뒤 연락이 두절되었다. 어렵게 김선이의 손자와 김복수의 양아들 연락처를 구할 수 있었다. 김선이 손자는 경기도에 살고, 김복수 양아들은 영주에 살았다. 〈희망연대〉에서 연락했으나 그들은 김명시에 대해 전혀 들은 바가 없고 아는 바도 없다고 했다. 무엇보다 그들의 처지가 곤궁하여 나타나기를 꺼렸다. 김선이의 손자는 일찍 연락을 끊어서 미리 알던 주소로 찾아갔지만 세 살던 집에서 벌써 이사 가고 난 뒤였다. 주인집에서 들은 소식은 아픈 부인을 돌보느라 집의 벽지가 다 뜯겨 있을 정도로 가난하더라는 얘기였다. "독립운동을 하면 3대가 망한다"는 현실이 멀리 있지 않았다.

서훈을 위해 백방으로 뛴 김영만이나, 심지어 김명시의 친족들도 정작 건국훈장 애국장은 구경하지 못했다. 훈장은 가장 가까운 혈족인 여동생 김복수의 양아들이 받게 되었다. 상훈법시행령에 따라 포상 전수 우선순위가 결정되기 때문이다.

그는 경북 영주에 살고 있어서 경북도청을 통해 훈장이 전달되었다. 김영만은 그 양아들에게 3년 동안 수없이 전화했다. 마산에 양어머니를 기억하는 친가, 외가 친척도 있으니 이쪽으로 한번 오든지 아니라면 영주로 찾아가겠다고 사정했다. 이렇게 매달린 이유는 직계 가족만이 제적등본을 뗄 수 있어서 김명시 어머니와 아버지의 생몰년도 같은 자료를 찾으려면 그의 협조가 필요했기 때문이다.

김복수 양아들의 입장은 양어머니인 김복수의 얼굴을 본 적도 없고 들은 이야기도 없다는 것이다. 더구나 이모뻘 되는 김명시에 대해서는 더욱 아는 바가 없어서 만나봐야 아무 의미가 없다며 나타나지 않았다.

김영만도 인간인지라 참 서운했다. 그러다 김복수를 생각했다. 김명시가 고향 떠날 때 복수 나이 고작 10살. 언니, 오빠들이 독립운동하느라 보살피지 못해 친척 집을 전전해야 했다. 김명시의 혼백이 있다면 지하에서나마 "불쌍한 내 동생 제사라도 챙겨 주라"고 부탁했을 수도 있다. 건국훈장은 동생 복수에게 주는 언니 명시의 선물일지도 모른다. 그런 생각을 하니 울컥했다.

김명시 장군 기림일

김명시가 비극적으로 부평경찰서에 사망하고 73년 만에 고향에서 처음으로 기림일 행사를 가졌다. 김명시의 첫 제사이자 건국훈장 애국장 추서를 축하하는 잔치 같기도 했다.

2022년 10월, 김명시 장군 기림일 행사 장면

2022년 10월 7일 김명시 생가터 뒤 문화광장 무대 정면에 "항일독립운동가 마산의 딸! 김명시 장군 기림행사"라고 적힌 대형 펼침막을 걸어 그날만큼은 '김명시 광장'으로 만들었다.

> "조선 여성들의 용맹함은 산맥으로 요동하거늘 어찌 조국 하나 되찾지 못하리."
> "조선의 잔다르크, 여걸 중의 여걸"
> "조선 사람은 다 통일전선에 참가해 한 뭉치가 되어야 한다."

고등학생들이 김명시를 생각하며 쓴 캘리그라피의 글귀다. 문화광장에는 그들의 글과 그림 작품이 전시되어 김명시가 고향 생가터 앞을 다 차지한 듯했다. 마산에서 18년을 보냈던 소녀 김명시가 백년이 지나 고향 손녀뻘 딸들에 의해 다시 살아났다.

지방자치단체가 후원하는 흔한 행사가 아니었다. 〈희망연대〉가

〈희망연대〉 백남해 신부(맨 왼쪽)의 김명시 생가터 헌화 장면
(2022년 기림일)

주관했지만 지역의 많은 시민들이 후원하고, 마산 〈산호작은도서관〉(윤은주 관장)과 여고생들이 펴낸 김명시 장군의 책 인세를 행사비로 기부하는 등 후손들이 마음을 모아 행사를 준비했다.

1부 행사는 경남민예총 마산지부 회원들이 타악 연주를, 박영운, 이경민 등 지역 가수들이 재능기부를 해주었고, 시민 하모니카 연주단(대표 김창대)이 독립운동가를 연주해 분위기를 띄웠다. 박은혜 씨가 '아름답게 빛나리'라는 제목의 진혼무를 추었다.

'딸들과 함께 쓰고 그린 창원 여성 이야기' 1탄으로 『백마 탄 여장군 김명시』를 쓴 이예지, 김하은 학생이 '김명시 장군에게'라는 제목의 편지도 낭독했다.

〈희망연대〉 상임대표 백남해 신부의 인사말로 2부 행사가 시작되었다.

"우리는 헬조선이니 희망이 없다느니 우리가 살아가는 조국을 무시하기 일쑤다. 그러나 조국이 없더라도 조국을 향한 애국심은 끝이 없다는 것을 김명시 장군은 분명하게 보여주었다. 이 애국심을 국가가 드디어 인정하여 건국훈장 애국장을 추서하게 되었다. 우리도 김명시 장군의 그 큰 뜻을 이어받아 우리 조국을 지켜내며 세계에 우뚝 서는 아름다운 나라로 만들어나가자."

시인인 〈희망연대〉 이순일 공동대표는 「나는 용납이 되지 않는다」 시를 낭송해 분위기를 숙연하게 만들었다.

나는 용납이 되지 않는다

이순일

김명시(金命時)
그의 이름도 지워지고
무덤도 꽃다발도 없다는 것이

나는 나의 무지를 용서할 수가 없다
열 서너 살부터
민족운동과 노동운동에 눈을 떴고
강도 일본제국주의의 감옥에서
칠 년이나 견딘 여성 전사를
그의 어머니가

마산어시장의 생선장수였다는 것도
몰랐다는 것을

그는 캄캄한 신의주 감방 벽에다가
수없이 새겼으리라
살아야 한다
살아야 조국 해방도 본다고

나는 용납하지 않겠다
1945년 12월 해방된 조국 서울 거리에서
흰 말을 탄 애국자가
1949년 부평경찰서 유치장에서
갑자기 주검으로 발견된 사실을
그는
가슴에 까맣게 새겼을 것이다
살아야 한다
암 살고말고
살아서 조국통일을 보리라

전사는
중국 화북에서 강도 일본제국주의 군대와
전투할 적에는
찬바람보다 빨리
삶과 죽음을 수없이 내달렸다

그는
강도를 쫓아낸 조국의 유치장에서
최후를 맞을 줄은 꿈에도 몰랐으리라

나는 아무래도
남한을 점령한 미군과 그에 기생한 친일경찰들의 작태를
용납할 수 없다
오늘, 동해에서 벌이는 한국해군과 미국핵항공모함과
일본해상자위대의 합동훈련을
아무리 생각해도
용납할 수가 없다

이경민 가수도 김명시 장군에 빙의된 듯한 〈내 이름은 김명시〉라는 노래로 청중들의 가슴을 후벼팠다.

"왜 이제 왔느냐
그 어둡고 차가운 지하에서 눈을 감지 못한 채
해줄 말이 있어서 너희들을 기다렸단다
너의 이름이 나의 이름이다
더 당당하게 살아다오
나의 이름이 너의 이름이다
지금보다 더 빛나게 많이 배워라
단 한순간이라도 너의 눈을 가리지 못하게

너를 지켜라 한 순간도 너를 집어 삼키지 못하도록…"

김명시 친족을 대표해 외사촌 김필두 씨와 5촌 조카인 김향임 씨가 〈희망연대〉와 창원시민들에게 감사의 인사를 전했다. 행사 마지막에 참가자들이 모두 무대에 올라와 독립군가 〈압록강 행진곡〉을 떼창으로 불렀다.

"우리는 한국 독립군 조국을 찾는 용사로다
나가나가 압록강 건너 백두산 넘어가자
우리는 한국 광복군 악마의 원수 쳐물리자
나가나가 압록강 건너 백두산 넘어가자
진주 우리나라 지옥이 되어
모두 도탄에서 헤매고 있다
동포는 기다린다 어서 가자 고향에
원수한테 밟힌 꽃 포기 있다
동포는 기다린다 어서가자 조국에…"

많이 들었던 노래였지만 김명시 생가터 앞에서 그를 기리며 부르니 참가자들은 모두 그 가사의 피맺힌 구절에 북받쳐 목이 메었다. 장광섭 회원이 준비한 김명시 장군 서훈 과정을 기록한 영상이 상영되자 김명시의 사촌인 고 김형도 씨의 딸들이 영상에서 돌아가신 아버지를 발견하고 눈물을 쏟아냈다.

상임대표로서 백남해 신부는 김명시 장군 선양사업의 일환으로 시작한 '김명시 장군의 서훈 사업'을 이렇게 평가했다.

"3년 7개월! 김영만 상임고문님이 불굴의 의지를 불태운 시간입니다. 온갖 어려움에도 불구하고 김명시 장군 의문사 73년 만에 건국훈장 애국장을 받게 되었습니다. (…) 앞으로 김명시 장군에 대한 정기 기림일을 확립하고, 제대로 된 자료를 발간하는 것이 큰 숙제입니다."[8]

8 「열린사회희망연대 제24기 정기총회 자료」.

7장

김명시를 역사에 소환한 사람

역사는 망각과 기억의 투쟁이라 한다.

최근 전두환의 손자는 광주로 직접 가서 할아버지의 학살을 사죄하고 용서를 빌었다. 정작 학살 장본인이 아무런 사과나 반성 없이 망자(亡者)가 되었다. 하지만 광주시민과 유가족들은 그 손자의 진심을 받아들여, 끌어안고 함께 눈물 흘렸다. 광주학살이 일어난 지 43년 지났어도 광주의 비극은 아직도 아픈 기억으로 남아 있다.

김명시를 기억하는 사람들도 그 슬픔은 다르지 않았을 것이다. 1960년 4.19혁명 때만 해도 김명시가 죽은 지 10년밖에 지나지 않았다. 김명시의 직계 가족 중 생존자를 찾을 수 있었다. 그의 시신이 어디에 묻혔는지 아니면 어떻게 처리했는지라도 알 수 있었다. 그러나 아무도 입을 열 수 없었다. 4.19혁명 직후, 보도연맹 학살문제가 제기되어 진상규명 시도가 있었으나, 1년도 안 돼 5.16군사쿠데타가 일어나 다시 봉인돼야만 했다.

1980년 5월 19일 밤 계엄군의 잔혹한 진압상황을 알리기 위해 "광주 시민 여러분! 우리 동생 형제들이 죽어가고 있습니다"라고 가두방송을 했던 전옥주는 여간첩 소리를 들었다. 광주 도청을 사수하던 이들은 모두 북한 사주를 받은 폭도로 몰렸다. 그들은 법정에서 간첩이 아님을 입증해야 했다. 김명시가 죽은 후 30년도 넘은 때였지만 그의 사망 당시와 다름없는 고문과 조작이 난무했다. 그래서 그때도 김명시 이름 석 자를 꺼낼 수 없었다.

한홍구 교수 초청 토론회 포스터

1987년 6월항쟁 때도 상황은 다르지 않았다. 1988년에서야 미국에서 재미학자 남화숙 교수(워싱턴대)가 「여장군 김명시의 생애」를 발표하면서 조금씩 알려졌다. 김명시가 고향에 알려지기까지는 시간이 더 걸렸다.

2015년 12월 박근혜 정권 시절 역사교과서 국정화문제로 어수선할 때 〈희망연대〉를 비롯한 마산 시민단체들이 한홍구 교수를 초청했다. 강연 주제는 〈영화 암살과 역사 교과서 국정화를 통해 본 한국 현대사〉였다. 한 교수는 청중들에게 "김명시를 아세요? 이분의 고향이 어딘지 모르세요?"라고 질문을 던졌다. 120석의 강연장을 꽉 메운 청중 속에서 "네"라고 답하는 소리는 매우 작았다. 한 교수는 순간 실망스러운 표정을 감추지 못했다. 고향에서조차 김명시를 아는 사람이 거의 없었다. 그때 누군가가 지금 강연 장소는 일제강점기 마산형무소 자리였으며, 김명시 생가가 여기서 얼마 떨어지지 않은 곳에 있었다고 답했다.

한홍구 교수는 〈암살〉에서 영감(오달수)이 죽음을 앞두고 한 말 "우리를 잊으면 안 돼"라는 대사를 상기시켰다. 고향에서 김명시를 잊어서는 안 된다고 생각하는 사람들이 생기고 있었다. 2015년 발간된 책 『이야기 지도로 찾아가는 창원의 역사와 문화』에 박영주

연구원이 「여장군 김명시와 혁명가 삼남매」[1]를 썼다. 허정도 박사는 『도시의 얼굴들』[2]이라는 저서에서 여장군 김명시를 소개했다. 김영만도 그중 한 사람이었다.

다만 김영만은 시민운동가로서 다르게 접근하고 실천했다. 우선 김명시라는 존재를 고향 사람들에게 널리 알리는 일이 무엇보다 급하고 중요한 일이라고 생각했다. 이를 위해 언론과 지방자치단체의 관심과 협조가 절실하다고 판단했다. 그래서 바로 시작한 일이 서훈 신청과 동시에 흉상건립운동, 생가터 표지석 설치, 친족찾기운동 등 일련의 사업이었다. 이후 창원시의 관심 속에 '김명시 학교 가는 길'이 조성되었고 시민들이 스스로 김명시를 찾고 알리기 시작했다. 꿈꾸는산호작은도서관(윤은주 관장)에서 창원지역의 여고생들과 함께 김명시 여장군을 기리는 글과 그림을 엮어 『새벽의 빛』을 발간했다.

2번 탈락하고 삼수 끝에 김명시 장군은 건국훈장 애국장을 받았다. 그러나 건국훈장 서훈은 김명시 기림의 끝이 아니라 시작이다.

역사는 과거와 현재의 대화라고도 한다.

김명시의 삶과 죽음을 알게 되면 누구나 물었다.

"왜 그런 인물이 그렇게 알려지지 않았지?"

누가, 무엇이 김명시의 역사를 봉인했는지 묻지 않을 수 없다.

김명시의 역사를 지웠던 과거가 현재 우리 삶을 규정하고 있을

---

1 박영주(경남대 박물관 상임연구원), 「여장군 김명시와 혁명가 삼남매」, 경남대학교 인문과학연구소 편, 『이야기의 지도로 찾아가는 창원의 역사와 문화』, 도서출판 바오, 2015.

2 허정도, 『도시의 얼굴들』, 지앤유, 2018.

뿐만 아니라 미래를 엮어맬 수 있다. 1945년생 김영만이 살아낸 삶이 한국 현대사 그 자체다. 그의 삶 속에서 김명시를 역사에 소환해낸 이유를 발견할 수 있을지도 모른다.

3.15의거 그날 밤

1960년 3월 15일 김영만은 마산상고 입학 합격자 발표를 기다리고 있었다. 그날 김주열도 남원에서 팔랑재를 넘어 마산상고 입학 합격자 발표를 보러 왔다. 학교에 갔더니 합격 발표일이 하루 미루어졌다. 김주열과 김영만은 서로 만나지 못했지만 왜 합격 발표일이 미루어졌는지는 묻지 않아도 알 수 있었다.

제4대 대통령과 제5대 부통령이 선출되는 날이었다. 학교 당국은 선거 날 학생들이 모이기라도 하면 얼마 전 있었던 '2.28 대구학생의거'처럼 들고일어날까 무서워 합격 발표일을 하루 미룬 것이다. 그것이 태풍의 핵이 되리라고는 아무도 상상하지 못했다.

친구들이 모인 자리에서 "대구에서는 학생들이 들고일어났다는데 마산은 뭐 하노?"라며 은근히 선배들에 대한 불만이 돌았다. 그는 지금의 3.15기념탑 근처에 있던 할아버지 집에 발표 연기 소식을 전하러 갔다가, 저녁나절 바깥에서 웅성거리는 소리를 들었다. "아! 이거다" 싶었다. 뭔가 터질 것 같았다. 그리고 터질 게 터진 거다.

개표가 진행되는 마산시청까지는 약 7~80m 떨어진 곳이었다. 마산 사람들이 구름 떼처럼 몰려 있었다. 사람들 사이에서 "협잡 선거 다시 하라"는 구호가 터져 나왔다. 김영만은 그때까지 데모한 적도,

3.15의거 후 김주열 열사 시신 수색 당시 구경인파
(동그라미 안이 김영만)

데모를 구경한 적도 없었지만 서로 어깨동무를 하고 자연스럽게 노래를 부르며 시청을 향해 전진했다.

"압박과 설움에서 해방된 민족, 싸우고 또 싸워서 찾은 이 나라."

"전우의 시체를 넘고 넘어 앞으로 앞으로…."

그 시절 어른 아이 할 것 없이 누구나 다 부를 줄 알았던 해방가와 전우가 그리고 애국가를 불렀다.

데모대를 가로막은 경찰 또한 강력했다. 전조등을 환히 켜고 물대포를 쏘며 돌진하는 경찰의 강력한 저지에 데모대열은 금방 무너졌다. 하지만 흩어진 군중들은 곧바로 돌멩이 투석으로 대응하여 다시 모이고 뭉쳤다. 이렇게 수차례 데모대와 경찰이 서로 밀고 밀리기를 계속했다. 그런 와중에 김영만은 동네 형들을 만났다.

"우리 이럴 게 아니라 허윤수 집으로 가자"고 외치는 형들을 따라 손을 잡고 성지여고 쪽으로 달려갔다.

그는 민주당 국회의원으로 선출되었으나, 자유당으로 이적한 변절자였다. 자유당의 방해 공작에도 어렵게 당선시킨 마산시민의 뜻을 배신한 데 대한 마산시민들의 분노가 컸다. 산복도로에 있는 허윤수 집에 도착하니 데모대가 벌써 휩쓸고 간 뒤였다. 그래도 형들과 돌을 몇 번 던지고 마산시청 쪽으로 내려왔다. 시위대와 경찰이 대치하고 있었다. 잠시 뒤 '쾅' 소리가 나더니 사방이 깜깜해졌다. 포탄이 터진 줄 알았다. 칠흑 같은 어둠은 시위 군중과 경찰 모두를 흥분과 공포의 도가니로 빠뜨렸다.

무학초등학교 근처에서 소방차가 전신주를 들이박아 정전사태가 난 것이다. 그것을 알 길 없는 김영만은 공포에 질렸다. 그 순간 경찰이 "잡아라" 소리 지르며 김영만 쪽으로 달려오기 시작했다. 영만도 달렸다. 세무서 뒷길 법원 방향 골목으로 돌았다. 고랑이 보이자 몸을 던져 숨었다. 온몸이 불판 위 마른 오징어같이 바싹 오그라들었다. 경찰과 영만의 거리는 불과 약 3~40m 정도였다. 지휘자인 듯한 사람이 무언가 지시하더니 단호한 목소리로 "발포하라! 발포하라!"라고 명령했다. 법원 앞에 모인 경찰은 "옙" 하더니 곧바로 흩어졌다.

벌떡 일어나 남의 집 담장을 넘었다. 송판으로 두른 담장 끝이 김영만의 몸무게를 이기지 못하고 뚝 하고 부러졌다. 집주인이 놀라 뛰쳐나왔다. 단박에 상황을 알아차린 아저씨는 어린 학생 영만을 집으로 데리고 들어갔다. 공포로 온몸을 덜덜 떠는 영만에게 아랫목을 내주었다. 아저씨는 뭔가를 물었고 겁에 질린 김영만은 모른다고만 답했다. 콩 볶는 듯한 총소리가 계속 이어지자 주인집 가족도 긴장해서 말문을 닫았다. 총소리가 멎고 한참 지난 뒤에 그 집을 빠져나왔다. 김영만이 겪은 1960년 3월 15일 밤이었다.

세상 디비러 나왔다

16세 소년의 나이에 3.15를 겪었던 김영만이 하는 말이 있다.

"3.15 때는 시민들이 총에 맞아 죽는 줄 모르고 시작했고, 4.11 때는 총에 맞아 죽을 줄 알면서도 세상을 디비러 나왔다."

그가 또 하는 말이 있다.

"마산 사람들은 빨갱이 타령해서 안 된다. 그 빨갱이라는 타령으로 마산 사람들이 얼마나 다치고 죽고 죽음의 고문을 받았는데 그것을 벌써 잊었단 말인가?"

라는 탄식이다.

"부정선거 다시 하라"고 데모할 때는 경찰이 발포까지 할 줄 몰랐다. 그러나 그날 밤 이승만 정권의 부정선거에 항거한 마산시민에게 경찰이 최루탄과 총탄을 무차별 발사하였다. 무고한 시민 8명이 사망하고 수많은 총상자가 발생했다. 이날 발포명령자로 지목된 인물은 두 사람이었다. 부산지방검찰청 마산지청장 서득룡과 마산경찰서장 손석래였다.

그들은 마산 개표가 진행되던 마산시청에 있었다. 경찰서장 손석래가 "영감 야단났습니다. 어떻게 하면 좋겠습니까?"라고 묻자 새

마산의료원에서 경찰과 시민의 대치
(동그라미 안이 마산상고 1학년 김영만)

파란 검사 서득룡은 "빨갱이 같은 새끼들! 쏘아버리세요"라고 말했고 그에 따라 경찰서장 손석래가 실탄사격을 명령했다.[3] '빨갱이'라는 말은 이처럼 "함부로 죽여도 괜찮다"라는 살의를 담은 단어였다.

빨갱이를 함부로 죽이던 시절을 경찰만 기억하는 게 아니었다. 3.15의거 때 경찰서뿐 아니라 거리를 밝히는 전등이란 전등이 다 돌에 맞아 깨졌다. 얼굴이 드러나지 않아야 했다. 10년 전 보도연맹 교육을 받으러 시민극장에 모였던 사람들의 최후를 기억했기 때문이다. 부정선거는 전국적으로 실시되었음에도 마산에서 3.15의거가 일어났던 이유 중 하나가 보도연맹으로 이승만 정권에 의해 억울하게 가족을 잃어버린 울분이 가세되었기 때문이다. 불과 10년 전에 1,681명이 정당한 재판 절차와 시신 인계도 없이 학살당했다. 그 가족의 피맺힌 사연이 3.15의거 발원지와 불과 얼마 떨어지지 않은

3 서득룡이 도피 11년 만에 자수하여 대구지검에서 조사받을 때, 전 경찰서장 손석래와 데모대를 진압하여 직접 최루탄을 발사한 박종표(당시 마산경찰서 경비주임)가 증인으로 출석하여 이렇게 증언했다.

마산 시내 한복판인 시민극장과 마산형무소에서 폭발했다.

김주열 시신이 떠오르기까지 27일간 마산은 죽음과 공포의 도시였다. 학교와 거리에서, 집 안에서 무고한 시민들이 연행되어 빨갱이가 되었다. 불심검문에 걸린 청년이 운전면허증을 소지하고 있었다는 이유 하나만으로 북마산파출소 방화범이 되기도 했다. 차의 휘발유를 방화에 썼다는 것이다. 경찰조사 과정에서 방화범의 나이는 23세에서 33세로 부풀려졌다. 방화범을 한국전쟁 중 보도연맹 가맹자로 만들려고 하니 10년 전 나이가 13살밖에 안 돼 나이를 올릴 수밖에 없었다.

3월 15일 밤 희생된 시신 호주머니에 삐라를 넣어 불순분자의 소행으로 만들려고까지 했다. 이승만이 직접 나서서 3.15의거를 '공산당의 사주를 받은 불순분자의 폭동'으로 낙인찍었다. 마산을 한국전쟁 전후 남로당 계열이 활동했던 곳이라며 폭도의 도시로 몰아갔다. 이런 가운데 유일하게 마산을 휩쓸고 다닌 사람이 김주열의 어머니였다. 어머니는 "내 아들 주열이를 찾아달라"고 만나는 사람마다 호소했다.

4월 11일 김주열 시신이 떠오르자 마산 사람들이 들고일어났다. 어머니들은 "내 새끼들 다 죽는다"고 울부짖었다. "마산 사람이라면 모두 김주열 시신을 보아야 한다"고 아줌마들이 동네방네 외치고 다녔다. 엄마가 나서니 딸이 따르고, 아버지가 거리에서 외치니 아들이 돌을 던졌다. 그리고 할머니, 할아버지, 걸을 수 있는 모든 사람이 거리로 쏟아졌다. 걷지 못하는 아이들도 어머니 등에 업혀 나왔다. 그게 4.11민주항쟁이었다.

그러니 3.15에 비해 시위 규모가 클 수밖에 없었다. 8개 고교 학생들도 교문을 박차고 나섰다. 4월 12일, 13일까지 연 3일 동안 밤낮으로 시위가 이어졌다. 김주열 시신이 촉매제가 되었으나 27일간 마산 사람들이 당한 모든 분노가 폭발했다. 그래서 죽음을 각오하고 거리에 나섰다.

김영만은 80을 바라보는 나이에도 그때의 기억이 생생하다. 4월 11일 도립병원 가마니 위에 있던 김주열의 시신은, 한쪽 눈에는 최루탄이 박혔고 푸른 이끼가 몸을 덮고 있었다. 최루탄은 3월 15일 밤이 남긴 흔적이었다. 푸른 이끼는 돌을 매달고 바닷물에 잠겨 있었던 27일을 보여주었다. 어떻게 된 일인지 시신은 손상되지 않았다.

김주열 시신이 떠오르던 그날 어머니 권찬주 여사는 아들을 찾다 못 찾고 남원으로 떠났다. 아들의 시신이 떠오르던 시간, 어머니를 실은 남원행 버스는 사고가 나 진동고개에서 전복되었다. 마산 떠나기 전날 기자들과 만난 자리에서 권찬주 여사는 꿈에 아들이 나타나 눈이 아프다고 했다고 말했다. 김주열은 경찰이 묶은 돌멩이를 풀어헤치고 주먹을 불끈 쥐고 선 자세로 수면 위에 솟아올랐다. 진실은 침몰하지 않음을 보여주듯이 말이다.

끝나지 않을 것 같던 이승만 독재의 아성에 신호탄을 쏘았던 3.15의거는 김명시의 고향에서 일어났다. 그것도 생가 바로 앞에서 시작되었다. 김명시 생가에서 바로 보이는 3.15의거 발원지 기념관이 이를 증명한다. 역사에서 종종 드러나는 우연일까? 화무십일홍, 권불십년이란 옛말도 틀리지 않았다. 김명시를 포함해 그의 형제와 동지는 모두 이승만 정권에 의해 죽임을 당했다. 그 후 종신 대통령을 꿈꾸었던 이승만도 12년 만에 국민의 손에 의해 권좌에서 끌어내려졌다. 4.19혁명은 국민이 얼마나 무서운지를 보여주었다.

4.19혁명은 나의 학교

김영만은 김주열 시신이 떠오르고 난 뒤인 4.11민주항쟁 내내(4월 11, 12, 13일) 겁도 없이 데모대에 휩싸여 이리저리 뛰어다녔다. 그리고 4.19혁명을 맞이했다. 이승만이 하야하던 4월 26일에는 부산 원정시위대의 트럭을 타고 창녕 남지까지 갔다. 그 과정에서 자신의 뇌에 엄청난 변화가 일어났다고 스스로 말한다. 어릴 때 들었던 어른들의 뜻 모를 이야기가 이해되기 시작했다. 순사 온다면 우는 아이도 울음을 뚝 그칠 정도로 순경은 무서웠다. 그런데 쳐다만 봐도 도망가고 싶던 순경들이 이제는 별로 겁나지 않았다.

이승만이 물러나고 대통령 선거를 다시 하면서 집에서 가까운 무학초등학교는 선거유세장이 되었다. 윤보선, 장면, 박순천 등 당시 유명한 정치인 수십 명을 그곳에서 보았다. 바로 그곳이 16세 김영

4.11항쟁 이후 계속된 시위(창동)

만에게는 훌륭한 학교였다. 그 정치인들이 좋은 스승이었다.

뭔지도 모를 의분에 차 참가했던 3.15의거가 제대로 보이기 시작했다. 4.19혁명 후 유명 정치인들의 연설을 들으며 이승만 독재의 실상, 한강 다리 폭파 사건, 보도연맹, 거창 양민학살, 인간 백정 '백두산 호랑이' 김종원과 같은 인물과 놀라운 사건들을 알게 되었다. 김영만 가족 중에 보도연맹 희생자가 없었음에도 왜 그런 일에 관심이 많았는지 지금 생각해도 그 이유를 모르겠다.

4.19혁명 이후 마산에서 활발하게 펼쳐진 진보운동은 3.15의거와 4.11항쟁이 그냥 일어난 것이 아니었음을 말해준다. 교원노조운동, 한국전쟁 전후 민간인학살 진상규명운동, 영세중립화통일운동 등이 유독 마산에서 거세게 전개되었다. 김명시 형제와 동지들이 야학이나 독립운동을 통해 뿌린 씨가 분단과 전쟁의 광풍에도 꿋꿋이 살아남아 양심에 따라 행동을 촉발했다.

교원노조운동은 경상남도와 경상북도에서 가장 강하게 나타났다. 1960년 8월 이후에는 교원권익보다 사회개혁운동으로 전환되었다. 1961년 경남교원노조의 현황을 보면 가입자가 8,087명이었다. 전체 교원 수 1만 4,803명 중 57.4%에 이르렀다. 마산지역 교원노조는 전체 교사 600명 중 500명이 가입할 정도였다.[4]

4 3.15의거기념사업회 엮음, 『3.15의거사』, 3.15의거기념사업회, 2004, 480-489쪽.

1960년 5월 24일 마산 시내에서 노현섭[5]과 김용국[6]은 "정부는 6.25 당시 보도연맹 관계자의 행방을 밝히고, 만일 죽였다면 그 진상을 공개하라"는 현수막을 앞세우고 침묵시위를 했다. 24일부터 30일까지 1주일 만에 200여 명이 신고, 접수했다. 관련자 1,681명이 학살되었다는 조사 결과가 그때 나온 것이다. 전국 피학살자 유족회가 결성되고 마산 노동운동의 대부 격인 노현섭 씨가 전국유족회장이 되었다.

마산지역의 통일운동은 좀 특별했다. 당시 전국적으로 펼쳐지던 중립통일운동을 가장 먼저 받아들이고 지속적으로 전개했다. 그래서 마산은 당시 통일운동을 전국적으로 확산시키는 기폭제가 되었다. 장면 정권은 이승만식의 무력·북진통일을 지지하지는 않았지만 중립통일에도 반대했다. 통일방안에 대한 정부의 불분명한 태도 때문에 혁신 계열까지 혼란에 빠져 있었지만, 마산에서는 중립화 통일방안에 대한 지지 열기가 매우 뜨거웠다.

1960년 11월 6일 무학초등학교 교정에서 〈영세중립화통일추진위원회〉가 개최한 집회에는 수천 명의 시민이 운집했다. 홍중조(전 경남도민일보 논설실장)의 증언에 의하면 학교 뒷산은 물론 경전선 철

---

5 노현섭 선생은 마산시 구산면 안녕부락 출신으로 일본 중앙대 법과를 졸업한 인텔리였다. 마산상고에서 교사생활을 하다 한국전쟁 이후 3개 부두노조를 통합한 단일지역노조인 대한노총 자유연맹 마산부두노조를 결성해서, 본격적으로 노동운동에 뛰어들었다. 마산자유연맹 위원장, 전국자유연맹 위원장으로 한국노동운동을 주도하고, 노동자 자녀를 위한 마산고등공민학교와 노동병원을 설립하고 운영했다. 그러나 그가 노동운동을 시작한 계기는 마산적색노조운동을 했던 김치영과의 만남이었다.

6 김용국 선생은 한국전쟁 당시 고향 통영에서 가족을 잃었다. 마산시 초대 시의원(1952~1956)을 역임했다.

둑길이 인파로 덮였다고 한다. 김문갑 영세중립화통일추진위원회 회장이 세 가지 통일론을 소개했다.

"첫째는 미국을 배경으로 한 북진통일, 둘째는 김일성이 주장하는 남진적화통일, 셋째는 우리가 구상하는 스위스식 영세중립국통일방법이다."

그리고 청중들에게 마음에 드는 통일방법을 투표해달라고 했다. 경찰과 언론 관계자들이 자발적으로 관리하는 가운데 개표한 결과 대부분이 중립화통일을 지지했다. 당시 통일을 내다보는 마산 시민의 의식 수준이 높았음을 보여주는 사례다.

5.16군사쿠데타

1961년 5.16군사쿠데타는 4월혁명으로 탄생시킨 민주정부를 무너뜨리고 지방자치제도를 소멸시켰다. 쿠데타세력은 어울리지 않게 군사혁명이 3.15의거와 4.19혁명정신을 이어받는 것이라고 큰소리쳤다. 그러나 정작 혁명에 앞장섰던 마산지역 혁신세력이 철퇴를 맞았다. 5.16쿠데타세력이 제일 먼저 피학살자 유족회를 체포한 것이다.

발굴 유해를 위해 새로 마련된 묘지를 파헤쳤고, 유골을 불사르고, 비석도 파괴했다. 관련 기록도 압수해 현재까지도 복원되지 않고 있다. 보도연맹으로 친형을 잃은 전국유족회 노현섭 회장

(1920~1992)은 징역 15년에 처해졌다.

통일운동과 악법반대투쟁을 벌였던 영세중립화통일추진위원회 위원장인 김문갑(1909~2004)[7]은 '특수범죄처벌법'이라는 소급법으로 '용공중립'이라는 죄명이 씌워져 징역 10년 형을 선고받았다. 교원노조운동에 참가했던 교사들도 모두 해직되었다.

1962년 9월 20일 마산 3.15의거기념탑 준공식 테이프를 끊은 것은 국가재건최고회의 의장 박정희였다. 마산시민 2만여 명이 운집한 행사장 곳곳에는 박 의장을 칭송하는 현수막이 붙었다. 그렇게 뜨겁던 혁명의 열기는 마치 아무 일 없던 듯이 금세 가라앉았다.

혁명을 경험한 고등학생 김영만의 머리로는 용납되지 않는 상황이 펼쳐졌다.

> "반공을 국시의 제일로 삼고 지금까지 형식적이고 구호에만 그친 반공 태세를 재정비 강화한다."

학교에서 이 혁명공약을 매일 외워야만 했다. 다 외우지 않으면 집에 보내지 않았다. 마음 깊숙한 곳에서 반발심이 솟구쳤다. 박정희가 떠드는 경제개발계획도 사실은 4.19혁명 후 장면 정권이 발표한 것과 같은 내용이었다. 친구들끼리 5.16쿠데타를 이성계의 위화도 회군과 다를 바 없는 역모라고 수군거렸다.

---

7 김문갑 선생은 함경남도 출신이고 일본 와세다대학 교외생 과정을 수료하고 약제사 시험에 합격하여 마산에서 약종상을 경영했다. 1944년 여운형의 건국동맹에 참여하여, 서울 이남의 조직책이었고, 해방 후 조선인민당 중앙위원, 근로인민당 중앙위원으로 활동했다. 1955년 근로인민당 재건기도 혐의로 구속되고, 59년 진보당 사건으로 옥고를 치렀다. 조봉암과 장건상과 함께 활동했던 것이다.

대학교에 가서도 상황은 별반 다르지 않았다. 대학생들도 교복과 교모의 착용을 강요받았다. 사치 풍조 근절이라는 명목으로 시위를 벌일 시민과 학생을 구분할 목적이었다. 김영만이 입던 물들인 군복은 사치 풍조와 거리가 먼 것이었다. 그러나 군사독재체제는 허용하지 않았다. 교복을 입지 않았다는 이유만으로 중간고사나 기말고사 시험지에 감독관이 줄을 죽죽 그었다. 당연히 성적이 나오지 않았다. 총학생회장을 만나 도움을 요청했지만 아무 소용없었다. 1964년 한일협정반대시위가 대학가에 번져갔다. 대학 1학년으로 참가했지만 3.15의거와 4.19혁명을 경험했던 그에게는 양이 차지 않았다. 대학생활이 시들해져서 1965년 해병대에 입대했다.

베트남전쟁 참전과 짜빈동전투

1966년 10월 해병 청룡부대 소속으로 베트남전쟁에 참전했다. 전투가 잦아지면서 아군의 희생도 커졌다. 인간이 평상시의 맨정신이라면 전쟁을 할 수 없다. 그래서 전쟁은 미친 짓이지만, 생각보다 인간이 아주 쉽게 미친다는 것을 그때 알았다. 매일같이 사방에서 땅을 뒤흔드는 포탄이 터지고, 전우들이 피 흘리며 쓰러지는 모습을 보면 미칠 수밖에 없다. 이성과 합리적 판단이 마비된다. 집단광기에서 죽고 죽이는 살육을 벌이는 것이다. 좋은 전쟁은 결코 없었다. 그러나 당시 김영만을 비롯한 젊은이들은 그것을 미처 깨닫지 못하고 전투에 나갔다.

베트남 참전 당시 김영만을 비롯한 군인들은 용감하게 싸우는 것이 자유를 수호하는 것인 줄 알았다. 참전하고 몇 달 사이에 해병 3개 중대가 베트콩의 공격을 받고 치명적인 타격을 입었다. 입대 동기들이 하나둘 전사 또는 부상당하자 그도 어느새 증오와 복수의 화신이 되고 말았다. 그리고 1967년 2월 어느 날, 김영만을 평생 부끄러움과 죄의식으로 살게 만든 사건이 발생했다.

짜빈동이라는 작은 마을은 청룡부대가 보호해주는 100여 호쯤 되는 안전마을이었다. 그곳을 뺀 모든 마을은 적으로 간주했다. 종종 수색 나간 중대원들이 베트콩 용의자를 체포해 왔다. 원래는 부대에서 포로를 잡으면 헬리콥터로 포로수용소에 보내야 했다. 하지만 증오심으로 가득 찬 군대는 그러지 않았다.

어느 날 선임이 찾아왔다. 베트콩 용의자 한 명을 처형한다는 것이다. 네 명의 군인들이 포로를 철조망 밖으로 데리고 갔다. 죽음을 직감한 그는 극한 두려움에 떨었다. 네 명이 대충 파놓은 구덩이에 포로를 세워놓고 총으로 쏘았다. 무감각하게 묻어놓고 피가 옷에 묻은 줄도 모르고 돌아와 밥을 먹었다.

그날 어둑해질 무렵 어떤 할머니가 초소로 찾아왔다. 보초를 서고 있던 병사가 김영만을 찾아왔다. 기본적인 몇 마디나마 베트남어를 할 수 있는 사람은 그가 유일했기 때문이다. 할머니를 보는 순간 깜짝 놀랐다. 고향에서 무사귀환을 비는 자신의 친할머니와 너무 닮은 것이다. 그리고 할머니의 입에서 놀라운 이야기가 나왔다. "삼 일 전 내 아들이 이 부대에 잡혀 왔다. 먼발치에서 얼굴이라도 한 번 보게 해달라"는 것이다. 그날 처형한 베트콩 용의자의 어머니였다.

벌써 이송되었다고 했으나 할머니는 거짓말하지 말라고 했다. 자신이 부대 밖에서 지켜보고 있었다는 것이다. 그리고 아들에게 죽이라도 먹이게 해달라고 죽통을 내밀었다.

그날 밤부터였다. 기분이 이상해졌다. 베트남 땅을 밟은 후 처음으로 자신이 너무 변했다는 사실을 깨닫기 시작했다. 무언가 좋지 못한 일이 생길 것 같은 두려움에 휩싸였다. 그로부터 딱 이틀이 지난 1967년 2월 14일 새벽 4시, 어둠 속에서 해병 3대대 11중대는 월맹 정규군의 기습을 받았다. 적들이 순식간에 포위하고 바로 눈앞으로 들이닥쳤다. 소총에 탄창을 갈아 끼울 시간도 없었다. 어깨에 매달아놓았던 수류탄의 핀을 뽑아 던지며 납작 엎드렸다. 그러나 다시 일어나는 순간 적이 쏜 포탄 파편이 얼굴을 뚫었다. 그 순간 많은 생각이 스쳐 지나갔다. 전쟁에서 사람이 죽는 것을 여럿 보았다. 사람이 쉽게 죽지는 않는다. 그러나 머리를 맞으면 대개는 생존 가능성이 낮았다.

먼저 드는 생각은 '왜 하필이면 머리를 맞았을까'였다. 다음엔 '어머니는 내가 죽어가는 걸 알까?'였고, 어머니 얼굴이 떠올랐다. 문득 '연애도 한 번 못 해보고 죽는구나'라고 생각하니 억울하기 짝이 없었다. 피워보지도 못한 자신의 청춘이 너무 가여웠다. 쓰러져 있는 동안 아군과 적군이 번갈아 걸려 넘어졌다. 그 순간에 잠시 정신이 들었다. 적들에게 포로가 되느니 차라리 스스로 목숨을 끊자고 총구를 턱밑에 갖다 대고 여차하면 방아쇠를 당길 자세를 취했다. 그리고 정신을 잃었다.

아침이 되어 전우들이 김영만을 찾아 헬리콥터에 태워 보냈다. 다낭병원에서 눈을 뜨자 옆 침상에 있던 미군이 엄지손가락을 치켜들었다. 한국 해병대 넘버원이라는 것이다. 월맹군 정규군 2개 연대

2,500명과 지방 베트콩 500명 도합 3,000명의 적과 한국 해병 290여 명이 벌인 전투에서 아군이 대승을 거둔 것이었다.

살았다는 것을 깨달은 순간부터 육체적 고통만큼 지독한 정신적 고통이 엄습했다. 붕대를 칭칭 감고서야 보이기 시작했다. 왜 우리가 남의 나라 전쟁에 끌려와 목숨을 잃어야 하는지, 정의로운 명분이 없다는 것을 점점 실감했다. 전쟁이 너무 싫어졌다. 자신이 전쟁에서 변한 것도 끔찍했다. 그리고 서둘러 한국으로 돌아왔다.

역사의 단추가 한 번 잘못 꿰어지자 모든 것이 엉클어진 것이다. 김영만은 베트남 참전 시 우리 군인들에게 베트남 민족해방운동 역사를 한 번이라도 일러줬더라면 베트남 민간인을 그렇게 잔인하게 대하지는 않았을 거라고 원망했다.

산재노동자

짜빈동전투로 대한민국 해병대는 '신화를 남긴 해병'이라는 이름을 얻었다. 아군이 대승을 거둔 전투였기 때문이다. 부상당한 김영만에게도 화랑무공훈장이 수여되었다. 그러나 베트남 참전은 그에게 명예와 자랑이 아니었다. 오히려 평생을 괴로움에 시달리게 하는 고통의 굴레였다.

사람 죽여놓고 무슨 훈장이냐며 무공훈장도 받으러 가지 않았고 당연히 원호 심사도 받지 않았다. 제대 후 무슨 일을 해도 되는 게 없었다. 그때마다 베트남에서 저지른 죄로 천벌을 받는 것 같았다. 전쟁의 트라우마였다.

결혼을 서둘렀다. 연애 한 번 못 해보고 죽는다 생각하니 억울했던 기억이 강렬했다. 전쟁의 끔찍한 기억과 울분을 들어주는 여자와 결혼했다. 안정을 찾고자 한 결혼이지만 결혼생활은 불안했다. 제대로 된 직장을 구하기 어려웠다. 한국에서는 희망이 보이지 않았다.

1970년대 이민 열풍이 불자 새로운 땅에서 다시 출발하고 싶었다. 이민 갈 방도를 찾다가 관광호텔에서 일한 경력으로 미국에 가면 관련 업종인 서비스직에 일자리를 쉽게 구할 수 있다는 말을 들었다. 사실인지 아닌지 확인할 길은 없었지만 두 아이를 둔 가장으로서는 솔깃한 말이었다.

큰아이는 부모님께 맡기고 둘째 아이만 데리고 서울로 향했다. 세 식구가 눕기도 어려운 변두리 방을 겨우 구했다. 정동 MBC방송국 건물에 있는 문화관광호텔 견습생으로 취직했다. 그 세계에서도 돈과 줄이 필요했으나 아무것도 없는 김영만에게는 가장 고된 일이 맡겨졌다. 어느 날 맥주 통을 번쩍 들다가 허리가 뜨끔했다. 며칠 지나면 나아지려니 했지만 허리뿐 아니라 다리까지 아파져서 거동이 힘들었다.

허리 고통을 참아가며 시키는 대로 일을 했다. 그러던 어느 날 해고 통보를 받았다. 회사 측에서 거동이 불편한 것을 감지한 것이다. 부당해고, 산재나 의료보험이라는 용어조차 들어본 적이 없을 때였다. 그래도 김영만은 분노했다.

여기서 일하다 다쳤는데 그냥은 못 나간다고 고래고래 소리쳤다. 어찌어찌 회사 지정 병원에서 치료를 받았으나 차도가 없었다. 우여곡절 끝에 '허리디스크'란 병명을 알게 되었다. 지금은 흔한 병이

지만 그때는 그 진단을 내릴 수 있는 의사도 드물었다. 병명은 알았지만 어마어마한 수술비는 마련할 수 없었다. '죽을 수밖에 없겠구나' 생각했다.

그런데 죽더라도 고통의 원인이나 알고 죽고 싶었다.

국가가 무슨 짓을 한 건지? 왜 남의 나라 전쟁에 끌고 가 정의롭지 않은 전쟁의 희생물로 삼았는지 따지고 싶었다. 인간이라면 몸을 누일 수 있는 집은 있어야 하듯이, 일하다 다쳤으면 치료해주는 게 맞지 않느냐고 말이다. 김영만이 아직 죽을 운명은 아니었던지 고향 지인의 주선으로 국군수도통합병원에서 수술을 받을 수 있었다. 그 후 몇 년간 병마와 가난에 시달려야 했다.

나만 사는 게 이렇게 힘든 게 아니었다

아픈 아버지와 달리 아이들은 무럭무럭 자랐다. 아이들 이름에 자신의 소박한 꿈을 실었다.

유달리 삶의 고비 고비가 잘 안 풀렸다. 그래서 큰아들의 이름을 시원이라고 지어, 모든 일이 시원스럽게 잘 풀렸으면 했다. 돌아보니 너무 지혜롭지 않게 살았다. 슬기롭게 살라고 둘째 아들 이름은 슬기라 지었다. 그래도 참된 세상 살기를 염원하며 딸 이름은 차미라 지었다. 어린 자식들을 위해서라도 악착같이 살아야 했다.

벽을 짚고 걸음마부터 시작해 방에서 마당으로, 마당에서 대문 밖 골목으로 조금씩 나가 일자리를 구할 수 있었다. 다섯 식구가 먹고살기는 버거워도 일을 할 수 있다는 게 좋았다. 1980년 고향으로 돌아왔다. 다니던 회사가 부도로 문을 닫았기 때문이다. 마산수출자유지역 후문 앞에서 서점을 하는 후배 권유로 월부책을 팔아보기로 했다. 서점 근처는 전국 각지에서 온 20대 전후의 여성 노동자들로 북적대었다. 책 파는 데는 소질이 없어 배달을 담당했다. 그러다 자연스럽게 여성 노동자와 이런저런 이야기를 나누게 되었고 신변상담도 듣게 되었다.

여성 노동자들이 홀연히 사라지는 경우가 많았다. 어린 여공을 유혹하는 일들이 너무 많았다. 대학생과의 풋사랑에 배신당해 약을 먹는 여공, 일본인과 한국인 관리자들에게 유린당해 결국 유흥가로 흘러 들어가는 경우도 허다했다. 노사문제도 심각했고 노동조합은 꿈조차 꿀 수 없던 때였다. 어린 여성 노동자를 보호할 수 있는 장치가 전혀 없었다.

동지여! 내가 있다

김영만 자신만 힘든 게 아니라는 것이 보이기 시작했다. 근원은 우리 사회의 구조적 모순이었다. 그러자 자신과 같은 처지의 수많은 이들이 보이기 시작했다. 그렇다고 운동권과 연계된 것은 아니었다. 그 당시까지만 해도 그런 게 있다는 것도 몰랐다. 서점 주인 후배 조문섭과 작은 일이라도 시작하자고 1981년 등산 모임인 '초록회'를 만들었다. 서점에 딸린 뒷방이 모임 장소였다. 등산도 하고 책도 읽었다. 고민 해결책 창구도 되어주었다.

그 초록회로 인해 자신이 6개월 이상 미행과 감시를 당할 줄은 꿈에도 몰랐다. 초록회가 주변 노동자들 사이에 소문이 나자 안기부의 촉수에 걸린 것이다. 당시 전두환 정권의 표적이 된 도시산업선교회 관련 뉴스가 매일 TV 화면에 나와도 남의 일인 줄 알았다. 어느 날 집으로 안기부 직원들이 들이닥쳤다. 영문도 모른 채 끌려간 곳은 부산 대연동 안기부였다. 일단 맞고 시작되었다. 책상 위 초록회 여성 노동자 사진들을 쭉 깔아놓고 "이 중에 누구와 몇 번 잤어?"가 심문의 시작이었다.

"정부와 대통령(전두환)을 욕한 이유가 뭐야?", "배후가 누구냐?"며 폭력을 가했다. 목적이 폭력 그 자체인 듯싶었다. 그들이 원하는 대로 반성문을 썼다. 초록회를 해산하고 이런 불순단체를 다시는 만들지 않겠다는 맹세를 했다. 베트남 참전용사로서 화랑무공훈장을 받은 것이 참작되어 석방되었다. 서점 주인 조문섭도 같은 날 잡혀 와서 고초를 겪었다. 그 후유증 탓인지 그는 지금도 지팡이를 짚는다.

1987년 초 박종철 고문치사 사건을 신문으로 보고 신문이 흥건히 젖도록 울었다. 박종철에 대한 연민 때문만은 아니었다. 잘못한 것이 아무것도 없는데 꼬리 내리고 반성문을 썼던 것이 두고두고 부끄러웠다. 폭력 앞에 인간이 얼마나 무기력하고 초라한지 알았기에 고문에도 굴하지 않은 박종철이 대단해 보였다. 그에게 장송

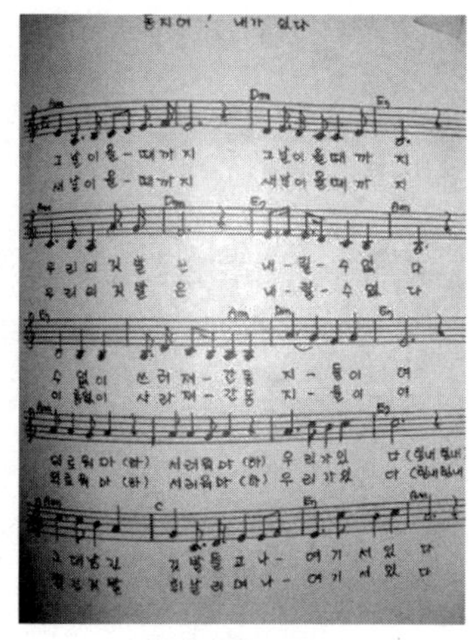

김영만 작사·작곡
〈동지여! 내가 있다〉 악보

곡이라도 바치고 싶었다. 신들리듯이 쓴 곡이 〈동지여! 내가 있다〉였다. 대학생들의 데모곡인 '흔들리지 않게'란 흔한 곡도 모르던 때였다.

그가 이후에 만든 '풀뿌리문화연구회' 회원(마산수출자유지역 노동자)들에게 기타를 치며 가르쳐준 〈동지여! 내가 있다〉는 입에서 입으로 퍼졌다. 1987년 6월항쟁과 노동자대투쟁 당시 모든 집회와 시위 현장에 어김없이 등장한 곡이 되었다. 김영만은 어느 날 TV 뉴스에서 그 노래가 흘러나오는 것을 듣고 놀라서 벌떡 일어났다.

사람답게 사는 세상

1980년 초 민주화운동에 몸담게 되면서 사람이 사람답게 사는 세상을 만들고자 애썼다. 자연스럽게 약한 자, 못 가진 자, 억울한 자의 편에 서게 되었다. 그 입장에서 한국 현대사를 다시 꼼꼼히 들여다보니 어린 시절 어른들에게 들었던 보도연맹 사건에서 눈을 뗄 수 없었다.

한국판 킬링필드라고 할 수 있는 50년대 민간인대학살에서 억울하게 돌아가신 분들과 그 유족의 한을 언젠가는 꼭 풀어야 하는 것이 대한민국의 큰 숙제라고 생각했다. 좋은 세상은 억울한 사람이 없는 세상이다. 그러나 가해자들이 사회의 기득권을 틀어쥐고 있는 한 쉽지 않았다. 이를 극복할 수 있는 어떤 수단도 가지지 못한 일개 시민이 할 수 있는 최선은, 우리 사회의 민주화를 한 단계 더 높이는 일에 작은 힘이라도 보태는 것이라고 믿었다.

1999년부터 『경남도민일보』 김주완 기자가 보도연맹과 미군에 의한 양민학살을 집중적으로 취재하여 시민들의 관심사가 되었다. 〈희망연대〉가 즉각 진상규명운동을 시작했다. 연이어 함안, 창녕 등지에서도 같은 움직임이 일어났다.

2000년 전국 단위의 '한국전쟁 전후 민간인학살 진상규명과 명예회복을 위한 범국민위원회'가 출범했다. 김영만은 이 단체의 대표를 맡았다. 이어 특별법 제정을 촉구하는 국회 앞 집회를 비롯해 서울에서 열리는 각종 행사와 회의에 부지런히 참석했다.

드디어 2005년 5월 「진실 · 화해를 위한 과거사정리 기본법」이 국회에서 통과되었다.

곧바로 전국 단위의 '한국전쟁 전후 민간인 희생자 유족회'가 서울에서 발족했을 때 김영만은 자신의 소명을 다했다고 생각했다. 그는 보도연맹 무죄선고 환영행사에 참여할 때마다 그중 행여 자신의 부모님이 안타깝게 여기던 분들의 유족이나 후손이 있을까 하고 유심히 살피는 버릇이 생겼다. 그런데 도무지 알 수가 없었다. 그들은 신청하지 않은 듯했다.

참회는 인간을 명예롭게 만든다

2000년 『한겨레』가 한국 군인들의 베트남 민간인 학살을 보도했다. '고엽제전우회' 참전용사들은 흥분했다. 『한겨레』 보도가 베트남 참전용사의 명예를 훼손했다는 것이다. 고엽제전우회는 『한겨레』 신문사로 쳐들어가 윤전기를 멈추었다.

그때 김영만은 『한겨레21』에 기고했다. 평생 괴로움에 시달려온 한 참전군인으로서 전우들에게 보내는 편지였다. 이제 베트남전 민간인 피해자들에게 용서를 비는 일에 참전군인들이 적극적으로 나서야 할 때라고 말했다. 양심고백인 셈이다.

오직 용감하게 싸우는 것만이 조국의 명예를 지키고 자유와 민주를 지키는 일인 줄 알았다. 처음부터 가지 말아야 할 전쟁이었다. 그 전쟁은 베트남인들의 민족해방전쟁이었다. 한국군 참전은 마치 살인강도가 침입한 남의 집에 뛰어들어, 주인에게 내쫓기던 살인강도를 도와 주인 가족을 죽도록 두들겨 패고 온 꼴이었다고 했다. 먼저 베트남 피해자가 있다는 걸 인정하자고 했다.

전우들에게 아무런 저항력이 없는 어린이나 노약자들까지 죽인 것을 지금은 뼈아프게 후회하고 있지 않냐고 물었다. 전우들의 억울한 마음을 너무나 잘 안다고 달래기도 했다. 전쟁은 이성을 마비시켰고 전우가 죽어가는 상황에서 베트콩과 민간인을 구별할 수 있는 이성적 판단력은 작동되지 않았다. “전쟁은 인간을 짐승으로 만들었지만 참회는 인간을 명예롭게 만들 수 있다”고 설득했다. 지금이라도 베트남 피해자들에게 사과하고 용서를 비는 일이 젊은 날의 짐을 벗는 방법이니 여기에 동참하라는 편지였다.

그가 한국전쟁 당시 마산 진전면 곡안리 성주 이씨 재실에서 일어났던 미군에 의한 피난민 학살사건에 깊이 개입하게 된 것도 베트남 참전 기억 때문이었다. 전쟁이 일어나면 정작 군인들보다 민간인들, 특히 여성과 노인, 그리고 아이들의 희생이 훨씬 많았다. 베트남 참전은 평생 뒤돌아보고 싶지 않은 기억을 남겼으나 그에게 참회할 길을 찾는 동기를 제공했다. 곡안리 양민학살에 대한 진상규명과 배상 요구를 당당히 하기 위해서는 베트남에서 저지른 우리 군인의 양민학살에 대한 진상규명과 사죄가 있어야 한다고 했다.

김영만은 『한겨레21』과의 인터뷰를 통해 자식들에게 차마 못 했던 이야기를 털어놓으면서, 자식들의 반응이 마음에 걸렸다. 특히 큰아들과는 사이가 별로 좋지 못했다. 아들은 아버지가 어머니를 늘 고생만 시킨다는 원망이 있었다. 김영만이 걱정한 것과 달리 큰아들은 출근길에 나서는 그의 어깨를 살며시 감싸더니 조용히 이렇게 말했다. "아버지! 아버지는 정말 용기 있는 분입니다, 저는 아버지를 존경합니다." 아들이 고마웠다.

2023년 전두환의 손자 전우원은 "할아버지는 민주주의가 역으로 흐르게 했다"며 할아버지의 죄와 가족의 비리를 사죄했다. 광주로 출동했다가 죄책감에 시달리느라 고단한 삶을 살았던 공수부대원의 증언이 이어지고 있다. 그러나 김명시와 같은 독립운동세력을 탄압하고 학살했던 자들 누구도 역사의 법정에 소환되지 않았다. 우리가 역사를 똑바로 보아야 하는 이유다.

몰염치한 사회

참여정부 시절이었다. 월남전 참전용사 중 고엽제 후유증으로 병을 앓는 이들이 의외로 많았다. 오래전부터 건강이 좋지 않았던 김영만도 혹시나 하고 부산보훈병원에 고엽제 검진을 받으러 수차례 가게 되었다.

어느 날 병원 1층 넓은 홀에 병색이 짙은 늙은 참전용사 2~30명이 빙 둘러서서 소란스럽게 웅성거리고 있었다. 김영만은 무슨 일인가 하고 그들의 곁으로 다가갔다.

그때 중앙에 서서 큰 소리로 떠들고 있던 한 사람이 소리쳤다. "노무현 XXX! 고엽제 환자한테 지급할 수 있는 금액을 정해 놓아 의사들이 금액에 맞추다 보니 판정을 그 금액에만 맞게 해 준다!" 그 옆에 앉은 사람들도 "노무현 XXX"라고 덩달아 소리쳤다.

그 말을 들은 김영만도 "박정희 XXX!"라고 소리쳤다. 병원 사람들의 시선이 그에게 쏟아졌다.

"박정희 XXX는 우리를 월남전에 보내놓고 죽을 때까지 한 번도 우리를 찾지 않았다"라고 외쳤다.

"전두환 XXX는 연대장으로 월남전에 참전했던 인간이다. 그런데 대통령을 7년이나 하는 동안 우리를 한 번도 챙겨주지 않았다."

순간 조용해졌다. 그 정적을 깬 것은 옆에 있던 사람이었다.

"말을 듣고 보니 나쁜 놈들이네."

고엽제는 민주화 이후 사회문제가 되었다. 김영삼 정권 때 처음 제기되고, 김대중 정권에 이어 노무현 정권 때 가장 많이 배려해주었다. "파병 용사들이 기념식을 하는데 박근혜 전 대표가 나와 기념사를 하면, 늙은 사람들은 눈물을 흘린다. 자기를 챙겨주는 사람을 고맙다고 해야 하는데, 돌보지 않고 내팽개쳤던 사람을 존경하는 게 말이 되냐"고 김영만 고문은 2011년 삼일절 민주노총 경남지부 강연에서 말했다.

"이런 게 어디서부터 비롯되었나. 친일청산이 안돼서 그렇다. 그래서 우리 사회는 암담하다. 몰상식한 사회라서 그렇다. 그런 사람들이 계속 기득권을 유지해 왔다. 신자유주의도 그렇다. 무한경쟁을 하면 어떻게 되나. 기득권만 쥔 사람들은 기득권만 쥐게 될 것이다. 시발점이 잘못 됐던 것이다."[8]

김명시를 역사에 소환한 이유

오늘은 어제의 싸움의 결과다.

한국 사회는 역사 정의가 무너진 사회였다. 우리는 일제 잔재 청산에 실패했다. 오히려 해방된 조국에서 식민통치 시절 민족해방을 위해 자신을 불살랐던 김명시를 비롯한 항일독립지사들이 역청산되고 말았다. 그래서 민족정기가 무너졌다.

기억하지 않은 역사는 반복된다고 했다. 가쓰라-테프트 조약으로 일본은 미국의 필리핀 식민지를, 미국은 일본의 한국 식민지를 인정한 과거가 있다. 그러나 여전히 미국의 보호를 받는 것이 우리의 미래라고 한다.

진영 갈등의 측면에서만 보자면 지금이 해방정국보다 별로 나아 보이지 않는다. 나라를 팔아먹어도 보수를 지지하겠다는 말이 들리더니 친일매국협상을 해도 국익을 위한 외교라고 박수 치는 이들이 있다. 삼일절에 버젓이 일장기를 다는 목사가 나타나고, "나는 기꺼

8 윤성효, 「김영만 대표 "우리 사회는 왜 몰염치한 사회가 되었나?"」, 『오마이뉴스』, 2011년 3월 1일.

이 친일파가 되련다"고 발언하는 지방자치단체장도 생겼다. 친일 매국노보다 간첩이 더 싫다며 간첩은 죽여도 된다는 험한 말과 글들… 그들은 미래를 외치지만 친일과 반공 그 이상도 이하도 아닌 어둡고 슬픈 과거로 우리를 끌고 가려 한다.

그러나 분명히 지금 우리는 어제의 우리가 아니다. 대한민국은 이제 김명시가 태어났던 구한말의 대한민국이 아니다. 선열들이 그렇게 열망하던 세계를 주도하는 문화강국이 된 우리다. 해방정국의 갈등과 증오, 대립과 분열이 어떤 결과를 초래했는지 역사를 통해 너무나 잘 알게 된 우리다.

분단과 전쟁의 굴레를 완전히 벗어던지지는 못했지만, 민주주의 실천과 기층 민중들의 투쟁을 통해 선진적인 제도와 관습을 차곡차곡 쌓아온 우리다. 한 발 앞으로 나아가다, 두 발 뒷걸음질 치듯 역사는 항상 위태롭지만 그 속에서도 분명히 전진해 왔다.

우리가 김명시를 역사에 소환한 이유가 여기에 있다. 그의 삶을 통해, 그가 꿈꾸던 세상과 혼신을 다 바친 실천을 통해 오늘의 우리를 다시 돌아보는 것, 그리고 그가 했던 것처럼 온갖 어려움 속에서도 묵묵히 한 걸음을 앞으로 내딛기 위한 것이다.

후기

마음이 있다고 해서 전문연구자도 아닌 내가 혼자 할 수 있는 것은 많지 않았다. 마음으로 이 일에 힘을 쏟아준 여러 분들의 무조건적인 헌신과 노력이 없었다면 이 책은 나오지 못했을 것이다.

서일범 씨가 김명시와 관련된 일제강점기와 해방정국의 신문기사를 발굴하고 희망연대에 제공해주었다. 그는 학교 야간경비를 서면서 2022년 8월 12일부터 10월 1일까지 매일 아침이면 SNS에 신문기사를 찾아 올리고 그 전문을 타이핑하고, 해석까지 덧붙여 보내주었다. 그의 노고는 기존에 출판된 논문이나 책자에서 미처 검토하지 못한 소중한 1차자료가 되었다. 서일범 씨의 따님은 몸이 아파 집에서 요양하는 중에도 아버지를 도와 함께 자료를 찾고 타이핑을 도와주었다. 두 분의 노고에 깊이 감사드린다.

희망연대 김숙연 사무처장도 김명시 장군이 독립 서훈을 받기까지 실무를 담당했다. 그녀는 정리의 달인이다. 24년 역사만큼 낡고 오래된 희망연대 사무실은 누군가 늘 쓸고 닦아 항상 정갈하다. 김숙연 사무처장은 김명시와 관련된 도서를 구매해주고, 절판된 책은 중고사이트나 지역 도서관 사서를 통해 어떻게든 구해주었다. 시민단체의 가난한 살림살이를 축내면서도 어떻게든 읽고 정리하면서 글을 밀고 나갈 든든한 버팀목이 되었다.

남편의 절친 자격으로 정말 '허물없이' 거의 모든 페이지마다 수정 메모를 뒤범벅으로 달아준 염종영 씨에게도 감사한다. 이렇게 지적질 당할 거면 앞으로 다시는 글 못 쓴다고 푸념도 많이 했지만, 그러지 않았으면 책이 제 모양을 갖추기 어려웠을 것이다.

김용환 목사님, 이상익 김주열장학회 회장님, 윤성효 기자, 박영주 선생님, 김주완 기자, 임영태 선생님, 구자환 감독, 한홍구 교수님, 정현태 전 남해군수님 등 많은 분들의 격려가 있었다. 이것은 전적으로 이 원고가 김명시 장군에 관한 책이기 때문이다. 해방된 조국으로 귀국한 지 4년도 채 되지 못해 부평경찰서에서 생을 마감한 김명시 장군에 대한 애도이자 다시 김명시의 삶과 투쟁이 우리 미래의 창으로 비쳐지길 바라는 후손들의 정성이다.

김명시 서훈을 추진하는 과정에서 만난 친족분들도 잊을 수 없다. 김명시의 친가와 외가가 오랫동안 연락도 못 하고 애끓는 세월을 보내다가, 120년 만에 서로를 끌어안았다. 그분들 덕에 어디서도 찾을 수 없던 김명시 일가의 가족사를 직접 들을 수 있었다.

마지막으로 김영만 고문과 백남해 신부를 포함한 희망연대 회원들에게 감사를 표한다. 믿고 맡겨주고 기다려주셨다. 그보다 더 고마운 일이 있을 수 없다. 모든 감사 인사를 대신하여, 부족한 이 글이 평범하지만 위대한 시민들에게 작은 용기가 된다면 정말 고맙고 감사할 것이라는 말씀을 드리고 싶다.

이것으로 김명시 장군과 함께했던 짧지 않은 여정을 마무리하고 잠시 무거운 짐을 내려놓는다.

사랑합니다.

오랫동안 잊혔던 당신의 이름을 불러봅니다.

김명시 장군님.

2023년 10월, 김명시 기림일을 앞두고

부록 1

김명시 연표

부터		까지		지역	활동 상황	관련인물	비고
년	월	년	월				
1907	5			마산	김선이(1901생, 여), 김형선(1904생, 남)에 이어 2남 3녀 중 셋째로 김명시 탄생	부 김성범 모 김인석	
1910		1915		마산	김명시 동생들 탄생 김형윤(1910생, 남), 김복수(1915생, 여)	부 김성범 모 김인석	
1915		1919		마산	모 김인석 생선 행상으로 혼자 살림을 꾸려감		부 사망원인 알 수 없음
1919	3	1919	4	마산	3.1운동에 김명시 어머니, 오빠가 참여 마산은 3/3, 3/10, 3/21, 3/26, 3/31, 4/3, 4/22-24로 시위가 계속됨	모 김인석 오빠 김형선 야학교사 김용환, 명도석	모 검거 후유증 사망 추정 (시기 불명)
1921	6			마산	마산여자야학, 마산여자청년회 창립 김명시가 여자야학서 공부했을 듯	야학교사 김명규	김명시 마산청년회 회원이었음
1923	5			마산	마산노농동우회 주최로 노동절 행사	김형선, 김명규, 이정찬, 김기호, 손문기	마산노농동우회 3/14 창립
1923	9	1925	3	마산	김명시 마산공립보통학교 편입, 졸업		김형윤은 1919년 입학
1924	4			전국	조선노농총동맹 결성	김재봉, 강달영, 권오설, 김명규, 김형선	김단야, 신철, 신철수, 권오설 등이 마산지역 조직지도 다님

부터		까지		지역	활동 상황	관련인물	비고
년	월	년	월				
1924	8			마산	마산공산청년회, 마산공산당 조직됨	김명규, 김형선, 김상주, 김직성, 김기호, 황수룡	신철 입회
1925	3			서울	김명시 배화공립고등여학교 잠깐 다니다 중퇴	오빠 김형선이 서울로 유학 보내줌	오빠 해고로 형편 어려워짐
1925	4			전국	조선공산당 창당, 김형선, 김명시 당원가입		김단야 추천
1925	8			마산	김명시 고려공산청년회 가입	오빠 김형선	김상주 연행으로 마산공청 조직재편이 늦어짐
1925	7 ~ 8			마산	마산공산당과 마산공청회를 조선공산당 마산야체이카, 고려공청1,2야체이카로 개편, 김명시도 여기 참여	김명규, 김기호, 김상주, 김형선, 황수룡, 팽삼진, 김종신, 백광흠	
1925	10			마산	김명시 고려공청에서 모스크바 유학생으로 선발됨	김상주	김상주는 신의주에서 돌아감
1925	10	1925	12	마산 → 모스크바	김명시 동방노력자공산대학 입학 마산, 부산, 나가사키, 상해 소련영사관, 블라디보스토크, 모스크바로 먼길을 돌아 도착	여운형, 정병욱 안내 김조이, 고명자 만남	유학1기 여성 중 김명시 가장 어림
1925	12			신의주	신의주 사건으로 조선공산당원 105명 체포됨		
1925	12	1927	6	모스크바	김명시 동방노력자공산대학 수학	조봉암, 주세죽, 허정숙, 한빈, 오성륜, 방호산 등이 수학함	3년제 중간에 코민테른 동양부로부터 호출 받음

부터		까지		지역	활동 상황	관련인물	비고
년	월	년	월				
1927	4			상해	장개석의 상하이 쿠데타		국공합작 결렬 위기
1927	6	1929	겨울	상해	김명시 상해 조선공산당 재건 및 중국공산당의 국공합작 복원 활동 수행, 동방피압박민족반제자동맹 준비위 조직위원 활동, 상해 부녀단체 조직	홍남표, 조봉암	중국공산당 상해 한인 지부로 활동
1928	5			대만	김명시 대만공산당 결당대회에 여운형과 함께 참석		
1928				상해	김명시 무정을 강서로 떠나보냄	김무정	김명시는 무정이 사망한 줄 앎
1929	겨울			만주	김명시 조선공산당 만주총국 해산활동 주도	홍남표	조선인 활동가들을 중국공산당에 가입시킴
1930	3			만주	김명시 <재만 조선인 반제동맹> 조직, 『반일전선』 발행, 삼일절 기념 시위 조직	홍남표	이때 발휘된 선전역량이 조선의용군, 민주여성동맹의 선전활동으로 이어짐
1930	4			만주	김명시 흑룡강성 아성현 소작쟁의 지도 후 '아성현위원회'를 조직하고 간부로 활동	홍남표	부인단장, 청년단 위원장을 맡음
1930	5			만주	김명시 '하얼빈 일본영사관 습격 사건' 주도 (폭동은 반년 이상 지속)	홍남표	300여 명의 무장대에서공격조에 포함된 유일한 여성 대원
1930	말	1931	11	만주 → 상해	김명시 만주를 순회하며 조선공단당 조직 점검, 코민테른에 활동 보고 하얼빈 → 흑룡강 넘어 치치하얼 → 천진 → 상해의 경로	홍남표	

부터		까지		지역	활동 상황	관련인물	비고
년	월	년	월				
1931	9			만주	일제의 만주사변 도발, 괴뢰 만주국 설립, 일본 관동군 주둔		조선인은 일본인과 중국인에 모두 미움 받음
1931	11			상해	김명시 일행 상해 도착	홍남표, 박헌영, 김단야	조선공산당 해체 후 조직된 <코민테른 조선위원회>를 만남
1932	3			상해 → 인천	김명시 『코뮤니스트』 4호 원본과 격문을 들고 국내로 들어와 활동 인천의 제사공장, 성냥공장 여성 노동자 조직 시도, 메이데이 전후로 격문을 발행하고 배포	김형선도 국내에 들어옴	제물포 성냥공장 '공장뉴스' 배포되고 파업투쟁 일어남
1932	5			인천 → 경성 → 신의주	김명시 고명자의 급전으로 신의주로 걸어서 피신했으나 박운형을 만난 직후 체포됨	고명자, 김형선, 박운형	김형선은 피신했다가 1933년 7월에 체포됨
1932	8			신의주	김명시 '치안유지법 위반'으로 예심 회부	김점권 외 17인	조선공산당 재건 조직사건
1932	12	1933	2	신의주	김명시 옥중 고문으로 유산됨		발병, 위중 소식 기사와 해방 후의 인터뷰 기사
1933	9			신의주	김명시 예심 중에 법정투쟁	김종락, 민봉근	옥중 사망한 동료에 대한 폭로와 항의 투쟁
1933	11	1933	12	신의주	김명시 재판, 결과 구형보다 높은 6년 선고	조봉암, 홍남표	예심 포함 7년 복역
					일제 1936년 '보호 관찰령' 공포, 1937년 중일전쟁 개시		
1939		1941		신의주 → 중국	김명시 만기 출소 후 중국공산당 팔로군에 합류, 천진, 제남, 북경 등지에서 활동		

부터		까지		지역	활동 상황	관련인물	비고
년	월	년	월				
1941	12			중국 호가장	조선의용군 호가장전투로 용맹을 떨침	김세광, 손일봉, 최철호, 이정순, 박철동, 김학철	
1942	5			중국 화북지역	조선의용군 일본군에 맞선 반소탕전 진행		윤세주 사망
1942				천진 → 연안	김명시 연안에서 무정과 합류	김무정	
1942	7	1945		중국 화북지역	김명시 무정과 함께 1942년 조선독립동맹과 조선의용군을 창립하고, 적지에서 첩보활동과 선전공작을 펼치며 한 손에는 총을, 한 손에는 확성기를 들고 함화전을 펼침	김무정, 김원봉, 김두봉, 박효삼	
1945	1	1945	4	중국 화북지역	김명시 독립동맹 천진분맹과 석가장분맹을 조직하고 책임자가 됨	김무정, 김원봉	
1945	7	1945	8	천진 → 태원	연안에서 열리는 조선독립동맹 제3차대회에 참석하기 위해 전투하며 이동하던 중에 해방을 맞음		
1945	8			신의주	한청과 주연의 조선의용군 선견종대가 압록강을 넘어 국내로 진입했으나 소련군의 거부로 다시 돌아감		1,400여 명의 무장부대였음
1945	10			심양	선견종대가 안동에서 체류하고, 연안 항일군정대학에 집결했던 의용군 심양 도착, 태항산 군정학교 소속 의용군부대, 산동과 화중의 의용군, 왕자인이 이끄는 연안의 2진부대도 동북에 당도		

부터		까지		지역	활동 상황	관련인물	비고
년	월	년	월				
1945	11			봉천	김명시와 6,000여 조선의용군 전원이 소련군과 함께 합동 열병식	김명시	『중앙신문』 11월 28일 김명시 칠장군으로 보도
1945	11			심양	심양 서쪽 교외 고력툰 일대 조선인 마을에서 조선의용군 전체대회 개최, 무정 연설	김무정	
1945	12			평양, 서울	조선의용군 인사들 개인 자격으로 열차로 입국, 대부분 평양 체류, 김명시만 서울로 내려옴	김무정, 김원봉	
1945	12			서울	김명시 조선부녀총동맹 결성대회 참석하여 마지막 연설자로 등장	유영준, 정칠성, 허하백, 이순금, 박진홍, 여운형, 이간난, 이정순	12월 23일
1945	12			서울	김명시 조선국군준비대 전국대표자대회 연설자로 등장	김원봉, 김무정, 김일성	12월 27일
1945	12			서울	김명시 '해외 여성투사 맞아 시국강연회' 연사로 등장	박진홍	12월 28일
1945	12			서울	김명시 서울 단성사에서 연극 <호접> 관람 후 백마타고 종로 행진	김사량	
1945	12			서울	모스크바 3상회의에 대한 『동아일보』의 오보		12월 27일 보도로 찬·반탁 논쟁이 시작됨
1946	1			목포	김명시 목포부녀동맹 주최 강연회 연사로 등장	허하백	
1946	2			광주	김명시 부녀동맹 전남도 총지부 결성대회 연사로 참가, 명예 의장으로 추대됨		

부터		까지		지역	활동 상황	관련인물	비고
년	월	년	월				
1946	4			서울	김명시 <민주주의민족전선>의 중앙위원이자 서울지부 의장단에 선출됨	여운형, 박헌영, 허헌, 백남운, 김원봉	오빠 김형선과 함께 참석
1946	3			서울	김명시 부녀총동맹 주최 국제 여성의 날 행사 연사로 등장	유영준, 정칠성	
1946	5			서울	김명시 노동절 행사에 부녀총동맹 대표로 축사	박헌영, 허성택, 여운형, 백용희, 허헌, 이강국	
1946	5			마산	김명시 연극 <호접> 경남 순회공연 때 마산 방문	김사량, 김명규, 이정찬	
1946	5			서울	미군정 정판사 위조지폐 사건으로 좌익 탄압	이관술, 권오설, 권오직, 박낙종	고문경찰 노덕술
1946	6			서울	김명시 <공창 폐지와 사회 대책 좌담회> 토론자로 참석		
1946	6			정읍	이승만 정읍에서 단독정부 가능성 언급		
1946	6			수원	수원 민전 주최의 <민주주의 대강연회> 도중 우익폭력배 난입	유영준, 김정홍, 이강국, 이현상, 김명시	
1946	9			전국	전평이 주도한 9월총파업		
1946	10			경상남북도	대구, 성주, 칠곡, 영천, 통영, 진주, 마산에서 대규모 10월항쟁	박상희, 박정희	
1946	12			서울	김명시 <조선민주여성동맹> 선전부장		
1947	3			미국	트루먼 독트린으로 동서냉전이 시작됨		
1947	5			서울	김명시 여맹 대표 자격으로 제2차 미소공위 소련대표단 환영행사 참여		

부터		까지		지역	활동 상황	관련인물	비고
년	월	년	월				
1947	6			서울	김명시 여맹 대표들과 미소공위에 진정서 제출	김명시, 홍종희, 김원주	
1947	6			서울	김명시 여맹 대표들과 안재홍 민정장관과 하지 중장 방문해서 우익테러 항의		
1947	7			서울	전평 임원진 세계노련 이사회 참가 후 귀국 환영행사에 김명시, 김형선 참가		
1947	7			서울	여운형 암살됨		
1947	8	1949	10	?	김명시 잠적		
1947	10			서울	미소공위 소련대표 철수로 완전 결렬		
1948	2			평양	남북제정당사회단체 연석회의	김구, 김규식, 김두봉, 김일성	여맹 간부들 북체류(유영준, 정칠성, 박진홍)
1948	4			제주	제주 4.3항쟁 발생		
1948	5			남한	남한만의 단독선거		
1948	8			남한	남한 단독정부 수립		
1948	10			여수	여순사건		
1949	6				5일 보도연맹 발족, 6일 반민특위 습격, 20일 국회프락치 사건으로 소장파 의원들 체포, 26일 김구 암살		
1949	10			부평	김명시 검거 후 유치장에서 사망 발표	김효석 내무부장관 김명시 사망발표	김효석 내무부 장관 한국전쟁 중 월북, 신미리 애국열사능에 안장

부록 2

김명시 연설문 및 인터뷰 기사

1945년 12월 24일 부녀총동맹 결성대회 둘째 날 김명시 연설 전문

먼저 의무완수의 정신을, 이것이 지금 조선 여성의 나아갈 길

왜적들의 악착한 압제하에 덧없는 이역의 혈투 생활을 더듬어 보니 앞서는 것은 눈물뿐이요, 기하는 것은 다만 민족의 자유 해방이요. 동시에 전 조국 여성의 자주 해방이라는 것이었다.

내가 여러 동무들과 더불어 피로 기록된 연안 생활을 회상할 때 일상 골수에 배긴 소원은 어떻게 하면 조국의 농민 근로대중의 심고를 덜게 할 수 있으며 그들과 함께 남과 같은 보람 있는 생활을 할 수 있는가 하는 것이었다.

우리들의 오랫동안의 고투와 설움을 깊이 이해하는 주덕 장군과 모택동 씨며 기타 연안 정부 여러 간부들은 서슴지 않고 우리들을 그들의 팔로군에 편입하는 것을 용인하여 그 후의 우리들의 항일 항전의 기초를 세워주었다.

이에 기세를 얻은 우리 해방군은 동으로 남으로 마음껏 왜구의 간담을 서늘케 하였다. 중경에 있는 우리 조국 청년들 중에서도 우

리 연안에 있는 김무정 장군의 용명을 듣고 서면으로 연안에 올 뜻을 말해 온 이가 적지 않았다.

그런데 내가 고국에 돌아와 더욱 말하고 싶은 것은 우리가 부르짖는 해방이란 결코 제멋대로 하는 방종을 말하는 것이 아니라는 것이다. 흔히 여러 여성 동무들께서 남녀평등이니 부인 참정권이니 하는 기세 높게 외치는 것을 귀에 멍이 들도록 들어 왔지만 내 생각으로는 그러한 부르짖음은 이 땅에서는 아직 시기가 이르지 않은가 싶다.

왜냐하면 여자는 결국 여자다.

미약한 나의 체험에 비추어 보아도 남자도 놀랠 만한 일을 하여 온 적도 있지만 필경은 우리들의 힘에는 한도가 있었다. 특히 우리 조국의 현세는 여성들의 남녀평등, 부인 참정권 운운할 시기에 이르지 않았다고 볼 수가 있다.

역사에는 단계가 있고 시대에는 순서가 있듯이 이때껏 장구한 기간에 봉건적 체제의 쇠사슬을 벗어난 지 얼마 안 되는 우리로서 그러한 요구를 하는 것은 그럴 수 있다고 생각되는 점도 많다. 그러나 아직 이른 듯싶다.

우리들의 현 단계에 있어서의 책무는 먼저 농민 근로대중을 토대로 한 민족해방과 아울러 진보적 민주주의 위에선 건국의 의의부터 뿌리를 깊이 파악하여 나가지 않으면 안 될 것이다.

한 시대의 역사적 현실과 그에 연관된 민족의 원리적 사명을 자각지 않고서는 도저히 신시대에 적합한 국가 건설은 이룩할 수는 없을 것이다.

시대적 문화적으로 보면 아직 계몽적 입장에 처한 나라의 우리 여성으로서는 대국적 견지에서 전 민중적, 전 국가적 처지에서 우리의 의무와 사명을 다하지 안해서는 안 될 줄 믿는다.

우리들 여성들에게는 권리 획득의 의욕보담 한 걸음 더 나아가서 의무를 다한다는 정신에서 힘차게 출발해야만 된다. 그렇게 함으로써 오히려 우리 여성들의 진정한 자유 해방을 차지할 수 있을 것이다.

우리 조국 여성들 앞에는 남녀평등 부인 참정권 등의 권리가 있는 것이 아니라 더 나아가 여자다운 입장에서라는 의무가 더욱 과중할 것이다.

그러면 나중에는 반드시 우리가 의욕하고 갈망하던 지위와 해방의 단계가 스스로 닥쳐올 것이다. 건국 성업에 신명을 밧치고 있는 우리의 아버지, 남편으로 하여금 후고의 염려가 없도록 하지 않으려는 그것이 나의 현재의 소원이다.

1945년 12월 27일 『자유신문』 조선국군준비대 전국대표자대회 김명시 축사 전문

우리의 피로 조선을 찾자

연안에서 고국까지 7천리를 거러 온 꿋꿋하고 씩씩한 여러 옵바 동생을 만나보니 반가움을 무어라 형용할 수업습니다.

여러분께서는 조선의 국군이 되랴고 댁에서 나을 때

여러분의 어머님과 누님께서는 반드시 여러분의 손을 잡고 부탁함이 잇섯슬 것임니다.

이는 우리가 총을 메고 일선에 나갈 때에 바든 부탁과 가튼 것입니다. 그는 바로 인민을 구하라 나라를 지켜라는 부탁입니다. 여러 동무여 진리를 파악한 우리는 그 진리를 위하야 충성을 다 바치고 그 진리를 위하야 싸워야 할 것입니다.

여러분 우리가 총을 닥글 적에는 누구를 위하야 닥겄습니까?

우리가 나갈 길은 이미 결정 되엿습니다. 이는 천만 동포가 정해준 것입니다. 그런만큼 우리는 이 길로 매진하여야 합니다.

해외의 우리 동지가 적탄을 마저 조선을 부르며 죽을 적엔 반드시 조선의 오빠여 동무여 압흐로는 이런 일이 업게하야 주기 바라오 하고 감기 어려운 눈을 감엇습니다.

혁명은 피 없이 아니 됩니다. 혁명에는 타협이 없습니다.

혁명에는 적과 나 박게는 없습니다.

동무들 조금도 어려워하지 말고 나가 주시요 동무들 뒤에는 무(정)동무와 김일성 동무 김원봉 장군이 잇습니다.

동무들이여 남에게 의뢰 말고 우리 피로 조선을 차즙시다. 권력을 차즙시다.

끗으로 전국부녀동맹 여러동무들이 부탁하는 말을 전하겟슴니다.

국군 준비대의 오빠 여러분 여러분의 분투를 감사하며 전 조선의 여자 동무를 동원시키어 여러분을 도아주랴고 합니다.

1946년 11월 21일 『독립신보』

여류 혁명가를 찾아서
21년간 투쟁생활, 태중에도 감옥살이-김명시 여사편

크지 않은 키 검은 얼굴 끝을 매섭게 맺는 말씨 항시 무엇을 주시하는 눈매 왼 몸이 혁명에 저졌고 혁명 그것인 듯 대담해 보였다.

"투쟁하신 이야기를 좀 들을가요" 하고 물으니 "열아홉살 때부터 오늘까지 21년간의 나의 투쟁이란 나 혼자로선 눈물겨운 적도 있읍니다마는 결국 돌아보면 아무 얻은 것 하나 없이 빈약하기 짝이 없는 기억 뿐입니다" 이런 겸사의 말을 잊어버리지 않었다.

아니 아직도 민주 과업이 착란하고 막연한 채로 남아 있는 오늘의 남조선을 통분히 역여 마지않는 여사로서는 앞만을 바라보는 타는듯한 정열이 오히려 지난 일을 이렇게 과소 평가하게 되는지도 모른다.

1925년에 공산대학엘 들어갔습니다. 그리고 1927년도에 파견되어 상해로 와보니 장개석(蔣介石) 씨의 쿠데타가 벌어져서 거리마다 공산주의자의 시체가 누었더군요.

거기서 대만, 중국, 일본, 비율빈(필리), 몽고, 안남(베트남), 인도 등 각국 사람들이 모여서 동방피압박민족반제자동맹을 조직하고 또 그 이면에서는 중공 한인특별지부 일도 보게 되었습니다.

28년에 무정(武亭) 장군을 강서(江西)로 떠나 보내고 그다음 해 홍남표 씨와 만주에 들어가서 반일제동맹을 조직했습니다. 그때 마침 동만(東滿) 폭동이 일어나서 우리는 하얼빈 일본 영사관을 치러 갔습니다.

그 다음 걸어서 흑룡강을 넘어 제제하얼빈을 거쳐 톈진, 상하이로 가던 때의 고생이란 생각하면 지긋지긋합니다. 상해에 가니까 김단야, 박헌영 제씨가 와 계시더군요.

그다음 나는 인천으로 와서 동무들과 코뮤니스트, 태평양노조 등 비밀 기관지를 발행하다가 메이데이 날 동지들이 체포당하는 판에 도보로 신의주까지 도망을 갔었는데 동지 중에 배신자가 생겨서 체포되어 7년 징역을 살았습니다. 스물다섯 살에서 서른두 살까지 나의 젊음이란 완전히 옥중에서 보낸 셈이죠.

그다음 연안 독립동맹에 들어가서 천진 북경 등 적지구에서 싸우던 이야기 그 중에서도 임신 중에 체포되어 매를 맞어서 유산하던 이야기 밤에 수심도 넓이도 모르는 강물을 허덕이며 건너가던 이야기 등은 소설이기엔 너무도 심각하다.

싸움이란 혁명에 앞장서 싸우는 것이란 진실로 저렇게 비참하고도 신명나는 일이라고 고개를 숙이며 이러나서 나왔다.

1946년 『신천지』에 실린 노천명의 글[1]

팔로군에 종군했던 김명시 여장군의 半生記(반생기)

노천명

옥루몽의 일지련

옥루몽의 일지련이 부럽잖게 아녀자의 몸으로 전장에 나가 공을 세우고 돌아온 여장군이 있으니 그는 경상남도 마산 출생의 김명시 여사이다.

그는 이번에 팔로군에 종군하여 직접 일본군을 무찌르고 일본이 항복하자 금의환향한 개선장군이다. 여사가 오늘에 이르기까지에는 여러 가지 애환도 섞여 있으니 소설 같은 실화를 들어 보기로 하자.

3.1운동 때 어머니 희생

어릴 때 고향인 마산에서 일찍 아버지를 여의고 홀어머니 손에 자라나다가 3.1운동 때 어머니가 이 운동에 희생이 되었다.

당시 열두 살인 소녀는 위로 열다섯 된 오라버니와 아홉 살 동생에 네 살짜리 여동생을 데리고 운명의 모진 바람을 안게 되었다. 오래비 뒷바라지와 밥을 끓여 먹어가며 네 살짜리 여동생을 업고 학교에 다녔다.

1 1946년 3월 1일 발행된 종합잡지인 『신천지』 삼일절 특집 「연안 독립동맹편」에 실렸다.

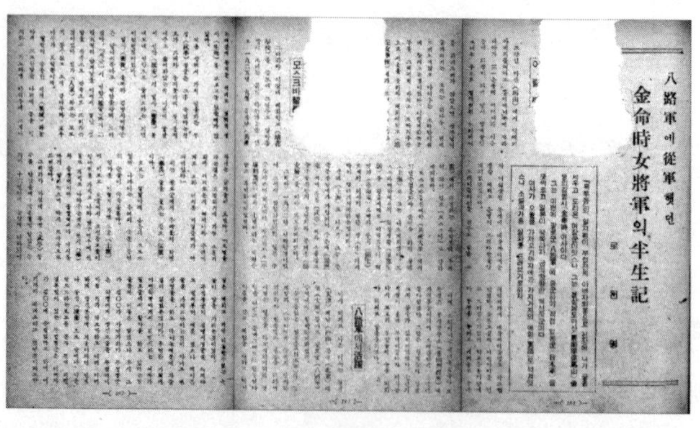

八路軍에 從軍했던
金命時女將軍의 半生記

武亭將軍과의 會見

「팔로군에 종군했던 김명시 여장군의 반생기」, 『신천지』 1946년 3월호

운동장에 어린 동생을 내려놓고…

물론 교실에 아이를 업고 들어갈 수가 없어 학교 운동 마당에다 동생을 놀게 내려놓고 공부를 하러 들어가 앉았으면 선생님의 글 가리키는 소리는 하나도 귀에 들어오지 않고 아이 우는 소리만이

귀에 들려오는 것이었다. 이렇게 하는 공부를 그럭저럭 마치고 오빠의 주선으로 서울로 올라와 배화여학교********* (낙장)

모스크바 유학

마침내 배화학교를 중도에 그만두고 열아홉 살 소녀는 붉게 타는 가슴을 안고 1925년 9월 공산당에서 파견하는 유학생에 추천이 되어 모스크바로 향하게 되었다. 모스크바 공산대학에서 3년 수업을 하여 졸업을 하자 상해로 그는 나오게 되었다.

모스크바 대학에서의 학창 생활은 황금시대로 이제부터 혁명가로서 투사로서의 여사의 험한 생의 서막이 열리기 시작했다.

상해로 나오자 그는 중국공산당에 가입되어 주은래 씨며 무정 씨와 손을 잡고 중국공산당의 청년회와 부녀층을 맡아 지도하게 되었다.

오빠는 서대문형무소, 동생은 부산형무소, 김명시는 신의주형무소[2]

그러다 1932년 연락할 것이 있어 조선에 잠입하였다가 일본 주구들의 손에 체포되어 신의주형무소에서 7년이라는 체형을 받고 복역하게 되었다. 이때 오라버니는 서대문 감옥에 또 동생은 부산형무소에 갇힌 몸들이 되어 오래간만에 고국에 돌아왔어도 그립던 형제들의 얼굴조차 볼 수가 없이 되었었다.

7년의 세월이 흘러 복역이 끝나자 여사는 다시 교묘히 경찰들의 눈을 피하야 해외로 탈출을 하였다 .

---

2 원문에는 평양형무소로 적혀 있으나 노천명의 착각이거나 잘못된 정보라 수정했다.

8로군에서 활동

다시 해외로 나온 여사는 천진, 제남, 북경, 태원(太原) 등지로 팔로군 구역에서 활약하게 되었다. 물샐 틈 없는 일본군의 경계망과 스파이에게 들키지 않기 위해 변성명과 변장을 해가며 어쨌든 일본을 타도하기 위해 생명을 내걸고 문자 그대로의 혈투였다.

이름을 갈고 채림을 변하고 다니기 때문에 동지들끼리도 몇 해씩 생사를 모르고 있을 때가 많았다. 처음 상해서 같이 일을 하는 무정 장군은 그 후 죽었다는 정보가 들어와 동지들끼리 장사를 지내주고 슬퍼했는데 이번에 꿈같이 연안서 밀사를 내보내 연안으로 들어오라는 기별이 왔던 것이었다.

연안까지 2만 5천리

밀사를 따라 김명시 여장군은 당나귀를 타고 연안을 향해 들어갔다. 서금서 연안까지 2만 5천리, 밤과 낮을 이어서 몇 날 몇 밤을 산속으로 산속으로 들어가는 것이었다.

인가라고는 도무지 볼 수 없고 오직 감나무와 호두나무가 보일 뿐이다. 별만이 총총한 이역 하늘 아래 교교한 밤을 나귀에 몸을 의지하고 가노라면 바위 우에 크게 나타나는 글자들이 보인다.

"토벌을 가는 길은 도망하기에 가장 좋은 기회다. 어디로든지 빠져나와 우리에게로 오라. 너희를 맞을 준비가 다 되어 있다."

이는 팔로군에서 우리들의 학병들을 부르는 신호다.

흐르는 달빛 아래 은은히 클로즈업 해 나타나는 우리의 국문—공연히 눈물이 죽죽 흐른다.

얼마를 이렇게 하여 토굴에 이르고, 토굴에서 조선 동포들이 당나귀를 가지고 나와 반기어 주며 선물로 가지고 나와 주는 것은 연시와 좁쌀 떡이다.

좁쌀 떡에다 연시를 찍어 발라 먹으며 다시 또 산속으로 들어간다.

16년 만에 만난 무정 장군

그리하여 마침내 무정 동무를 만났을 때 죽은 줄 만 알았던 동지가 16년 만에 눈앞에 나타나니 말은 막히고 다만 이름할 수 없는 눈물이 앞을 가리는 것이었다. 무정 장군이 김명시 장군을 찾으려고 벌써부터 애를 썼으나 제 이름들을 가지고 다니는 것이 아니고 변성명들을 하고 다니는 때문에 찾을 길이 없었던 것이다.

우연한 기회에 어떤 학병에게서 김명시라는 여자가 팔로군에서 활약을 하고 있다는 말을 듣자 이름은 달렸으나 혹시 그가 김명시가 아닌가 하여 무정 장군은 학병에게 생긴 모습을 물었더니 마침 키가 자그마하고 이러 이러하게 생긴 분인데 겨울이 되면 언제나 동상으로 발에다 약을 바르더라는 보고를 듣자 전에 이런 걸 본 일이 있는 무정 장군은 이 여자가 명시에 틀림없다고 하며 여기까지 데려오라고 했던 것이라고 한다.

무정 장군과의 회견

여기서 무정 장군과 만나 두 동지는 다시 전법을 준비해 제일선 적구로 나와 싸움을 하게 되었다. 제일선 적구 부대란 가장 위험한 구역이다. 언제나 목숨을 노리는 스파이가 총을 가지고 뒤를 따르는 곳이다.

그러나 남아에게 지지 않는 여사는 언제나 남자 군인들과 똑같은 행동을 하는 것이었다.

나가서 총칼을 들고 싸움을 할 때는 같이 나가 싸움을 하고 군대 숙소로 돌아오면 또 남자들과 같이 산에 올라가 여자 군인들과 더불어 나무를 해오고 하는 것이었다.

여자부대는 언제나 김명시 장군이 지휘를 하게 되었다. 병사(兵舍)에 돌아와 나무들을 해 오는데 군인들이 해오는 나무는 일정한 중량이 있어 반드시 달아 보았다.

그래서 중량이 넘는 나머지 나무는 동리 민가에다 갖다 때라고 주는데 여자 군인들이 해오는 나뭇짐은 으레히 남자들의 것보다 나뭇단이 적어 보인다. 그러나 달아 보면 여자들 것이 중량이 많이 나가는 것이었다.

즉 여자들은 차근차근해서 꼭꼭 재기 때문에 보기에는 적어도 실은 많은 것이었다. 그래서 여성이라고 해서 무슨 핸디캡을 갖는 것은 군대 생활에서 도무지 있을 수 없는 것이다.

일본군이 임종에 가까워갈 때 최후의 발악은 욱심하였다. 따라서 왜군과 팔로군의 싸움은 상당히 격렬해졌다. 그럼에도 최후까지 여사는 총칼의 위험을 무릅쓰고 남자들 틈에 끼여 갖은 모험을 다해가며 맹렬히 싸웠던 것이다.

숱한 학병들과 동무들을 연안으로 연락해 보내며 일방 전투를 하는 것이었다.

위험한 경계선을 거듭 넘으며 팔로군과 일본군의 맹렬한 접전이 전개되었었는데 이때 일군이 항복하였다는 쾌보가 들어와 싸움을 정지하게 되었다.

그러자 일군들 중에는 돈을 받고 얼마든지 저들이 쓰든 무기를 내주는 자들을 보게 되었다.

여사는 이 기회에 일본 군인들에게서 숱한 무기를 입수하게 되었었다.

그러나 산더미같이 뺏어온 무기를 나르는 것이 큰일이었다.

싸움은 정지되었으나 무장해제는 아직 안되어 만일에 일본군의 무기를 나르는 것을 알기만 한다면 일 초의 여유도 없이 단말마에 올라, 살기가 등천해 있는 일본 헌병에게 목이 달아나는 판국이었기 때문이다.

이 아슬아슬한 사선을 몇 번을 왔다 갔다 하면서 무기를 나르는 모험을 감행한 것이 우리의 용감한 여장군 김명시 여사였다.

그러자 조선의용군은 조선으로 나가라는 팔로군 사령장관 주덕 장군의 명령이 있어 10월 20일 봉천에 총집합을 하였다.

전지(戰地)에서 조밥만 먹다가 봉천 와서 갑자기 하-얀 쌀밥을 대하니 심심해서 맛이 없었다고 한다.

봉천에 체재하며

11월 7일 로서아 혁명기념일을 맞이하게 되어 여기서 장엄한 열병식이 있어 참가하게 되었다.

개선군답게 화려한 군복들을 갖추기는커녕 진지에서 입은 채로 싸우고 하던 복장의 채림은 군인들이라기보다 흡사 이재민의 모습 그것 같았으나 이것이 남루한 속캐 뭉치가 아니라 장차 가져올 우리의 조국 조선의 국군 기초가 될 것이며 이 어찌 장엄한 것이 아니었으랴? 누가 이제 또 여자더러 약한 자라고 할 것이냐?

해외 풍상 20년 그의 청춘과 정열은 오로지 우리의 원수 일본을 무찌르고 조국의 광복을 가져오는 데 이바지하였다.

얼마나 그동안 고국이 그리웠으랴?

내 땅 내 조국임에도 불구하고 남의 땅을 몰래 디딘어 바람결같이 몰래몰래 다녀야 했다. 불운하게 일본의 주구들에게 잡히면은 차디찬 감방에다 몇 해씩 던지고 철문을 채우는 것이 내 조국에 돌아오면 받는 대접이었다.

그러나 일구월심 어떻게 조국을 잊을 수가 있었으랴?

달 밝은 밤 별 쏟아지는 새벽, 조국의 태극기를 부둥켜안고 동지들끼리 엉키어 운 적은 그 몇 번이었던고? 오늘 해방이 되어 떳떳이 내 땅에 발을 들여놓게 되니 감격의 눈물이 하염없을 뿐이다.

로서아 속담[3]

- 종이 좋고 나쁜 것은 주인의 탓
- 누가 힘없는 사람이 있으랴.
- 명예는 재산보다 낫다.
- 앞을 보고 뛰어라.
- 번쩍인다고 다 금이라더냐.
- 용감한 이가 행운을 잡는다.
- 호랑이 무섭거든 숲에 가지 마라.
- 주린 자에게는 음악이 안 들린다.

3 지면을 채우고자 했는지 뜬금없이 러시아 속담이 나와 있다. 속담에서도 그 시대를 엿볼 수 있다.

1946년 7월 17일 『국민보』

해외투쟁의 혈극사
중국에서 환국한 여장군 김명시와 그의 독립투쟁사(1)

중국서 들어온 여장군 김명시(金命時), 조선여성으로서 오늘까지의 반생(半生)을 모조리 조선해방운동에 바쳐 가면서 국내에서 혹은 해외에서 철창 속에서 산중에서, 일본제국주의하에 잔인한 압박의 가시길을 걸으며 동지들과 함께 그의 혁명투쟁을 영웅적으로 싸워왔고,

금년에는 조선독립동맹(朝鮮獨立同盟)의 천진(天津)지부 책임자로서 씩씩한 정치투쟁을 해외에서 전개하는 한편, 조선의용군(朝鮮義勇軍) 총사령인 무정(武丁, 金武亭)장군에 직속한 여장군으로, 손에 총을 들고 남자 동지와 함께 민족해방에 항일 용전의 전선에서 용감히 투쟁하여온 조선의 커다란 자랑인 김명시(38세)여장군은 역사 조선민족해방과 여성해방에 용감하고 열성적 여투사(이)신 박진홍(朴鎭弘)동무와 함께 조선 해방의 기쁨과 감격에 가슴을 울렁거리며,

중국 연안(延安)으로부터 홍진만장(紅塵萬丈)의 화북 만주(滿洲)를 거쳐서 서울까지 만리의 노정을 동지들과 함께 도보로서 답파(踏破)하고 서울에 들어왔는데, 왕방(往訪: 내방) 기자단에게 다음과 같이 말을 하였다 한다.

「1929년경에 중국공산군(中國共産軍)이 국민군(國民軍)과 싸울 적에 무정장군이 전사하였다는 소식이 전해져서 당시 상해(上海)에 있던 우리와 조선동지들은 그를 추도하며 애도하였다. 그러나 그후

천진에 있을 때에 동지에 들어와서 활동하던 젊은 동무의 연락으로 무정장군 전사의 소식은 허전(虛傳)임을 알고, 연안에 가서 장군을 만나 그 후부터 다시 일을 하게 되었다.

장군은 우리가 소식을 모르고 있는 동안에 그는 팔로군(八路軍)에 가담하여 다른 장태준, 양녕(楊寧)동지와 함께 저 유명한 팔로군의 서문(瑞金)에서 연안까지 25,000리의 길을 행군하게 되었는데, 이때 세 동무도 모두 사단장이었다.

도중에 양녕장군은 장강(長江)연안에서 장태준장군은 복건성에서 적탄에 희생되고 동포 세장군 중 무정장군 한 분만이 연안에 오게 되었다.

(…) 싸울 목표로 조선의용군 편성에 착수하여 연안의 군정대학을 창설하고 일본 군대를 탈주하여 우리 의용군에 들어오기를 희망하는 조선학병 지원병 · 강제징병 군속(軍屬)등을 적의 구역 또는 근거리에 있는 우리의 지부지하조직을 통하여 이 군정학교에 받아서 의식적으로 가르치며, 군사적으로 훈련하여 의용군에 편입하였는데,

이때 김원봉(金元鳳) 약산(若山) 씨 부하도 연안으로 들어와서 이 의용군에 가담하게 되었던 것이다. 또한 조선여성운동의 선봉이 되었던 허정숙(許貞淑)동무도 연안군정대학(延安軍政大學)에서 교편을 잡고 있었다. 이리하여 8월 15일 당시까지 우리 조선의용군의 수는 ○○○여명에 달하고 있다.

그리고 45년에 들어와서 나날이 변하는 세계정세에 비추어서 이 정세에 가장 적당한 전술전략과 투쟁방침을 결정하며, 일본의 항복이 불원(不遠)하다는 판단으로서 의용군을 거느리고 조선에 진격하여, 조선의 일본제국과 한번 싸워 이를 완전히 소탕할 계획과 조선

독립의 노선과 방침을 결정하기 위하여, 국치기념일인 8월 29일을 기회로 조선독립동맹 제3차 전체대회를 연안에서 개하기로 결정되어 각지의 대표동지들은 속속히 연안으로 모여들게 되었다.

이때에 나는 천진지부 책임대표로서 몇 동지와 같이 45년 7월 10일에 천진을 떠나 도보로 갖은 신고(辛苦)를 겪으며, 적의 봉쇄선을 돌파하면서 연안으로 향하는 도중에 8월 10일경에 태원 산중에서 팔로군과 일군(日軍)이 접전하는 마당에 당도하게 되어 할 수 없이 우리의 행군을 중지하고, 가까운 촌에 기대하고 있던 중, 무선전(無線電: 무전)으로 일본의 항복을 알게 되었다.」

1946년 7월 24일 『국민보』

해외투쟁의 혈극사
중국에서 환국한 여장군 김명시와 그의 독립투쟁사(2)

여장군 김명시(金命時) 「전호연속」

「이때에 감개는 가슴이 울렁거리며 그저 울음뿐이었다. 그러자 연안(延安)에서는 대회를 중지하고, 연안으로 들어오는 각지 대표에게 그대로 도로 돌아서서 봉천(奉天)에 모이라는 지령이 왔기 때문에, 우리도 그 길로 돌아서 다시 봉천으로 행군을 개시하였다.

이때 연안에서는 8월 15일 즉시로 무정(武丁, 金武亭)장군이 의용군 선발부대를 거느리고 봉천을 향하여 행군을 개시하고, 이와 함께 조선독립동맹원(朝鮮獨立同盟員)들도 전위투사를 거느리고 고국을 향하여 떠났다.

이리하여 각지로부터 봉천을 향하여 출발한 의용군 선발대는 그동안 7,000리의 먼길을 도보로 일병 패전군과 싸우면서 돌파하여 11월 3일에 봉천에 집결을 마치었다.

고국을 향하여 봉천에 집결하는 행군 도중에 일병으로부터 제대된 동포병사들이 다수 합하게 되었으며, 행군 중의 우리의 복장은 팔로군(八路軍)과 동일한 군복이었다.

그리고 봉천에서는 러시아 혁명기념일 관병식에 우리 의용군은 7,000리 행군의 고장과 피로 등으로 못 참가하는 동무 수천명을 내어놓고, 6,000여명이 완전히 무장을 하고 무위당당(武威堂堂)하게 참가하였는데, 이 가운데는 여동무도 5명이 참가하고 또 봉천에 있는 동포들도 우리의 뒤에 따라 섰다.

이날 해외 수십 년 혁명생활에서 해방된 고국을 눈앞에 두고 이 관병식에 참가한 우리의 감개도 컸지마는, 봉천에 있던 동포들은 조선에도 이 같은 씩씩한 군대가 있어서 조국의 해방을 위하여 그 악독한 일본과 싸워왔구나 하는 감격에 울지 않는 사람이 없었다.

그리고 국제관계 등을 고려케 하여 봉천에서 군복을 사복으로 갈아입고 2주간 머무르다가, 남북만주(南北滿洲)에 흩어져 있는 동포를 보호하며 의용군 일부는 독립동맹동지들과 안동(安東, 현재의 丹東)까지 와서 그곳에서 20여 일을 체제하면서 국내사정을 연구하여 우리가 가질 노선을 파악하기에 여력했다.

그리하여 우리는 국내의 건국동지들과 통일된 전선을 결성하고 조선의 완전독립을 위하여 싸우려고 결의하였다. 그러나 이 신성한 통일전선(統一戰線) 결성에는 어디까지든지 친일파 · 민족반역자를 배제하지 않고는 결성될 수 없는 것이다.」라고 말씀하는 여사의 얼굴에는 투지가 끓어 넘치고 있다.

여사는 경상남도 마산출생으로 금년 39세인데, 경성 배화고등여학교를 졸업하고 1925년 19세 때에 모스크바에서 수학하고, 1927년에 상해로 나와서 혁명운동을 하다가 1929년에 북만(北滿)에서 활동하였고, 광주학생사건 당시에는 반제국동맹(反帝國同盟)을 조직하여 항일투쟁을 하였으며, 다시 국내에 들어와서 활동하다가 일본 관헌에게 체포되어 철창생활까지도 하였는데, 그 후 다시 해외로 망명하여 상해 · 화북 등지에서 해외동지들과 연락하며 씩씩한 혁명투쟁을 하고 있었다 한다.

부록 3

김명시 서훈 신청 자료

독립유공자 포상신청서

1 독립운동가 공적조서

접수번호		※ 표제는 반드시 한자로, 독립운동 당시 기준으로 기록					
독립운동가	*①본적(원적)	시 구 동 가					
	*②주소(독립운동당시)	慶尙南道 馬山府 萬町 189番地					
	*③성명	金命時	④생년월일	1907.5.15.	⑤사망(순국)일	1949.10.10.	
	⑥호적명	金命時	⑦성별	女	⑧아호		*⑨이명 金[illegible] 金輝星
	⑩경력	평생 이력서 첨부					
	⑪과거 포상기록						
	⑫공적개요	1925년 18세에 모스크바 동방노력자공산대학에 입학, 1927년 재학 중 상하이로 파견되어 「동방피압박민족반제자동맹」을 조직, 1930년 하얼빈 일본영사관 공격을 주도, 1932년 국내에서 노동운동을 지도, 동지의 배신으로 신의주에서 일경에게 체포, 7년간 복역. 1939년 출옥, 중국으로 망명하여 팔로군에 들어가 천진, 제남, 북경, 태원 등의 항일전선에서 활약. 1942년 조선의용군의 제 1선 적구부대 임무 수행. 적구여자부대 지휘관으로 천진, 베이징 등 일본군 점령지에서 첩보, 초모(모병) 활동과 방화전(심리전, 선무공작) 등의 항일전을 전개함. 석진(?)과 적구(敵區)에서 한 손엔 총을, 한 손엔 확성기를 들고 일본군에 맞서 싸우면서 백마탄 여장군으로 명성을 떨침. 1945년 8월 15일, 해방될 때까지 중국 화북지역의 항일전쟁 최전선에서 조선의용군 여성부대를 이끈 지휘관으로 활동한 공적이 뚜렷함					

붙임: 1. 기존자료- 1차 때 제출한 자료로 대체
2. 평생 이력서
3. 개인정보 이용 및 제공동의서

2 독립운동가 평생이력서

독립운동가 이름	한자	한글	이명	호 또는 자	
	金命時	김명시	김희원(金[illegible]) 김희성(金輝星)	호: 자:	
생년월일	양 1907. 5.15. / 음	사망년월일	양 1949.10.10. / 음	성별	여
원적					
① 본적	경상남도 마산부 만정 189번지				
② 본적					
독립운동 당시의 주된 주소					
묘소 소재 여부	묘소 소재 불명				

부터 년	부터 월	까지 년	까지 월	활동지(거주지)	학력, 경력, 독립운동사항
1923	1	1924	3	마산	마산공립보통학교 졸업
1925				서울	배화공립고등여학교 중퇴
1925	10	1927	6	모스크바	동방노력자공산대학(東方勞力者共産大學) 입학 코민테른 동방부에 소속 27년 상해 파견 명령을 받음
1928	6			중국 상하이	동방피압박민족반제국주의동맹준비회(東方被壓迫民族反帝國主義同盟準備會)조직, 위원으로 활동
1930	5/30			중국 만주 [illegible]	재만조선인반일본제국주의대동맹(在滿朝鮮人反日本帝國主義大同盟)조직, 집행위원, '반일전선(反日戰線)' 제작.
1930	5			중국 하얼빈	200여명의 무장대를 이끌고 하얼빈 일본영사관 공격 주도
1932	5			신의주	귀국, 인천 제물포 [illegible] 근처에서 제사, 성냥공장 노동자 조직 교육
1932	8/27			신의주	인천 성냥공장 파업 지도 중 동지의 배신으로 조직이 발각 압록강변에서 체포
1933				신의주	김명시 징역 6년 형 확정
1939년					예심까지 합계 7년 동안 신의주형무소에 수감
1939					출옥 후 중국으로 탈출. 팔로군 입대 천진, 제남, 북경, 태원 등 항일전선에서 활약
1942				중국화북지역	조선의용군의 제 1선 적구여자부대 지휘관으로 천진, 베이징 등 일본점령지에서 첩보, 초모(모병) 활동과 방화전(선무공작)을 펼치며 항일전의 최일선에서 한 손엔 총을, 한 손엔 확성기를 들고 일본군에 맞서 싸우며 적구부대의 임무를 성공적으로 수행하여 백마탄 여장군으로 이름을 떨침.
1945	11			서울	「조선국군준비대 전국대표자대회」에 참석 김원봉과 함께 연사로 참여 (중앙중학교 강당)
1945	12/22			서울	「전국부녀총동맹 결성대회」 선전부 위원으로 선출, '연안 [illegible] 여성운동의 과거와 현재' 제목으로 강연
1946	2			서울	「민주주의민족전선」의 중앙위원이자 서울지부 의장단으로 선출
1946	12				「조선민주여성동맹」 선전부장
1947	6				전라도에서 발생한 우익테러 사건에 대해 「민주주의민족전선」의 조사위원으로 참여
1947	6				남조선 민주여성동맹을 대표하여 군정청 하지 중장에게 반박서한 '항의', 서울 전달
1949	10/10				부평경찰서에서 사망(9월 2일 피검) 김효석 내무부 장관은 자살이라고 발표함(10월 14일자 경향신문)

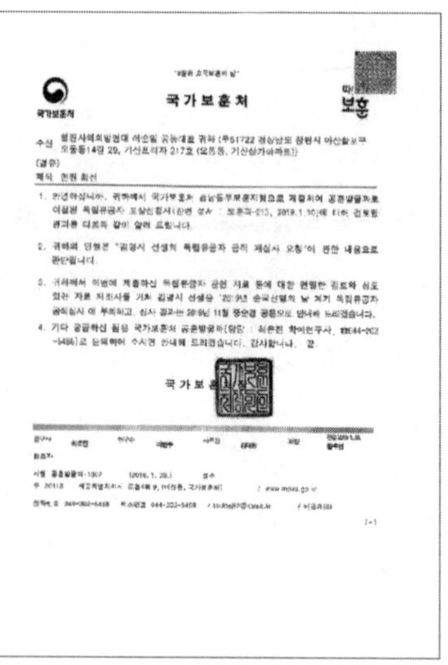

국가보훈처

수신 열린사회희망연대 이순일 공동대표 귀하 (우51722 경상남도 창원시 마산합포구 오동동14길 29, 가선프라자 217호 (오동동, 가선상가아파트))

(경유)

제목 민원 회신

1. 안녕하십니까. 귀하께서 국가보훈처 경남동부보훈지청으로 제출하여 공훈발굴과로 이첩된 독립유공자 포상신청서(관련 문서 : 보훈과-213, 2019.1.10)에 대하여 검토한 결과를 다음과 같이 알려 드립니다.
2. 귀하의 민원은 "김명시 선생의 독립유공자 공적 재심사 요청"에 관한 내용으로 판단됩니다.
3. 귀하께서 이번에 제출하신 독립유공자 관련 자료 등에 대한 면밀한 검토와 심도 있는 자료 재조사를 거쳐 김명시 선생을 '2019년 순국선열의 날 계기 독립유공자 공적심사'에 부의하고, 심사 결과는 2019년 11월 중순경 공문으로 안내해 드리겠습니다.
4. 기타 궁금하신 점은 국가보훈처 공훈발굴과(담당 : 최은진 학예연구사, ☎044-202-5486)로 문의하여 주시면 안내해 드리겠습니다. 감사합니다. 끝.

국가보훈처장

시행 공훈발굴과-1307 (2019. 1. 28.)

희망연대 **열·린·사·회·희·망·연·대**

수 신 : 경기남부지방경찰청
발 신 : 열린사회희망연대
제 목 : 피검자 김명시 관련 정보공개 요청의 건

1. 안녕하십니까?

2. 신청자 '열린사회희망연대'는 경남 창원시에 소재한 시민단체로서 1999년에 창립되어 친일청산운동과 독립유공자 발굴 및 명예 회복을 위해 활동하는 단체입니다.

2. 1949년 10월 10일, 현재는 귀청의 관내에 속한 옛 부천경찰서(현 부천소사경찰서)에서 발생한 피검자 사망사건과 관련한 정보공개를 요청을 드리고자 합니다.

3. 당시 내무부 장관 김효석이 직접 '북로당 정치위원 김명시'가 1949년 10월 10일 오전 5시 40분경 부천경찰서 유치장 수도 파이프에 목을 매 자살했다고 언론에 발표했습니다.
이 사건은 동아일보와 자유신문 (1949년 10월 11일 자 신문)과 경향신문 (1949년 10월 14일자 신문) 등에 일제히 보도된 내용입니다.

4. 참고로 김명시는 일제 강점기 중국 연안의 독립동맹 조선의용군에서 여성부대를 이끌고 일본군에 맞서 총을 들고 싸운 백마 탄 여장군으로 명성을 떨친 항일무장투쟁 독립운동가입니다.

5. 정보공개 요청의 구체적인 내용은 아래와 같습니다.

-아 래-

1) 김명시 시신 인수자의 이름과 관계, 주소
2) 인수자가 없었다면 시신의 처리 방법과 무덤 위치
3) 김명시가 부천경찰서에 피검 된 정확한 날짜(신문 기사에는 10월 2일 또는 10월 9일)
4) 김명시의 혐의

6. 오래된 자료라 수고스럽겠지만 위의 4가지 정보공개를 정중히 요청드립니다. 끝.

열린사회희망연대 상임대표 백 남 해

담당 김숙연 시행 2021. 06. 21. 접수
우 51722 경남 창원시 마산합포구 오동동 14길 29 (기산프라자) 217호
전화 055-247-2073 / 전송 055-247-5532
홈페이지 www.hopenews.or.kr / 이메일 186@hanmail.net

■ 공공기관의 정보공개에 관한 법률 시행규칙 [별지 제1호서식] <개정 2016. 12. 13.>

정보공개 청구서

청구인	성명(법인·단체명 및 대표자 성명) 백남해	주민등록(여권·외국인등록)번호
	주소(소재지) 창원시 마산합포구 오동북16길 27, 천주교마산교구청	사업자(법인·단체)등록번호 608-80-[illegible]
	전화번호 055-247-2073 / 팩스번호 055-247-5532	전자우편주소 186@hanmail.net
청구 내용	당시 내무부 장관 김효석이 직접 '북로당 정치위원 김명시'가 1949년 10월 10일 오전 5시 40분경 부천경찰서 유치장 수도 파이프에 목을 매 자살했다고 언론에 발표했습니다. 이 사건은 동아일보와 자유신문 (1949년 10월 11일 자 신문)과 경향신문 (1949년 10월 14일자 신문) 등에 일제히 보도된 내용입니다. 참고로 김명시는 일제 강점기 중국 연안의 독립동맹 조선의용군에서 여성부대를 이끌고 일본군에 맞서 총을 들고 싸운 백마 탄 여장군으로 명성을 떨친 항일무장투쟁 독립운동가입니다. 정보공개 요청의 구체적인 내용은 아래와 같습니다. 1) 김명시 시신 인수자의 이름과 관계, 주소 2) 인수자가 없었다면 시신의 처리 방법과 무덤 위치 3) 김명시가 부천경찰서에 피검 된 정확한 날짜(신문 기사에는 10월 2일 또는 10월 9일) 4) 김명시의 혐의	
공개 방법	[ ]열람·시청 [V]사본·출력물 [V]전자파일 [V]복제·인화물 [ ]기타( )	
수령 방법	[ ]직접 방문 [V]우편 [V]팩스 전송 [V]정보통신망 [ ]기타( )	
수수료	[ ]감면 대상임 [V]감면 대상 아님 / 감면 사유	

「공공기관의 정보공개에 관한 법률」 제10조제1항 및 같은 법 시행령 제6조제1항에 따라 위와 같이 정보의 공개를 청구합니다.

청구인 백남해

(접수 기관의 장) 귀하

접 수 증

귀하의 청구서는 위와 같이 접수되었습니다.

접 수 기 관 장 직인

유의사항

1. [illegible]
2. [illegible]

■ 공공기관의 정보공개에 관한 법률 시행규칙 [별지 제4호의2서식] <개정 2021. 6. 23.>

국 가 보 훈 처

수신자 백남해 귀하 (우 51727 경상남도 창원시 마산합포구 오동북16길 27 천주교마산교구청)
(경유)
제 목 정보공개 청구의([ ] 부존재 [v]진정·질의 [ ] 종결 등) 통지서

접수번호 [illegible]	접수일 2021. 09. 03.
청구 내용	열린사회희망연대는 1999년 7월에 창립되어 친일청산, 역사바로세우기 운동, 그리고 독립운동사를 연구하는 단체입니다. 귀 처는 [illegible] 2019년 1월에 신청한 김명시 서훈 신청 1차 심사 때 김명시가 북로당 정치위원이 아니었다는 사실을 어떠한 자료들로 심사했는지 그 심의 내용 사실을 확인하고자 정보공개를 청구합니다.
정보 부존재, 진정·질의, 종결처리 사유 등 청구인의 요구에 대한 설명	정보공개 청구 건에 관한 '진정·질의 등' 결정·통지 가. 청 구 인 : 백남해(열린사회희망연대 대표) 나. 청구내용 : 김명시 선생의 해방 후 행적 관련(북로당 정치위원 여부 등) 공적심사 검토자료 일체 다. 결정사항 : 진정·질의 등 결정 라. 사 유 : 청구인의 신청은 민원 요청 건으로 정보공개가 아닌 민원 업무로 처리 • 근거 : 「공공기관의 정보공개에 관한 법률」 제11조(정보공개 여부의 결정) ⑤.
민원처리 결과 및 종결처리에 관한 추가 안내사항	1. 안녕하십니까? 귀하께서 국가보훈처에 정보공개청구를 하시어 진정·질의 회신으로 결정된 민원(접수번호 : 8204087, 접수일 : 2021.9.3.)에 대해 다음과 같이 안내드립니다. 2. 귀하의 민원 취지는 김명시 선생의 공적심사 당시 행적 등에 관한 검토 자료(북로당 정치위원 관련 등) 및 심의 내용에 대한 자료 요청으로 이해됩니다. 3. 김명시 선생은 2019년 한국언론 [illegible] 공적심사에서 일제시기 독립운동에 관한 내용은 확인되나, 광복 이후 남한으로 귀국한 후부터 1949년 사망 시까지의 행적이 구체적으로 확인되지 않아 "사망 경위 등 광복후 행적 불분명"으로 보류되었습니다. 4. 공적심사위원회는 김명시 선생의 행적에 대해 [illegible]

인쇄일자 : 2021. 09. 14. [illegible] 1/2

용을 폭넓게 검토하였으나, 현재 1949년 9월 김명시 선생 사망관련 신문 보도 이외에 김명시 선생이 북노당 정치위원을 역임했음을 보여주는 자료는 발견되지 않고 있습니다. 다만, 공적심사위원회는 김명시 선생의 대적 활동에 관한 언급이 마지막으로 등장하는 1947년 11월부터 사망 시까지의 행적에 대해서는 여전히 보다 면밀한 검토와 확인이 필요하다고 판단하였음을 알려드립니다.

5. 귀하께서 요청한 김명시 선생의 행적 관련 검토자료 목록 및 내용 등에 관한 공개는 현실적으로 어려움이 있음을 알려드립니다. 이에 대해서는 양해를 부탁드리며, 회신 내용과 관련하여 궁금하신 사항은 국가보훈처 공훈발굴과(담당 류용년 학예연구사, ☎ 044-202-5483)로 문의하여 주시기 바랍니다. 끝.

귀하의 정보공개 청구에 대하여 검토한 결과 위와 같은 사유로 우리 기관은 귀하의 정보공개 청구에 따를 수 없음을 「공공기관의 정보공개에 관한 법률」 제11조의2 및 같은 법 시행령 제6조제4항에 따라 통지합니다.

국가보훈처장

학예연구사 류용년 학예연구사 서동일 공훈발굴과장 이재혁

협조자

시행 공훈발굴과-[illegible](2021. 09. 10.)

우 30064 세종특별자치시 도움4로 9 (어진동) 국가보훈처

전화번호 044-202-5483 팩스번호 02-- / [illegible] / 공개 구분

유 의 사 항

청구인은 정보공개시스템 및 타 시스템 연계를 통해 통지된 문서를 대외적으로 증명하기 위해 필요한 경우 직인 날인의 정본을 요구할 수 있습니다.

인쇄일시 : 2021. 09. 14. [illegible]
인쇄자 : [illegible]

210mm×297mm[백상지(80g/㎡)]
2/2

희망연대 열·린·사·회·희·망·연·대

수 신 : 황기철 국가보훈처장
경 유 : 공훈 발굴과
제 목 : 김명시 장군 독립유공자 포상 재심 요청의 건

1. 안녕하십니까!

2. 지난 2019년 1월 9일, 우리 단체는 귀 처에 '김명시 장군의 독립유공자 포상신청서'를 제출했습니다. 이에 2019년 11월 15일 "사망 경위 등 광복 후 행적이 불분명"하다 하여 포상 대상에 포함되지 못했다는 귀처의 공문을 접수했습니다.

3. 그러나 독립 유공자 선정에서 탈락한 이유를 너무 애매모호하고 불분명하게 적시하여 주셨기에 신청인으로서 이해하고 납득하기 어려웠습니다.

4. 이에 우리 단체는 자료를 보완하여 '김명시 장군의 독립유공자 포상신청서'를 송부하오니 깊이 살펴봐 주시기 바랍니다.

붙임자료 1. 재심 요청서
2. 독립유공자 포상신청서
3. 조선노동당대회 자료집(국토통일원)

열린사회희망연대 상임대표 백 남 해(직인)

담당 김숙연 시행 2021. 07. 07. 접수
우 51722 경남 창원시 마산합포구 오동동 14길 23 (기산프라자) 217호
전화 055-247-2073 / 전송 055-247-5532
홈페이지 www.hopenews.or.kr / 이메일 [illegible]@hanmail.net

김명시 장군 독립유공자 서훈 추서 경과

2018년

11월: 희망연대 운영위원회에서 김명시 장군 숭모사업 결의

12월 04일: 독립운동가 김명시, 명도석 흉상건립 퍼포먼스와 기자회견(오동동 문화광장)

12월 11일: 김명시 장군 친족찾기운동 시작(도민일보, 오마이뉴스 광고를 통해)

2019년

01월 09일: 국가보훈처에 독립유공자 포상 신청

02월 18일: 김명시 장군 외사촌 동생 김필두(81) 선생 친족찾기 광고 보고 희망연대 사무실 방문

07월 17일: 김명시 장군 친사촌 김형두(91세) 씨의 딸 김미라(종질녀, 5촌) 씨가 희망연대 사무실로 연락

08월 21일: 생가터가 있는 오동동 문화광장에서 김명시 장군 친가와 외가 친족 기자간담회를 가짐. 이는 양가가 인연을 맺은 지 '120년 만의 만남'이었음

10월 10일: 희망연대 김명시 생가터 표지판 세움

11월 15일: 국가보훈처로부터 '사망경위 등 광복 후 행적이 불분명'이라는 이유로 공적심사에서 탈락되었다는 공문을 접수

11월 18일: 이에 희망연대는 김명시 장군의 공적심사 결과에 대한 항의 성명서 발표

2021년

07월 07일: 국가보훈처에 김명시 장군 독립유공자 포상 재심 신청서 제출. 재심 신청서는 김명시가 북로당 정치위원이 아니었다는 거증자료와 북 정부 수립에 공헌한 바 없다는 새로운 소명자료가 제시되었음.

08월 04일: 국가보훈처의 재심 신청에 대해 심사 보류 회신 공문 접수

08월 14일: 창원시에서 김명시 장군 생가터에 새로운 표지판을 세움

08월 24일: 국가보훈처에 김명시 재심 보류 결정에 관한 정보공개 요청

09월 21일: 국가보훈처로부터 정보공개할 수 없다는 회신을 받음

09월 29일: 국가보훈처의 행정에 불신과 유감 표명과 아울러 다시 재심해 줄 것을 직접 통화, 언론 등을 통해 강력 요청

11월 10일: 국가보훈처 담당자 희망연대 사무실 방문해 김명시 장군 친족과 간담회, 이 자리에서 희망연대는 김명시 장군 건을 정식으로 심사위원회에 올려줄 것을 강력히 촉구

2022년

08월 12일: 국가보훈처에서 김명시 장군 건국훈장 애국장 추서 확정 통보받음

10월 07일: 항일독립운동가, 마산의 딸! 김명시 여장군 기림의 날 행사

김명시 장군 독립유공자 서훈 재심 신청서

독립운동가 김명시 장군의 독립유공자 포상신청을 재심해 주시기 바랍니다.

황기철 보훈처장님 안녕하십니까?

신청인 '열린사회희망연대'는 지난 22년 동안 경남에서 친일청산 운동을 주로 해온 시민단체입니다.

2019년 1월 9일, 우리 단체는 일제강점기 중국 화북지역에서 「조선독립동맹」 조선의용군의 여성부대를 이끌고 일본군에 맞서 총을 들고 전쟁을 치른 김명시 장군의 독립운동 공적을 기리고자 국가보훈처에 독립유공자 포상신청서를 접수시켰습니다.

2019년 11월 15일, 국가보훈처로부터 '사망 경위 등 광복 후 행적이 불분명'이라는 사유로 포상대상에 포함되지 못했다는 공문서를 받았습니다.

그러나 2018년 변경된 독립유공자 심사 기준에 '광복 이후 사회주의 활동에 참여한 이력이 있더라도 북한 정권 수립에 기여하거나 적극적으로 동조한 경우가 아니면 사안별로 판단해 포상을 검토'하도록 한 것과는 사뭇 달라 매우 안타까웠습니다.

심사 결과 공문을 받고 보훈처 담당자와의 통화를 통해 포상에서 제외된 중요한 이유 중 하나가 김명시의 직책이 '북로당 정치위원' 때문이었다는 것을 짐작할 수 있었습니다.

1949년 10월 10일, 부천경찰서에서 사망한 김명시 사건을 내무부 장관 김효석이 직접 나서서 김명시는 '북로당 정치위원'이며, 유치장 수도관에 목을 매 자살했다고 발표했습니다. 관계 당국은 북로당 정치위원을 상당히 서열이 높은 고위직으로 생각한 것 같습니다. 이를 확인하기 위해 '북조선로동당 창립대회' 자료(국토통일원자료)를 보면 참고가 될 것입니다.

북로당은 1946년 8월 28일~30일까지 평양에서 창립대회를 개최했습니다. 이때 선출된 중앙위원은 김두봉, 김일성, 최창익, 허정숙 등 모두 43명이었고, 감찰위원이 11명이었습니다. 그 속에 김명시라는 이름은 나오지 않습니다. 그리고 정치위원회라는 조직기구도 없습니다.

북로당 2차 대회는 1948년 3월 27일~4월 3일까지 평양에서 개최되었고, 김두봉, 김일성 등 모두 67명의 중앙위원과 중앙위원회 후보위원 20명과 중앙 검사위원 7명이 선출되었습니다. 이때에도 역시 정치위원회도 없고 김명시 이름도 없습니다.

당시 남한에 존재했던 좌파 정당의 당원이나 수많은 좌익 활동가들 중 김명시처럼 정치위원이라는 직위를 가진 활동가를 찾아보기 힘듭니다. 따라서 당국에서 발표한 '북로당 정치위원'이라는 용어 자체를 신뢰하기 어렵습니다.

부천경찰서 김명시 사망 사건에 책임 있는 관계 당국의 입장에서는 김명시가 북로당의 거물급 인사라는 점을 강조하고, 그만큼 숨겨야 할 것이 많아 자살했을 것이라는 여론을 유도하기 위해 '북로당 정치위원'이라는 용어를 사용했을 가능성이 높아 보입니다.

다음에는 김명시가 북한 정권 수립에 기여하거나 적극적으로 동조했는가 하는 문제입니다. 북에는 '신미리애국열사릉'이라는 곳이 있습니다.

잘 아시겠지만 북한 정부 수립에 공훈이 인정된 사람들을 안장한 국립묘지입니다.

그 능의 입구에 세워진 대형동판에는 "조국의 해방과 사회주의 건설, 나라의 통일 위업을 위하여 투쟁하다가 희생된 애국열사들의 위훈은 조국청사에 길이 빛날 것이다"라는 글이 새겨져 있습니다. 이 능에는 남쪽에서 사회주의 활동을 하다 생을 마감한 활동가들이 여럿 있습니다. 그러나 김명시는 없습니다.

북의 정권 수립에 대한 기여도는 북이 평가하는 것이 가장 정확할 것입니다.

따라서 김명시를 북의 정권 수립에 기여했다고 단정하여 서훈심사에서 제외시켰다면 재고해 볼 필요가 있다고 생각합니다.

또 하나는 국가보훈처가 김명시에게 포상하지 못한 사유로 '광복 후 행적 불분명'하다고 적시하고 있습니다. 이는 너무나 모호한 표현입니다.

해방 이후 서울로 들어온 김명시는 1945년 12월 조직된 여성 대중조직인 조선부녀총동맹의 선전부 위원에 선출되었고 몇 차례의 공개집회에서 강사로 강연을 하기도 했습니다. 1946년 2월에 '민주주의민족전선' 중앙위원과 4월에 서울지부 의장단에 선출 46년 12월에 조선민주여성동맹 선전부장을 맡게 됩니다. 46년 역시 합법적인 공개 집회에서 몇 차례 연사로 참여했습니다. 1947년 6월 29일 민주주의 민족전선 산하단체에서 군정청을 방문해 하지중장에게 반탁시위 항의서를 제출했습니다. 여기까지 김명시는 합법적이고 공개된 활동으로 행적이 분명합니다. 그러나 이날을 끝으로 그는 어디에서도 모습을 드러내지 않았습니다.

김명시는 1949년 10월 10일 부천경찰서에서 사망하기까지 2년 3개월이 넘는 기간 동안 어디에서 누구와 무슨 활동을 했는지 밝혀진 바 없습니다.

다만 분명한 것은 김명시가 잠적기간 동안 무엇을 했는지 모른다고 해서 막연히 "북한 정권 수립에 기여하거나 적극적으로 동조"한 것으로 단정해서는 안 된다는 것입니다. 그 이유는 북한에서 지금까지 김명시를 챙기지 않는다는 사실만 보아도 북한 정권 수립에 높이 평가받을 만한 어떤 행위가 없었다는 반증이기 때문입니다.

김명시가 부천경찰서에서 피검된 것은 1947년 10월 13일, 장택상 수도경찰청장이 발표한 '8.15폭동음모사건' 때문입니다. 이 사건으로 좌익계 인사들을 대대적으로 잡아들였습니다. 이에 대해 서울지검은 관련자 28명에 대해 불기소와 기소중지 처분을 내렸는데 김명시는 기소중지자 명단에 포함되어 있었습니다. 그러나 이 사건은 말 그대로 음모 사건으로 실행이 된 것도 아니었고 경찰총장의 발표한 내용의 진위 여부를 가리기 어려운 사건으로 알려져 있습니다.

위 사건에서 기소중지된 17명 가운데 여성은 정칠성과 김명시 두 사람이었습니다. 정칠성은 김명시가 선전부장으로 활동한 조선부녀총동맹 부위원장이었습니다. 정칠성은 이처럼 미군정하에서 좌익에 대한 탄압이 극도로 심해지자 북으로 올라갔습니다. 그리고 1948년 8월 해주에서 열린 남조선인민대표자대회에서 제1기 최고인민회의 대의원이 되었습니다. 이때 대의원으로 선출된 360명 명단에도 김명시의 이름은 없습니다. 정칠성은 같은 해 조선민주여성동맹 중앙위원이 되었습니다. 그러나 김명시는 북을 선택하지 않았습니다.

마지막으로 사망경위가 불분명하다는 것도 포상에서 제외된 사유로 적시한 부분입니다. 사실 이 시점에서 그의 죽음이 고문치사인지 자살인지는 판단하기 불가능한 일입니다. 당시 관계 당국의 주장대로 자살이라 하더라도 그것이 어떤 비밀을 지키기 위해서인지 아니면 일제 앞잡이였던 친일경찰들에게 고문을 받는 것에 치욕을 참지 못해 스스로 목숨을 끊은 것인지 지금으로서는 그 누구도 알 수 없는 일입니다.

어느 쪽이건 그날로 그는 생을 마감했고, 더이상 남과 북 어디에도 영향을 미칠 행위는 할 수 없었습니다. 따라서 이 시점에서 따질래야 따질 수도 없는 사망경위가 서훈심사에서 중요한 요소라고 생각하지 않습니다.

분명한 사실은 김명시가 일제강점기 여성의 몸으로 일본군에 맞서 총을 들고 싸운 독립운동가라는 것입니다. 그런 훌륭한 독립운동가가 해방공간에서 극단적인 좌우 대립으로 허망한 죽음을 하게 되었다는 것은 매우 안타까운 일입니다. 이는 한 개인의 불행을 넘어 우리 민족의 자랑스러운 독립운동사 한 부분을 칼로 도려내는 일입니다.

참고로 창원시 진해 출신으로 김명시와 함께 모스크바 동방노력자공산대학에 같이 입학했고 해방 이후 '조선부녀총동맹' 인천지부 부위원장과 '민주주의민족전선' 중앙위원으로 김명시와 함께 활동했던 김조이 지사는 2008년 국가보훈처로부터 건국포장을 받아 독립유공자가 되었습니다.

국가보훈처는 이번 재심을 통해 김명시 장군의 명예회복뿐만 아니라 우리 독립운동사의 한 부분을 복원하기 위해서라도 김명시 장군이 서훈을 받을 수 있도록 힘써 주시기를 간곡히 부탁드립니다.

2021년 7월 7일

신청인 열린사회희망연대 대표 백남해

부록 4

김명시 가계도

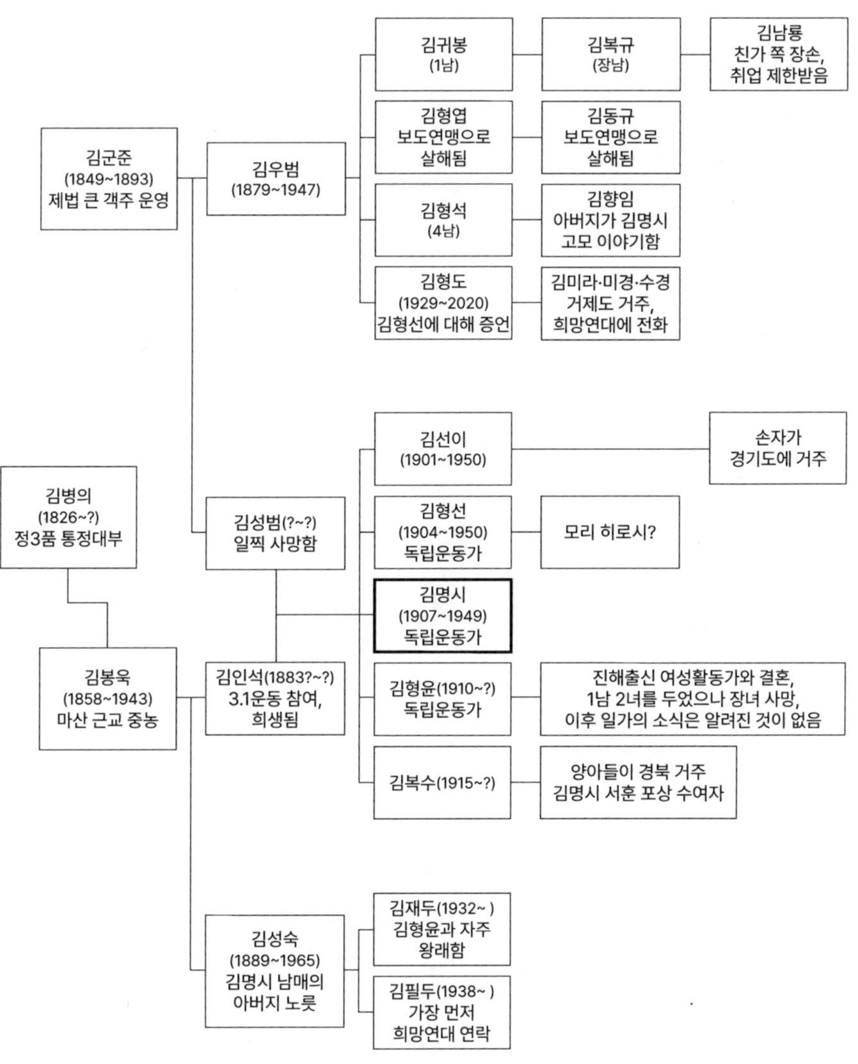
김군준
(1849~1893)
제법 큰 객주 운영
김우범
(1879~1947)
김귀봉
(1남)
김복규
(장남)
김남룡
친가 쪽 장손,
취업 제한받음
김형엽
보도연맹으로
살해됨
김동규
보도연맹으로
살해됨
김형석
(4남)
김향임
아버지가 김명시
고모 이야기함
김형도
(1929~2020)
김형선에 대해 증언
김미라·미경·수경
거제도 거주,
희망연대에 전화
김선이
(1901~1950)
손자가
경기도에 거주
김병의
(1826~?)
정3품 통정대부
김성범(?~?)
일찍 사망함
김형선
(1904~1950)
독립운동가
모리 히로시?
김명시
(1907~1949)
독립운동가
김봉욱
(1858~1943)
마산 근교 중농
김인석(1883?~?)
3.1운동 참여,
희생됨
김형윤(1910~?)
독립운동가
진해출신 여성활동가와 결혼,
1남 2녀를 두었으나 장녀 사망,
이후 일가의 소식은 알려진 것이 없음
김복수(1915~?)
양아들이 경북 거주
김명시 서훈 포상 수여자
김성숙
(1889~1965)
김명시 남매의
아버지 노릇
김재두(1932~)
김형윤과 자주
왕래함
김필두(1938~)
가장 먼저
희망연대 연락

참고문헌

단행본

3 · 15의거기념사업회 엮음, 『3.15의거사』, 3.15의거기념사업회, 2004
강만길, 『역사가의 시간』, 창비, 2018
강만길 · 성대경 엮음, 『한국사회주의운동 인명사전』, 창작과비평사, 1996
김민지 · 이동욱, 광복회 경남지부 편, 『소외된 역사, 경남여성독립운동』, 해딴에, 2019
김민철 · 노항래 · 오준호 · 임영태, 『솔직하고 발칙한 한국 현대사』, 내일을여는책, 2017
김사량, 『노마만리』, 부크크, 2018
김삼웅, 『박현채 평전-시대의 모순과 대결한 불온한 경제학자의 초상』, 한겨레출판, 2012
김성동, 『꽃다발도 무덤도 없는 혁명가들』, 박종철출판사, 2014
김이경 · 윤석남, 『싸우는 여자들, 역사가 되다』, 한겨레출판, 2021
김주완, 『토호세력의 뿌리』, 불휘, 2005
김형윤, 『마산야화』, 경남, 1996
님 웨일즈, 조우화 옮김, 『아리랑』, 동녘, 1984
류종훈, 『우리가 잃어버린 이름, 조선의용군』, 가나출판사, 2018
박영주, 경남대학교 인문과학연구소 편, 『이야기 지도로 찾아가는 창원의 역사와 문화』, 도서출판 바오, 2015
박은식, 『한국독립운동지혈사』, 서문당, 1999
박태균 · 정창현, 『암살』, 역사인, 2016
서중석, 『이승만과 제1공화국』, 역사비평사, 2007
성혜랑, 『등나무집』, 지식나라, 2000
안재성, 『경성 트로이카』, 사회평론, 2004

안재성, 『명시』, 미디어창비, 2019
안재성, 『이관술 1902-1950』, 사회평론, 2006
안재성, 『잃어버린 한국 현대사』, 인문서원, 2015
오기영, 『사슬이 풀린 뒤』, 모시는사람들, 2019
이정식 · 한홍구 엮음, 『항전별곡-조선독립동맹 자료1』, 거름, 1986
임영태, 『한국에서의 학살』, 통일뉴스, 2017
정병준 외, 『한국현대사 1-해방과 분단, 그리고 전쟁』, 푸른역사, 2018
정운현, 『조선의 딸, 총을 들다』, 인문서원, 2016
정종현, 『특별한 형제들』, 휴머니스트, 2021
조선의용군발자취집필조, 『중국의 광활한 대지우에서』, 연변인민출판사, 1987
조선희, 『세 여자 1』, 한겨레출판, 2017
지중세 역편, 『조선 사상범 검거 실화집』, 돌베개, 1984
차상철, 『미군정시대 이야기』, 살림출판사, 2014
최백순, 『조선공산당 평전』, 서해문집, 2017
최필숙, 『끝나지 않은 그들의 노래』, 지앤유, 2019
하성환, 『우리 역사에서 왜곡되고 사라진 근현대 인물 한국사』, 살림터, 2021
허정도, 『도시의 얼굴들』, 지앤유, 2018
황석영, 『철도원 삼대』, 창비, 2020

논문 및 자료

김행선, 「조선민주애국청년동맹의 노선과 제2차 미소공동위원회 추진운동」, 『國史館論叢』 제103집, 2003
남화숙, 「여장군 김명시의 생애」, 『여성』 2호, 1988
노천명, 「팔로군에 종군했던 김명시 여장군의 반생기」, 『신천지』 1946년 3월호
박헌영, 「죽음의 집, 조선의 감옥에서」, 『모쁘르의 길』, 1929
염인호, 「조선의용군」, 『역사비평』 1994년 가을호, 역사문제연구소
윤성효, 「드디어 찾은 '백마 탄 여장군' 친족... "그동안 숨기고 살았다"」, 『오마이뉴스』, 2019년 8월 21일
윤성효, 「'빨갱이 영웅 만드냐' 비난에도... 김명시 장군 서훈 이끈 이 사람」, 『오

마이뉴스』, 2022년 8월 13일
윤성효, 「김영만 대표 "우리 사회는 왜 몰염치한 사회가 되었나?"」, 『오마이뉴스』, 2011년 3월 1일
이혜영, 「항일 김명시 장군 친족 120년 만에 만났다」, 『경남도민일보』, 2019년 8월 22일
제주4 · 3사건진상규명및희생자명예회복위원회, 「제주4 · 3사건진상조사보고서」, 2003
조선공산당사건 경성지방법원 검사부 사상국, 「마산공산당 조직도」, 1925
진실 · 화해를위한과거사정리위원회, 「대구 10월사건 관련 진실규명결정서」, 2010
홍중조, 「왜 마산이었는가?」, 3 · 15의거기념사업회 편, 『3.15의거 학술논문총서』, 3 · 15의거기념사업회, 2010
"마산 노동 동우회", 〈디지털창원문화대전〉
"창원시 애국지사 열전", 〈창원시 공식 블로그〉
YTN, 〈조선의용대의 시작-분단이 지워버린 항일투사들〉, 2019

신문 기사

「낙랑극회 제3회 대공연 대구 만경관」, 『嶺南日報』, 1946.6.9.
「20만 명이 운집, 반동배 대한노련의 모략을 분쇄」, 『전국노동자신문』, 1946.5.3.
「3.15운동 29주년 민전 산하단체중심으로 대회 준비」, 『조선중앙일보』, 1948.2.20.
「31일부터 대륙극장, 조선극계의 미증유의 기획」, 『중앙신문』, 1945.12.28.
「60주년 메이데이행사 풍경」, 『중앙신문』, 1946.5.3.
「8.15폭동음모 홍증식 씨 등 불기소」, 『조선중앙일보』, 1947.11.22.
「8.15폭동피의자 석방」, 『자유신문』, 1947.11.22.
「建軍의 義氣發邀 국군준비대전국대표자대회 성황」, 『조선일보』, 1945.12.27.
「결심에서도 심리거부」, 『동아일보』, 1933.12.14.
「公開禁止理에 公判심리진행, 김명시 등 칠인분리 심리」, 『조선중앙일보』,

1933.11.17.
「공산당재건사건 김명시 발병」, 『동아일보』, 1933.2.2.
「공산당재건사건 7명 예심 회부-홍일점의 김명시도」, 『동아일보』, 1932.8.29.
「공산대학출신으로 反帝同盟婦人部長, 김명시 이력」, 『매일신보』, 1932.8.29.
「공산의 요인 김명시 위중」, 『조선일보』, 1932.12.13.
「공소권(항소권)을 포기하고 형을 살고 있는 김명시」, 『동아일보』, 1934.1.10.
「公判劈頭 조봉암 被告會議를 要求」, 『조선일보』, 1933.9.26.
「공판을 앞에 두고 공산당 사건 後聞 種種」, 『동아일보』, 1927.4.4.
「국군준비전국대회가 개최」, 『서울신문』, 1945.12.26.
「국제부인일 기념 부총 주최로 기념식」, 『자유신문』, 1946.3.9.
「극단 전선 제2회 공연 김사량 작 호접 3막 일명」, 『중앙신문』, 1945.12.22.
「극단 전선 제2회 공연」, 『신조선보』, 1945.12.24.
「극단 전선 특별 내연, 경남인민위원회 초청으로」, 『민주중보』(서울총국 발), 1945.12.25.
「근로정신을 배양하여 문맹퇴치에 매진하자-부녀동맹대회에서」, 『광주민보』, 1946.2.12.
「금일 시국강연회 조선여론사 주최」, 『신조선보』, 1945.12.26.
「급박한 민생문제 과단성 있는 대책을 요망-여성동맹 진정준비」, 『부녀일보』, 1947.7.9.
「김명시 여사 延安(연안) 기타 해외해내의 여성운동의 과거와 현재를 말하여 다대한 감명을 주었다」, 『서울신문』, 1945.12.24.
「김명시 자살」, 『경향신문』, 1949.10.11.
「김명시 자살사건 진상」, 『조선일보』, 1949.10.14.
「남조선근로인민대표, 이인, 한철 프라하 世界勞聯 참가 후 귀국」, 『독립신보』, 1947.7.15.
「單一共産黨再建事件 예심결정서 전문」, 『동아일보』, 1933.6.3.
「"독립동맹은 임정과 협조", 조선의 짠타크 현대의 부낭인 연안서 온 김명시 여장군談」, 『동아일보』, 1945.12.23.
「먼저 의무완수의 정신을-이것이 지금 조선여성의 나아갈 길」, 『조선일보』, 1945.12.25.

「목포서도 김명시, 허하백 양여사 초청강연」, 『중앙신문』, 1946.2.10.
「民戰산하 각 단체대표 蘇대표에 꽃다발」, 『경향신문』, 1947.5.22.
「민전선거대책위원 각위」, 『중외경제신보』, 1947.2.15.
「민주여성동맹 대표 共委에 진정서」, 『중앙신문』, 1947.6.3.
「민주여성동맹 대표 안장관을 방문」, 『중앙신문』, 1947.6.28.
「박람회 앞두고 잠입, 각지에 세포단 조직」, 『동아일보』, 1931.9.18.
「방임하여 둔 테러단, 전북은 중세기적 암흑세계」, 『대중신보』, 1947.6.18.
「방청禁止理 김명시등 심리 朝共事件續行公判」, 『매일신보』, 1933.11.17.
「백주에 자동차 몰아 경성 잠입하다가 피체, 주범 김형선 체포」, 『동아일보』, 1933.7.18.
「부녀운동강화에 전국부녀단체대표대회」, 『조선일보』, 1945.12.10.
「부상한 민전조사 단원들 원기 왕성」, 『공업신보』, 1947.6.19.
「부총 결성대회 席上 김명시 여사 절규」, 『조선일보』, 1945.12.25.
「부평유치장서 김명시 자살」, 『한성일보』, 1949.10.11.
「북로간부 김명시, 유치장서 자살」, 『자유신문』, 1949.10.11.
「북로당 정치위원 김명시, 유치장서 자살」, 『동아일보』, 1949.10.11.
「새 조선국방의 전위-26일 국군준비대전국대회개막」, 『조선일보』, 1945.12.25.
「서울시 민전결성대회 제2일」, 『공업신보』, 1946.4.16.
「少年讀書會組織」, 『동아일보』, 1926.1.5.
「蘇聯대표단에 民戰서 꽃다발」, 『자유신문』, 1947.5.22.
「소련신탁통치주장, 소련의 구실은 3.8선분할 점령 미국은 즉시 독립주장」, 『동아일보』, 1945.12.27.
「수원 民主강연회에 서울서 폭력단 출동」, 『중앙신문』, 1946.6.18.
「스치코프 부인 방문, 여맹 대표를 격려」, 『수산경제신문』, 1947.8.9.
「시국강연회」, 『조선일보』, 1945.12.28.
「쓰 대장 부인을 여맹 대표 방문」, 『국제일보』, 1947.8.9.
「여성해방에 기염만장, 전국부녀총동맹결성대회」, 『전국노동자신문』, 1946.1.1.
「연안 혁명투사들도 고국 향하여 진주 중」, 『중앙신문』, 1945.11.28.
「우리국토를 수호하자 요인들 격려에 모두 감격-조선국군준비전국대회」, 『자유신문』, 1945.12.27.

「우리의 피로 조선을 찾자-이채 띈 김명시여장군의 축사」, 『자유신문』, 1945.12.27.
「異彩 띄운 김여사 보고, 전국부녀총동맹결성식 제2일」, 『자유신문』, 1945.12.24.
「日軍하에 비밀활약, 독립동맹의 여장군 김명시 여사談」, 『중앙신문』, 1945.12.22.
「일반 시민에게 사의표명-이후 반탁시위는 철저히 취체」, 『독립신보』, 1947.6.28.
「재작년 박람회 당시 11명 순차 잠입」, 『동아일보』, 1931.2.1.
「全北테러 事件 민전조사단 파견」, 『중앙신문』, 1947.6.7.
「全線 公演(전선 공연) 脚本 變更(각본 변경), 金史良氏(김사량 씨)의 胡蝶(호접)」, 『신조선보』, 1946.1.6.
「朝鮮共黨再建事件(조선공산당사건) 七名(7명) 豫審(예심)에 廻附(회부), 紅一點(홍일점)의 金命時(김명시)」, 『매일신보』, 1932.8.29.
「조선박람회」, 『동아일보』, 1929.9.12.
「조선부녀총동맹 주최 공창폐지와 사회대책 좌담회」, 『현대일보사』, 1946.6.24.
「주덕 장군-조선의용군의 죽어간 동지를 위하여」, 『신화일보』, 1942.9.24.
「親弟도 鐵窓에」, 『동아일보』, 1933.7.18.
「태항의 군민, 제 열사들의 장례식 거행」, 『신화일보』, 1942.10.12.
「해외여성투사 마저(맞아) 시국강연대회 개최」, 『자유신문』, 1945.12.26.
「해외투쟁의 혈극사-중국에서 환국한 여장군 김명시와 그의 독립투쟁사」, 『국민보』, 1946.7.17.
「21년간 투쟁생활, 胎中에도 감옥살이-김명시 여사편」, 『독립신보』, 1946.11.21.
「홍일점 투사교인 적분자 신의주에서 기소되다」, 『경성일보』, 1932.8.28.
「흥분한 김명시 상처를 판관에게 擧示」, 『조선일보』, 1933.9.26.

김명시

초판 1쇄 발행 2023년 10월 23일
2쇄 발행 2023년 12월 8일

지은이 이춘
펴낸이 강수걸
편집 이혜정 신지은 강나래 오해은 이선화 이소영 김소원
디자인 권문경 조은비
펴낸곳 산지니
등록 2005년 2월 7일 제333-3370000251002005000001호
주소 부산시 해운대구 수영강변대로 140 BCC 626호
전화 051-504-7070 | 팩스 051-507-7543
홈페이지 www.sanzinibook.com
전자우편 sanzini@sanzinibook.com
블로그 sanzinibook.tistory.com

ISBN 979-11-6861-185-6 03990

* 책값은 뒤표지에 있습니다.
* 잘못된 책은 구입하신 곳에서 교환해드립니다.